Dabui
Postmerger-Management

GABLER EDITION WISSENSCHAFT

Mani Dabui

Postmerger-Management

Zielgerichtete Integration bei Akquisitionen und Fusionen

DeutscherUniversitätsVerlag

Die Deutsche Bibliothek - CIP-Einheitsaufnahme

Dabui, Mani:
Postmerger-Management : zielgerichtete Integration bei Akquisitionen und Fusionen / Mani Dabui.
- Wiesbaden : Dt. Univ.-Verl. ; Wiesbaden : Gabler, 1998
(Gabler Edition Wissenschaft)
Zugl.: München, Univ., Diss., 1998
ISBN 3-8244-6724-0

D19

Der Deutsche Universitäts-Verlag und der Gabler Verlag sind Unternehmen der Bertelsmann Fachinformation.

http://www.gabler-online.de

Höchste inhaltliche und technische Qualität unserer Produkte ist unser Ziel. Bei der Produktion und Auslieferung unserer Bücher wollen wir die Umwelt schonen: Dieses Buch ist auf säurefreiem und chlorfrei gebleichtem Papier gedruckt.

Lektorat: Ute Wrasmann / Markus Kölsch
Druck und Buchbinder: Rosch-Buch, Scheßlitz
Printed in Germany

ISBN 3-8244-6724-0

Meinen Eltern

Vorwort

Die vorliegende Arbeit beschäftigt sich mit der Frage nach der Umsetzung der mit Fusionen bzw. Akquisitionen angestrebten Ziele, einem ebenso aktuellen wie vernachlässigten betriebswirtschaftlichen Problemkomplex. Je mehr Unternehmen ihre Strategien im Wege externen Wachstums zu realisieren suchen, desto dringlicher erscheint der Bedarf nach einer theoretischen Fundierung für die Gestaltung des letzten entscheidenden Abschnittes im Prozeß von Unternehmensvereinigungen. Um so erstaunlicher mutet der derzeitige Stand der wissenschaftlichen Auseinandersetzung mit dem Thema des *Postmerger*-Managements an: Mit der Betrachtung bereichsbezogener Einzelaspekte sowie der empirischen Erfassung mehr oder weniger erfolgreicher Integrationspraktiken erreichen die wenigen bisher erschienenen Forschungsbeiträge nur begrenzte Aussagekraft. Auf die stringente Ableitung der Inhalte eines *Postmerger*-Managements und adäquater Gestaltungsansätze aus den Vereinigungsmotiven wird dagegen bislang verzichtet.

Die hier vorgestellte ressourcenorientierte Perspektive unterscheidet sich daher bereits in ihrer grundlegenden Vorgehensweise von den meisten der bisher veröffentlichten Untersuchungen, wenn sie zur Identifikation der zentralen Entscheidungsprobleme eines *Postmerger*-Managements zunächst die berechtigte Frage nach den Zielen von Akquisitionen und Fusionen stellt. Im Mittelpunkt der Arbeit steht somit die Entwicklung eines geeigneten theoretischen Bezugsrahmens, der es gestattet, die Handlungsfelder eines *Postmerger*-Managements zu isolieren und die zwischen ihnen bestehenden Interdependenzen zu erfassen, um schließlich Hinweise für die Gestaltung des Integrationsgeschehens zu gewinnen. Die für die vorliegende Arbeit gewählte Argumentationslogik spiegelt sich letztlich auch in den Untersuchungsergebnissen wieder. So resultiert die Rekursion auf die

Resource-based View of the Firm in einer differenzierten Sichtweise der *Postmerger*-Integration, bei der es im Zuge des Transfers materieller sowie immaterieller Ressourcen nicht wie sonst üblich um die pauschale Angleichung der übernommenen an die übernehmende Unternehmung geht. Vielmehr wird *Postmerger*-Management als Problem zwischen Erhalt und Transformation strategischer Faktoren konzeptualisiert, das in seiner Ausgestaltung als geplante Evolution nach einer Synthese aus Fremd- und Selbstorganisation verlangt.

Ein solches theoretisches Fundament bildet die Voraussetzung für die Entwicklung geeigneter Instrumente zur Bewältigung von *Postmerger*-Aufgaben im betrieblichen Alltag. Dieser Beitrag will daher die Grundlagen liefern, um die Handhabung der Vereinigungsprobleme *in praxi* zielorientiert und effizient zu gestalten und die wissenschaftliche Diskussion um das Integrationsgeschehen im Rahmen von *Mergers & Acquisitions* weiterzuführen.

Bedanken möchte ich mich bei meinem "Doktorvater", Herrn Prof. Dr. Hans-Ulrich Küpper, für die Möglichkeit zur Promotion im Rahmen meiner Tätigkeit als wissenschaftlicher Mitarbeiter an seinem Lehrstuhl. Mein ganz besonderer Dank gilt dem verehrten Prof. Dr. Eberhard Witte, der sich, ohne zu zögern, bereit erklärte, das Korreferat für meine Dissertation zu übernehmen. Zu herzlichem Dank verpflichtet bin ich ferner allen, die mich bei meinem Promotionsvorhaben unterstützt haben. Namentlich danken möchte ich dem lieben Matthias sowie Benno, Gunther und Brigitte für ihre inhaltlichen Anregungen und die Bereitschaft, das Manuskript auf Tippfehler zu prüfen. Besonders erwähnen muß ich in diesem Zusammenhang auch Herrn Dr. Holger Janssen, der mir als Diskussionspartner in prozeduralen wie fachlichen Fragen gerne seine Zeit widmete. Vielen Dank auch an meinen geschätzten Lehrstuhlkollegen Andi Mengele, dem ich mich nicht zuletzt aufgrund gemeinsam empfundenen "Arbeitsleids" in Freundschaft verbunden fühle.

Mani Dabui

Inhaltsverzeichnis

Abkürzungsverzeichnis

AER	The American Economic Review
AJS	The American Journal of Sociology
AktG	Aktiengesetz
Alt.	Alternative
AMJ	Academy of Management Journal
AMR	The Academy of Management Review
Appl. Econ.	Applied Economics
ASQ	Administrative Science Quarterly
ASR	American Sociological Review
BetrVG	Betriebsverfassungsgesetz
BFuP	Betriebswirtschaftliche Forschung und Praxis
BGB	Bürgerliches Gesetzbuch
BJE	The Bell Journal of Economics
BStBl.	Bundessteuerblatt
CMR	California Management Review
DB	Der Betrieb
DBW	Die Betriebswirtschaft
DU	Die Unternehmung
EJ	The Economic Journal
GenG	Gesetz betreffend die Erwerbs- und Wirtschaftsgenossenschaften
GWB	Gesetz gegen Wettbewerbsbeschränkungen
HBR	Harvard Business Review
HGB	Handelsgesetzbuch
HR	Human Relations
HWB	Handwörterbuch der Betriebswirtschaft
HWF	Handwörterbuch der Finanzwirtschaft
HWFü	Handwörterbuch der Führung

HWO	Handwörterbuch der Organisation
HWP	Handwörterbuch des Personalwesens
HWPlan	Handwörterbuch der Planung
HWProd	Handwörterbuch der Produktion
Ind. Corp. Chge.	Industrial Corporate Change
Int. Studies of Man. & Org.	International Studies of Management and Organization
IntJIO	International Journal of Industrial Organization
i.V.m.	in Verbindung mit
JASA	Journal of the American Statistical Association
JBS	The Journal of Business Strategy
JEBO	Journal of Economic Behavior and Organization
J E Lit.	The Journal of Economic Literature
JF	The Journal of Finance
JFE	The Journal of Financial Economics
JFQA	Journal of Financial and Quantitative Analysis
JGM	Journal of General Management
JIE	The Journal of Industrial Economics
JLE	Journal of Law and Economics
JLEO	Journal of Law, Economics and Organization
JM	Journal of Management
JMR	Journal of Management Review
JMS	The Journal of Management Studies
JoB	The Journal of Business
JoFR	Journal of Financial Research
JoISM	Journal of Information Systems Management
J Pol. E	The Journal of Political Economy
JPSP	Journal of Personality and Social Psychology
KapErhG	Gesetz über die Kapitalerhöhung aus Gesellschaftsmitteln und über die Gewinn- und Verlustrechnung
KSchG	Kündigungsschutzgesetz
LadSchlG	Gesetz über den Ladenschluß
LRP	Long Range Planning

Man. Dec.	Management Decision
Man. Sc.	Management Science
MIR	Management International Review
OD	Organizational Dynamics
Org. Sc.	Organization Science
ORS	Organization Studies
PEJ	Personnel Journal
QJE	The Quarterly Journal of Economics
Res. Pol.	Research Policy
RJE	The Rand Journal of Economics
SMJ	Strategic Management Journal
SMR	Sloan Management Review
Spec. Iss.	Special Issue
SZ	Süddeutsche Zeitung
VAG	Gesetz über die Beaufsichtigung der privaten Versicherungsunternehmen
WISU	Das Wirtschaftsstudium
ZfB	Zeitschrift für Betriebswirtschaft
ZfbF	Zeitschrift für betriebswirtschaftliche Forschung
ZfO	Zeitschrift für Organisation

Abbildungsverzeichnis

Tabellenverzeichnis

Einleitung

1. Problemstellung

Als Alternativen zum Wachstum durch interne Entwicklung stellen Akquisitionen und Fusionen in marktwirtschaftlich orientierten Wirtschaftssystemen seit weit über einhundert Jahren einen festen Bestandteil unternehmerischen Handelns dar.[1] Ihre vor allem in den vergangenen zwei Jahrzehnten gestiegene Bedeutung offenbart sich eindrücklich in der Häufigkeit und der Regelmäßigkeit, nicht zuletzt aber auch in der Größenordnung der in diesem Zeitraum dokumentierten Zusammenschlüsse. Allein für die Jahre 1996/97 konnten weltweit mehrere Übernahmen bzw. Verschmelzungen mit einem Transaktionsvolumen in jeweils zweistelliger Milliardenhöhe registriert werden, so z.B. der Kauf von MCI COMMUNICATIONS durch WORLDCOM (USD 36 Mrd.), die Fusion der beiden US-Telefongesellschaften BELL ATLANTIC und NYNEX (USD 23,7 Mrd.), der Zusammenschluß von BOEING und

---

1 Zur historischen Entwicklung der Zusammenschlußaktivitäten v.a. in den USA und in Großbritannien vgl. COOKE [1986], S. 7 ff.; MCCANN und GILKEY [1988], S. 14 ff.; SALTER und WEINHOLD [1979], S. 10; für Deutschland siehe z.B. LIEFMANN [1930], S. 316.

McDONNELL DOUGLAS (USD 14,7 Mrd.) sowie im deutschsprachigen Raum die Fusion zwischen THYSSEN und KRUPP-HOESCH (USD 13,1 Mrd.) oder die Übernahme von BOEHRINGER MANNHEIM durch den schweizer Pharmakonzern ROCHE HOLDING (rd. USD 11 Mrd.).[2] Auch in der BRD ist seit Anfang der achtziger Jahre eine Zunahme des Akquisitions- und Fusionsgeschehens zu verzeichnen, das nach zunächst rückläufigen Tendenzen in den Jahren 1991 bis 1994 nun wieder einen starken Aufwärtstrend erfährt (vgl. auch Tab. 0 - 1).

Aus empirischen Untersuchungen zur *Performance* von Fusionen und Akquisitionen wird allerdings immer wieder die hohe Erfolgsvarianz solcher Vorhaben deutlich.[3] Als Hauptursache der Erfolgsunterschiede gilt dabei allgemein die Vernachlässigung der Integrationsproblematik durch die Praxis:

> "The values to be derived from an acquisition depend largely upon the skill with which the (...) problems of integration are handled. Many potentially valuable acquired corporate assets have been lost by neglect and poor handling during the integration process."[4]

Während sich jedoch die betriebswirtschaftliche Auseinandersetzung mit dem Realphänomen *Mergers & Acquisitions* in der Vergangenheit primär auf Fragen der Selektion geeigneter Übernahmekandidaten unter dem Gesichtspunkt des *Strategic fit* im Sinne von Produkt-Markt-Verwandtschaft[5] sowie auf die Probleme der korrekten Wert-

---

2 Vgl. dazu o.V. [1997a]; PURI [1997] und SINCLAIR [1997], S. 5.

3 Ähnlich auch CHATTERJEE ET AL. [1992], S. 319; DATTA [1991], S. 281; DATTA ET AL. [1992], S. 76 ff.; GERPOTT [1993], S. 3 ff.

4 MACE und MONTGOMERY [1964], S. 230. Vgl. dazu auch BÜHNER [1990a], S. 2; COPELAND ET AL. [1990], S. 323; DATTA [1991], S. 283; HASPESLAGH und JEMISON [1987], S. 55 sowie HASPESLAGH und JEMISON [1992], S. 15; GERPOTT [1993], S. 7.

5 Vgl. z.B. CHATTERJEE [1986]; CLARKE [1987]; GRANT [1988]; KUSEWITT [1985]; LUBATKIN [1987]; LUBATKIN UND O'NEILL [1987]; PRAHALAD und BETTIS [1986]; SALTER und WEINHOLD [1979]; SCHOLZ [1987]; SHELTON [1988]; SINGH und MONTGOMERY [1987]; STEWART ET AL. [1984] u.v.m. Zu einer anderen Interpre-

Käufer	*Kaufobjekt*	*Preis in DM*
Fresenius AG	National Medical Care (USA)	3,4 Mrd.
Océ-van der Grinten, N.V. (NL)	Druckersparte von Siemens Nixdorf AG	0,8 Mrd.
Robert Bosch GmbH	Bremssystemsparte von Allied Signal Inc. (USA)	2,2 Mrd.
Rewe AG	Billa AG (A)	2,1 Mrd.
Münchener Rückversicherungs-AG	American Re Corp. (USA)	5,0 Mrd.
SKW Trostberg AG	Master Builders Technologies (USA)	1,6 Mrd.
BASF AG	Mais-Herbizid-Sparte von Sandoz AG (CH)	1,0 Mrd.
Allianz Holding AG	Hermes Kreditversicherung AG	N.A.
Massey Ferguson	Xaver Fendt GmbH & Co.	1,0 Mrd.
Henkel KGaA	Loctite Corp. (USA)	1,9 Mrd.
Hoechst AG	Roussel Uclaf (F)	5,4 Mrd.
Tchibo Holding AG	Eduscho GmbH & Co. KG	N.A.
Siemens AG	Elektrowatt-Industrie von CS Holding (CH)	2,9 Mrd.

Tab. 0 - 1: Bedeutende Übernahmen des Jahres 1996 mit deutscher Beteiligung[6]

---

tation des *Fit*-Begriffes im Rahmen der strategischen Unternehmensführung (nämlich als System-Umwelt-*Fit*) vgl. Kap. 3.

6 Daten aus HUJER und SCHRÖTER [1996] bzw. o.V. [1996a] und o.V. [1996b]. Eine von der M&A International GmbH, Königstein/Ts. veröffentlichte Statistik

findung[7] oder der steuerlichen Gestaltung[8] der Transaktionen beschränkte, wurde dem Gegenstand des *Postmerger*-Managements, der Handhabung des organisatorischen Vereinigungsprozesses, vergleichsweise geringe Beachtung zu Teil.

Neben einer ganzen Reihe präskriptiver Arbeiten und praxisorientierter Veröffentlichungen[9], welche Ergebnisse einzelner Akquisitions- bzw. Fusionsfälle oder aus Beratungstätigkeit gewonnene Erfahrungen ohne Anwendung statistischer Analyseverfahren oder konzeptionelle Fundierung zu Handlungsempfehlungen verarbeiten, widmeten sich in den vergangenen Jahren in erster Linie empirische Untersuchungen dem Thema *Postmerger*-Management. Bei der Mehrzahl dieser Forschungsarbeiten handelt es sich jedoch um qualitative Einzelfallstudien oder auch Expertenbefragungen mit derart geringem Stichprobenumfang, daß Zweifel an der Signifikanz der getroffenen Aussagen berechtigt erscheinen.[10] KOGELER [1992] z.B. erfaßt mit seiner Untersuchung lediglich vier, SCHEITER [1989] sechs, REINEKE [1989] nur zwei Übernahmevorhaben.

Großzahlige Erhebungen wie die von LINDGREN [1982], MÖLLER [1983], SÜVERKRÜP [1991], HASPESLAGH und JEMISON [1992] sowie GERPOTT [1993] lassen sich hinsichtlich ihres Forschungsschwerpunk-

---

über die Anzahl von Unternehmenskäufen und -verkäufen mit deutscher Beteiligung weist für die Jahre 1995 bzw. 1996 Steigerungsraten von rd. 26% bzw. 12% im Vergleich zum Vorjahr aus (vgl. o.V. [1997b]).

7 Vgl. u.a. BAETGE [1991]; BALLWIESER [1990]; BECK [1996]; BUSSE VON COLBE [1992]; COENENBERG und SAUTTER [1988]; COPELAND ET AL. [1990]; DIRRIGL [1990]; MADURA ET AL. [1991]; MOXTER [1991]; OSSADNIK [1985]; RAO ET AL. [1991]; RUHNKE [1991]; SIEBEN und DIEDRICH [1990]; SUCKUT [1992].

8 Vgl. stellvertretend für viele andere HERZIG [1993]; HERZIG und HOETZEL [1990]; KALIGIN [1995]; MUJKANOVIC [1994]; WÖHE [1983].

9 So z.B. CLEVER [1993]; COLBY [1989]; HARVEY [1969]; HAWN [1969]; KISSH [1989]; KUBILUS [1991]; MORABITO [1989]; NABER [1987]; DE NOBLE ET AL. [1988]; RIGGS [1969]; SHERIDAN [1969]; STEINÖCKER [1993]; STURGES [1989].

10 Vgl. KAUFMANN [1990]; KOGELER [1992]; OTT [1990]; REINEKE [1989]; REIßNER [1992]; SCHEITER [1989].

tes unterscheiden. So analysieren beispielsweise MÖLLER [1983] und SÜVERKRÜP [1991] das Integrationsgeschehen im Rahmen ihrer Studien lediglich als eine von vielen Problemstellungen zum Thema *Mergers & Acquisitions* und erfassen daher den Inhalt eines *Postmerger*-Managements relativ knapp, oberflächlich und undifferenziert.[11] Im Gegensatz dazu steht bei LINDGREN [1982], bei HASPESLAGH und JEMISON [1992] sowie bei GERPOTT [1993] die induktive Ermittlung erfolgversprechender Gestaltungsansätze für den Integrationsprozeß von Fusionen und Akquisitionen im Mittelpunkt.

Konzeptionell orientierte Arbeiten zur Integration akquirierter Unternehmungen konzentrieren sich zum einen vornehmlich auf die Behandlung personalwirtschaftlicher Fragestellungen, die sich im Zusammenhang mit Akquisitionen und Fusionen ergeben. Abgesehen von Aspekten der Personalprogrammplanung, d.h. der Anpassung des Personalbestandes, der Modifikation der Entgeltpolitik und der Anreizsysteme oder der Durchführung von Personalentwicklungsmaßnahmen, werden individualpsychologische, kulturelle und arbeitsrechtliche Probleme und die Bewältigung der aus diesen resultierenden Konflikte behandelt.[12] Zum anderen beschäftigt sich eine Reihe von Autoren mit den Konsequenzen von Akquisitionen und Fusionen für die Bereiche Unternehmungspolitik bzw. -strategie sowie Organisationsstruktur und -kultur.[13] Den meisten dieser Quellen ist dabei gemein, daß sie auf die Entwicklung einer umfassenden theoretischen Basis zur Identifikation der für ein *Postmerger*-Management relevanten Entscheidungsfelder verzichten. Statt dessen widmen sie sich der Untersuchung der auf intuitivem Wege oder über Plausibilitätsüberlegungen gewonnenen, oben genannten Problembereiche, indem

---

11 Vgl. hierzu auch die Kritik bei GERPOTT [1993], S. 9 f.

12 Vgl. BUONO ET AL. [1985]; BUONO und BOWDITCH [1989]; EICHINGER [1971]; GERPOTT [1990] bzw. [1991]; HERMSEN [1994]; KRYSTEK [1992]; WÄCHTER [1990]; WALSH [1988].

13 Vgl. EHRENSBERGER [1993]; GRÜTER [1990]; HASE [1996]; MCCANN und GILKEY [1988]; PAPROTTKA [1996]; SHRIVASTAVA [1986]; SOMMER [1996].

sie sich wie z.B. HASE [1996] mit der Zusammenfassung und unkritischen Reproduktion präskriptiver Literatur begnügen.

2. Zielsetzung und Gang der Untersuchung

Mit der Betrachtung bereichsbezogener Einzelaspekte sowie der empirischen Erfassung mehr oder weniger erfolgreicher Integrationspraktiken erreichen die bisher erschienenen Forschungsbeiträge zum Thema *Postmerger*-Management nur begrenzte Aussagekraft. Dies um so mehr, als sich weder konzeptionelle noch empirisch orientierte Arbeiten darum bemühen, die gewonnenen Untersuchungsergebnisse in den Gesamtzusammenhang des *Merger*-Geschehens einzuordnen, d.h. eine konsistente Verbindung zu schaffen zwischen der Akquisitions- oder Fusionsentscheidung einerseits und den daraus resultierenden Handlungen des *Postmerger*-Managements andererseits. Trotz aller Anstrengungen um eine in haltliche Konkretisierung von *Postmerger*-Maßnahmen fehlt somit nach wie vor eine geschlossene konzeptionelle Grundlage, die es erlaubt, die primären Zwecke und Aufgaben eines *Postmerger*-Managements theoretisch zu fundieren.

Insofern ist immer noch JEMISON und SITKIN [1986] zuzustimmen, die im Hinblick auf die wissenschaftliche Auseinandersetzung mit dem Bereich der Integrationsgestaltung im Rahmen von *Mergers & Acquisitions* konstatieren:

> "Most research on corporate acquisitions has been prescriptive, simply asserting the importance of considering strategic or organizational fit, involving key people in the process, or not hurting people. (...) The literature (...) is quite fragmented and typically addresses only those aspects (...) that pertain to the specific problems encountered in a single case. (...) However, even when these individual integration prob-

lems have been recognized, they have rarely been placed into a broader organizational context."[14]

Angesichts der eingangs skizzierten praktischen Bedeutung von Fusionen und Akquisitionen sowie der empirisch belegten hohen Erfolgsvarianz bei der Umsetzung von Unternehmensvereinigungen muß dieser Zustand zwangsläufig als defizitär empfunden werden. Ziel dieser Arbeit ist es daher, die Entscheidungsprobleme eines *Postmerger*-Managements auf Basis einer umfassenden Konzeption zu bestimmen, die zwischen den einzelnen Handlungsfeldern bestehenden Interdependenzen zu erfassen und daraus schließlich Ansätze zur Gestaltung des Integrationsgeschehens abzuleiten. Da die Untersuchung der genannten Objektbereiche jedoch nicht auf einem bereits bestehenden theoretischen Fundament aufbauen kann, geht es zunächst einmal darum, einen geeigneten Bezugsrahmen zur Analyse der *Postmerger*-Problematik zu entwickeln. Der Argumentationsgang der vorliegenden Arbeit läßt sich anhand dieser zentralen Fragestellungen in folgende zwei Hauptproblemkomplexe untergliedern (vgl. Abb. 0 - 1).

Der erste Block ist dem Entwurf der theoretischen Grundlagen gewidmet. Zu diesem Zweck erfolgen in Kap. 1 in einem ersten Schritt eine Abgrenzung des Untersuchungsgegenstandes sowie eine Kennzeichnung der Zwecksetzung von *Postmerger*-Management anhand einer phasenorientierten Betrachtung des Vereinigungsprozesses. Die dabei identifizierte basale Aufgabenstellung der Integrationsphase bildet den Ausgangspunkt für eine nähere Beschäftigung mit den Motiven von Fusionen und Akquisitionen im Rahmen von Kap. 2. Eine kritische Auseinandersetzung mit den Befunden sowohl konzeptionell orientierter als auch empirisch-induktiver Beiträge zu den Zielen von Unternehmensvereinigungen legt jedoch offen, daß sich die eingangs aufgezeigten Mängel bisheriger *Postmerger*-Management-Forschung letztlich auf das Fehlen eines umfassenden Erklärungsmodells

[14] JEMISON und SITKIN [1986], S. 146 f. Vgl. JEMISON [1988], S. 197. So auch GERPOTT [1993], S. 11.

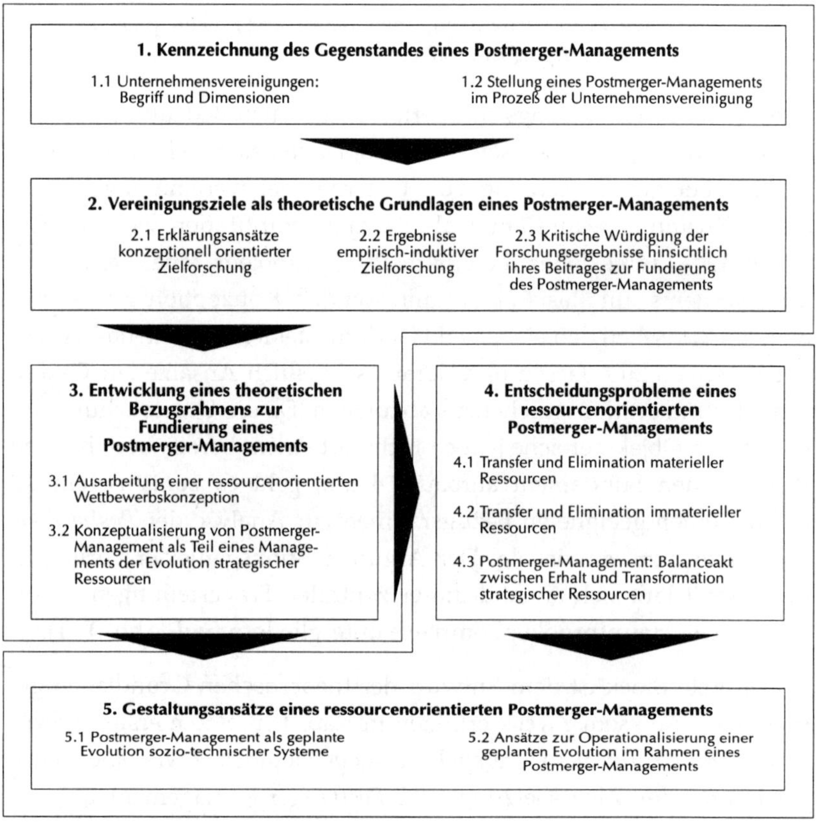

Abb. 0 - 1: Gang der Untersuchung

für das Realphänomen *Mergers & Acquisitions* zurückführen lassen. In Kap. 3 wird daher ein eigener Ansatz zur Begründung von Fusionen und Akquisitionen entwickelt. Als Ergebnis der dort erarbeiteten ressourcenorientierten Wettbewerbskonzeption werden *Mergers* als Handlungsoptionen zum Erwerb strategischer Vermögensgegenstände, zum Auf-, Aus- sowie Umbau betrieblicher Ressourcenportfolios interpretiert. Auf die Akkumulation, Komplettierung sowie Elimination strategischer Ressourcen gerichtet wird *Postmerger*-Management so

Teil einer Transformation der die beteiligten Unternehmungen konstituierenden Ressourcenbündel.

Der zweite Block beantwortet dann die Fragen nach den Entscheidungsproblemen sowie Gestaltungsansätzen eines solchen ressourcenorientierten *Postmerger*-Managements. Kap. 4 geht dabei in einem Akt der Komplexitätsreduktion zunächst *getrennt* auf den den Transfer materieller bzw. immaterieller strategischer Faktoren sowie auf die Elimination der aus Sicht des Unternehmensverbundes obsoleten Ressourcen ein. Die nachfolgende Analyse der aufgrund der Partialisierung bis dahin vernachlässigten Interdependenzbeziehungen offenbart den für die Komplexität eines *Postmerger*-Managements verantwortlichen Zielkonflikt zwischen Erhalt und Transformation strategischer Ressourcenpositionen. Kap. 5 präsentiert schließlich Ansatzmöglichkeiten zur Gestaltung einer akquisitionsbedingten Integration soziotechnischer Systeme.

Kapitel 1: Kennzeichnung des Gegenstandes eines Postmerger-Managements

1.1 Unternehmensvereinigungen: Begriff und Dimensionen

Der Begriff des *Mergers* oder der Unternehmensvereinigung soll im Rahmen der vorliegenden Arbeit verstanden werden als eine auf Dauer angelegte Verbindung von mindestens zwei Unternehmungen oder auch von einer Unternehmung mit dem Teilbetrieb eines anderen Unternehmens unter einheitlicher Leitung, d.h. unter Verlust bzw. Aufgabe der wirtschaftlichen Selbständigkeit eines beteiligten Partners. Die hiermit zugrunde gelegte Definition basiert auf dem Merkmal der Bindungsintensität, dem nach PAUSENBERGER [1989a] "genuine[n] und problemadäquate[n] Gliederungskriterium für Unternehmenszusammenschlüsse."[15] Von den Vereinigungen abzugrenzen

---

[15] Vgl. hierzu und zum folgenden PAUSENBERGER [1989a], S. 623 ff. sowie PAUSENBERGER [1993], Sp. 4437 ff. Zum Oberbegriff des Unternehmenszusammenschlusses siehe auch GERPOTT [1993], S. 36 f.; GIMPEL-ISKE, S. 7 ff. sowie

sind damit alle Ausprägungen betrieblicher Kooperation, bei denen die wirtschaftliche Handlungsfreiheit allenfalls partielle und darüber hinaus zumeist lediglich temporäre Einschränkungen erfährt, wie bei strategischen Allianzen, Gemeinschaftsunternehmen bzw. *Joint ventures,* Kartellen, Wirtschaftsverbänden, Arbeitsgemeinschaften oder Konsortien usw. (vgl. Abb. 1 - 1).

Unter dem Aspekt der einheitlichen Leitung lassen sich weiterhin zwei verschiedene Erscheinungsformen von Unternehmensvereinigungen identifizieren. Je nach dem, ob sich die Verbindung in ihrer Ausgestaltung mit der Herstellung der wirtschaftlichen Einheit begnügt oder schließlich sogar die rechtliche Einheit, d.h. den Untergang der ursprünglichen Rechtspersönlichkeit eines oder aller betroffenen Unternehmungen, provoziert, ist eine Differenzierung zwischen Akquisitionen einerseits und Fusionen andererseits möglich.

Akquisitionen umfassen dabei zum einen sogenannte *Share deals,* den Kauf von Gesellschaftsanteilen an Kapitalgesellschaften. Wie jedoch bereits das oben erwähnte Attribut der Dauerhaftigkeit indiziert, handelt es sich nicht um einen Beteiligungserwerb zur kurzfristigen Anlage überschüssiger Finanzmittel, sondern zur Erlangung der Beherrschungsmacht mit dem Ziel der hierarchischen Koordination bestimmter betrieblicher Aktivitäten.[16] Sofern ein Erwerb der Stimmrechtsmehrheit als ausreichend für die Ausübung eines beherrschenden Einflusses betrachtet werden darf, erscheinen Einschränkungen bei der Interpretation des Vereinigungsbegriffes auf Fälle, in denen wenigstens 50% der Gesellschaftsanteile übernommen werden, un-

---

MÖLLER [1983], S. 13.

16 Dabei zählt allein die Absicht, eine dauerhafte Verbindung eingehen zu wollen. Irrelevant ist daher, ob akquirierte Unternehmungen oder Unternehmensteile mangels Zielerreichung kurze Zeit später wieder desinvestiert werden. Ein Erwerb, der *ausnahmslos* auf Zerschlagung und Weiterveräußerung ausgerichtet ist, sei jedoch ausgeschlossen; so sollte zumindest die Fortführung eines Teiles der erworbenen Einheiten angestrebt werden.

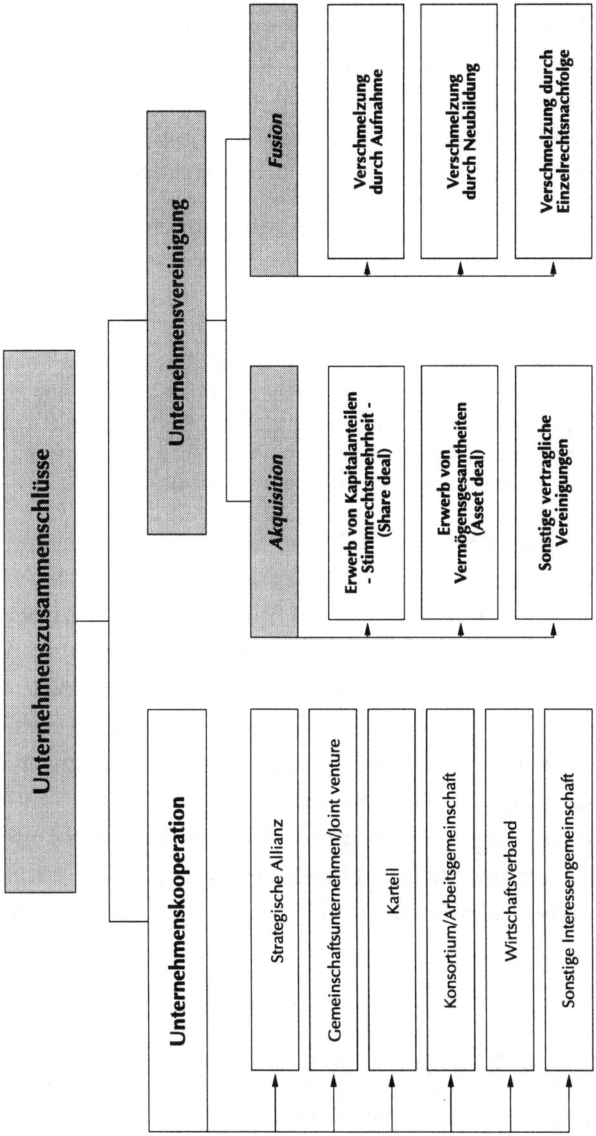

Abb. 1 - 1: Typologie der Unternehmenszusammenschlüsse in Anlehnung an PAUSENBERGER [1989a]

zweckmäßig.[17] Zu den Spielarten kapitalmäßiger Verflechtung bei der Vereinigung von Unternehmen in der Rechtsform der Aktiengesellschaft zählt auch die Eingliederung gem. §§ 319 ff. AktG, die den Besitz aller Aktien seitens der künftigen Hauptgesellschaft erfordert und dieser ausdrücklich die Leitungsmacht zugesteht (§ 323 AktG).

Die zweite große Gruppe von Akquisitionen bilden Unternehmens- oder Teilbetriebskäufe im Wege der Vermögensübertragung (*Asset deals*). Maßgeblich ist hierbei, daß

> "... alle wesentlichen, d.h. für die Erfüllung der wirtschaftlichen Zweckbestimmung eines Akquisitionsobjektes unabdingbaren Vermögensgegenstände des Betriebes (...) und damit auch bestehende Arbeitsverhältnisse gem. § 613a BGB, an den Erwerber übertragen werden."[18]

Während der Erwerb von Rechts- und Sachgesamtheiten beim Kauf von Kapitalgesellschaften lediglich eine Gestaltungsalternative darstellt, die es dem Erwerber gestattet, die Gefahr einer Übernahme unbekannter Haftungsrisiken und Verbindlichkeiten zu begrenzen[19], läßt sich eine Übertragung von Einzelunternehmen sowie von Gesellschaften bürgerlichen Rechts bzw. Personengesellschaften grundsätzlich nur als *Asset deal* verwirklichen. Denn ein Transfer der Gesellschafterstellung ohne gleichzeitige Übertragung des (anteiligen) Gesellschaftsvermögen ist bei diesen Rechtsformen nicht möglich.[20] An Stelle der umständlichen Einzelübertragung aller Wirtschaftsgüter und Schulden, aller Rechte und Pflichten nach den Bestimmungen des

---

17 So z.B. CLEVER [1993], S. 8; HASE [1996], S. 11; REINEKE [1989], S. 8. Eine Präsenzmehrheit, wie sie für den Tatbestand der Konzernierung genügen würde, ist jedoch als Bindungsinstrument zu schwach, um bereits von einer Akquisition sprechen zu können, zumal es fraglich scheint, ob es überhaupt möglich ist, eine Präsenzmehrheit gezielt zu erwerben.

18 GERPOTT [1993], S. 29. Ähnlich PAUSENBERGER [1989b], S. 19.

19 Vor allem die Übernahme unbekannter Steuerschulden. Vgl. RÄDLER [1982], S. 285.

20 Vgl. KLUNZINGER [1990], S. 37.

BGB läßt sich der Kauf einer BGB- oder einer Personengesellschaft *in toto* aber auch über das Rechtsinstitut der Anwachsung nach § 738 BGB (i.V.m. §§ 105 bzw. 161 HGB) realisieren, welches eine Überführung des gesamten Vermögens in einem Vorgang ermöglicht.[21] Ein weiterer Anwendungsbereich von *Asset deals* stellt der sogenannte Teilbetriebserwerb dar, d.h. der Erwerb organisatorisch geschlossener und mit begrenzter wirtschaftlicher Dispositionsfreiheit ausgestatteter, jedoch rechtlich unselbständiger Teileinheiten von Unternehmungen.[22] Auf der Seite des Verkäufers ist diese Form von Desinvestitionsmaßnahmen (*Divestitures*) insbesondere im Rahmen von Restrukturierungsaktivitäten relevant.[23] Für den Erwerber hingegen besteht neben dem reinen Vermögenskauf die Möglichkeit, die Rechts- und Sachgesamtheiten als Einlage in eine nach dem Kauf neu zu gründende, rechtlich selbständige Gesellschaft einzubringen und damit eine Ausgliederung vorzunehmen.[24]

Mit der wirtschaftlichen Einheit als Differenzierungsmerkmal gehören zur Gattung der Akquisitionen schließlich noch die Gruppe der Vertragskonzerne, also die Vereinigung von Aktiengesellschaften oder

---

21 KÜTING [1993] bezeichnet diesen Vorgang als "Fusion im Wege der Anwachsung" (ibid., Sp. 1342). Da er jedoch zugleich Fusionen als Zusammenschluß zu einer *rechtlichen* Einheit definiert, die Rechtspersönlichkeit der Personengesellschaft bei der Anwachsung nach § 738 BGB aber erhalten bleibt, ist eine Subsumtion dieser juristischen Durchführungsform unter den Begriff der Fusion *per definitionem* abzulehnen.

22 Vgl. bereits PENROSE [1959], S. 155 f. Zum Begriff des Teilbetriebs im Steuerrecht vgl. BIERGANS [1990], S. 697 ff. sowie RÄDLER [1982], S. 270 bzw. grundlegend BFH vom 13.01.1996, BStBl. 1966 III, S. 168 sowie BFH vom 24.04.1969, BStBl. 1969 II, S. 397.

23 Vgl. WESTON [1987], S. 32 f.; WESTON [1994]; WESTON ET AL. [1990], S. 223 ff. sowie WRIGHT ET AL. [1989]. Siehe dazu auch Kap. 4.1.2.

24 Vgl. GERPOTT [1993], S. 34. Für den Verkäufer kommt als Alternative zur Teilbetriebsveräußerung auch eine Ausgründung (*Equity carve-out*) in Betracht, d.h. der Transfer des Teilbetriebs auf ein eigens gegründetes Tochterunternehmen mit anschließendem Verkauf der Gesellschaftsanteile (vgl. GAUGHAN [1991], S. 460 oder auch WESTON [1987], S. 32). Ausführlich zu den Durchführungsformen von Desinvestitionsvorhaben vgl. Kap. 4.1.2.

Kommanditgesellschaften auf Aktien durch Beherrschungsvertrag (§ 291 Abs. 1 Satz 1 1. Alt. AktG), sowie sämtliche Formen der Betriebsüberlassung und Betriebspacht.

Wie die bisherigen Ausführungen bereits verdeutlicht haben, scheinen die Vokabeln Akquisition und Konzernierung weitgehend kongruent, was kaum verwundern mag angesichts der Tatsache, daß eine einheitliche (wirtschaftliche) Leitung die entscheidende Voraussetzung nicht nur für Unternehmensvereinigungen im Sinne der vorliegenden Arbeit, sondern auch für die Existenz von Konzernen verkörpert.[25] Dennoch können die Begriffe Akquisition bzw. Konzernierung nicht einfach gleichgesetzt werden.[26] Dies nicht etwa, weil die im AktG entwickelten Kriterien den Konzerntatbestand auf die Rechtsform der Aktiengesellschaft beschränken und damit eine unzulässige Eingrenzung des Vereinigungsbegriffs implizieren würden[27] - schließlich ist die aktienrechtliche Legaldefinition des Konzerns rechtsformneutral formuliert und gilt damit n.h.M. als auf Unternehmen anderer Rechtsform übertragbar.[28] Vielmehr umfassen Akquisitionen neben konzernierten Unternehmungen auch andere Erscheinungsformen einheitlicher Leitung (so z.B. den Teilbetriebserwerb sowie die Betriebsüberlassung oder Betriebspacht). Umgekehrt existieren Arten der Konzernierung, die nach dem hier zugrunde gelegten Begriffsverständnis keinesfalls als Akquisitionen gelten sollen, wie beispielsweise gemeinsame Beratungen oder personelle Verflechtungen (Organidentität).[29]

---

25 Dazu auch Fn. 35 auf Seite 18.

26 So gebrauchen z.B. PAUSENBERGER [1989a], S. 624 sowie PAUSENBERGER [1993], Sp. 4440 beide Termini als Synonyma.

27 So GERPOTT [1993], S. 31.

28 Vgl. SCHILDBACH [1992], S. 20. Ähnlich COENENBERG [1991], S. 407.

29 Diese stellen gemäß der oben getroffenen Definition Formen betrieblicher Kooperation dar.

Bleibt bei Akquisitionen die rechtliche Selbständigkeit der zusammengeschlossenen Unternehmen, d.h. ihre eigene Rechtspersönlichkeit, erhalten, so bedingen Fusionen zusätzlich die rechtliche Vereinigung der beteiligten Parteien.[30] Nach KÜTING [1993] ist der betriebswirtschaftliche Fusionsbegriff

> "... losgelöst von der Rechtsform der beteiligten Unternehmen sowie der Art des Vermögensübergangs (...) und der Entschädigungsleistung (...) zu betrachten. (...) Der betriebswirtschaftliche Fusionsbegriff (...) geht über den Begriff der Verschmelzung (...) hinaus und umfaßt den Zusammenschluß zweier Unternehmen beliebiger Rechtsform zu einer rechtlichen Einheit."[31]

Da die rechtliche Vereinigung als hinreichend für den Sachverhalt der einheitlichen Leitung betrachtet werden kann, können auch Fusionen zu den Unternehmensvereinigungen gerechnet werden. Fusionen umfassen somit die Verschmelzungen von Kapitalgesellschaften gem. §§ 339 ff. AktG bzw. §§ 19 ff. KapErhG sowie von Genossenschaften oder Versicherungsvereinen auf Gegenseitigkeit nach §§ 93a-93s GenG und §§ 44a, 53a VAG. Charakteristisch für diese kodifizierten Fusionsarten ist der Umstand, daß die ihr Vermögen übertragenden Körperschaften nicht in Liquidation treten und der Transfervorgang im Wege der Gesamtrechtsnachfolge sämtliche Vermögensgegenstände als Einheit erfaßt.[32] Derartige Verschmelzungen vollziehen sich entweder als Fusionen durch Aufnahme, d.h. als Übernahme aller Wirtschaftsgüter der übertragenden durch die aufnehmende Gesellschaft, oder durch Neubildung, d.h. als Übergang des Vermögens beider Unternehmen auf eine neu gegründete Gesellschaft. Eine Einschränkung auf den ersten Fall[33] soll im Rahmen dieser Arbeit nicht

---

30 Vgl. dazu und zum folgenden KÜTING [1993].

31 Ibid., Sp. 1342.

32 Vgl. z.B. KLUNZINGER [1990] (für die AG: S. 185 f.; für die GmbH: S. 251; für die eG: S. 277 f.).

33 So GERPOTT [1993], S. 33 ff.

erfolgen. Die *gleichberechtigte* Zusammenfassung zweier Unternehmungen unter einheitlicher Leitung auszublenden, indem man als notwendige Ausprägung des Merkmals 'Rangmäßige Beziehung der Zusammenschlußpartner' für Akquisitionen oder Fusionen ein hierarchisches "Über- und Unterordnungsverhältnis"[34] postuliert, erscheint u.E. unzweckmäßig. Eine solche Einschränkung hieße, das Konzept einheitlicher Leitung mit einer seiner möglichen Erscheinungsformen, und zwar jener der Beherrschungsmacht, zu verwechseln.[35]

Obgleich Verschmelzungen von Personengesellschaften nicht explizit gesetzlich geregelt sind, besteht in diesen Fällen die Möglichkeit, eine Fusion im Wege der Einzelrechtsnachfolge, d.h. durch Veräußerung aller Vermögensteile an die aufnehmende Unternehmung und anschließende Liquidation der übertragenden Gesellschaft vorzunehmen. Der wesentliche Unterschied zur Akquisition besteht dabei in der Auflösung der übertragenden Gesellschaft, da erst die Liquidation den für Fusionen *per definitionem* erforderlichen Untergang der juristischen Selbständigkeit mindestens eines beteiligten Partners bewirkt.[36] Im Gegensatz dazu ist eine Verschmelzung bei Einzelun-

---

34 Ibid., S. 33.

35 Vgl. § 17 AktG. Dagegen soll hier (wie im Konzernrecht) als Merkmal einheitlicher Leitung die Unterordnung des Einzelinteresses unter das *gemeinsame* Interesse verstanden werden (vgl. COENENBERG [1991], S. 407 f. bzw. § 18 Abs. 1 AktG).

36 Aus diesem Grund kann im Rahmen der vorliegenden Arbeit das Rechtsinstitut der Anwachsung nach § 738 BGB i.V.m. §§ 105 bzw. 161 HGB auch nicht unter dem Begriff der Fusion subsumiert werden, da die Anwachsung lediglich die rechtliche Grundlage für die Übertragung des *per se* nicht frei handelbaren Gesellschaftsanteils an Personengesellschaften darstellt und somit in keiner Weise den rechtlichen Fortbestand der betroffenen Unternehmung berührt. Die Klassifizierung KÜTINGS [1993], der § 738 BGB i.V.m. §§ 105 bzw. 161 HGB als "Fusion im Wege der Anwachsung" (ibid., Sp. 1342) diskutiert, ist daher als mit der Definition von Fusionen unvereinbar abzulehnen (vgl. dazu Fn. 21). Daß eine Personengesellschaft, obschon nicht juristische Person, sehr wohl über rechtliche Selbständigkeit verfügt, resultiert aus § 124 HGB.

ternehmen bzw. Gesellschaften bürgerlichen Rechts gemäß des oben getroffenen Fusionsbegriffes mangels Rechtsfähigkeit dieser Unternehmensformen grundsätzlich ausgeschlossen.

Abschließend sei als weiteres Klassifikationsmerkmal für Unternehmenszusammenschlüsse noch kurz der *leistungswirtschaftliche Zusammenhang* der betroffenen Unternehmen angesprochen, da diesem Ordnungskriterium, das auch im Rahmen der folgenden Ausführungen noch mehrfach Erwähnung finden wird, in der Literatur zum Themenbereich *Mergers & Acquisitions* in der Vergangenheit die wohl größte Bedeutung beigemessen wurde.[37] Während sich *horizontale* Vereinigungen im allgemeinen auf Akquisitionen und Fusionen zwischen Unternehmen identischer Branchen und Wertschöpfungsstufen beziehen, bezeichnet man mit *vertikalen* Zusammenschlüssen Verbindungen, die sich auf mehrere aufeinanderfolgende Beschaffungs-, Produktions- bzw. Distributionsstufen erstrecken.[38]

Je nach Expansionsrichtung unterscheidet man weiterhin zwischen Vorwärts- oder Rückwärtsintegration. Dagegen spricht man von *konglomeraten* Unternehmensvereinigungen, wenn *Mergers* zum Erwerb neuer Produkt-Markt-Kombinationen führen, die nur einen geringen oder aber gar keinen Verwandtschaftsgrad zum bisherigen Produktionsprogramm aufweisen. Ist den akquirierten Produkt-Markt-Feldern allerdings ein bestimmter Bezug zum bestehenden Programm in funktionalen Bereichen wie der Forschung und Entwicklung, der Be-

37 Vgl. in diesem Zusammenhang die zahlreichen Veröffentlichungen und empirischen Analysen zum Problem der sog. *Relatedness*-Hypothese wie z.B. CHATTERJEE [1986]; BARNEY [1988]; GRANT [1988]; PRAHALAD und BETTIS [1986]; SALTER und WEINHOLD [1979] oder SINGH und MONTGOMERY [1987]. Zu möglichen Systematisierungsansätzen für Unternehmenszusammenschlüsse vgl. PAUSENBERGER [1989a] bzw. [1993].

38 Für die hier und im folgenden skizzierten Akquisitions- und Fusionsarten vgl. u.a. GERPOTT [1993], S. 43 ff.; GIMPEL-ISKE [1973], S. 52 ff.; LORANGE ET AL. [1987], S. 5 ff.; MÖLLER [1983], S. 88 ff.; RUMELT [1974], S. 19 ff.; SAUTTER [1989], S. 8 ff.; WESTON ET AL. [1990], S. 82 ff. u.v.a.

schaffung oder dem Absatz immanent, so spricht man von *konzentrischen* Vereinigungen.[39]

Gegenstand der vorliegenden Untersuchung sind demnach Unternehmensvereinigungen, Akquisitionen sowie Fusionen von beliebigem leistungswirtschaftlichen Zusammenhang. Dabei soll die in diesem Abschnitt zur Abgrenzung des Analyseobjektes erforderliche, primär juristisch orientierte Differenzierung zwischen Unternehmenszusammenschlüssen und -vereinigungen einerseits sowie zwischen Akquisitionen und Fusionen andererseits *sprachlich* nicht weiter verfolgt werden. Zwar bedarf es juristischer Kriterien, will man den Untersuchungsgegenstand der Unternehmensvereinigung vollständig erfassen und trennscharf beschreiben. Da auf Fragen einer rechtlichen Gestaltung im folgenden jedoch nicht näher eingegangen werden soll, erübrigt sich für den weiteren Untersuchungsverlauf die aus der juristischen Terminologie resultierende sprachliche Beschränkung. Die genannten Begriffe werden daher sämtlich als Synonyma der Vokabel *Merger* im hier definierten Sinne gebraucht werden.

1.2 Stellung eines Postmerger-Managements im Prozeß der Unternehmensvereinigung

Die Abwicklung von Akquisitions- und Fusionsvorhaben kann grundsätzlich mit Hilfe von Prozeßmodellen beschrieben werden. Ein Vergleich verschiedener in der Literatur entworfener, mehr oder weniger detaillierter Gliederungsansätze läßt eine Aggregation auf drei

---

39 Vgl. z.B. KITCHING [1967], 84 ff.; LORANGE ET AL. [1987], S. 6; WESTON ET AL. [1990], S. 87. Vor allem bei marktseitiger Verwandtschaft werden konzentrische Akquisitionen oder Fusionen auch als Sonderfall der horizontalen Vereinigung betrachtet (sog. "horizontale Vereinigung mit Produktausweitung"; vgl. BÜHNER [1990a], S. 75 bzw. PAUSENBERGER [1989a], S. 622).

idealtypische Phasen zweckmäßig erscheinen (vgl. Abb. 1 - 2).[40] Die Planungs- oder *Premerger*-Phase umfaßt in der Regel alle, ein Vereinigungsprojekt auslösenden sowie vorbereitenden Entscheidungen und Handlungen seitens des Initiators, also der Unternehmung, welche den Zusammenschluß maßgeblich forciert. Dazu zählen die Definition der mit dem *Merger* anzustrebenden Ziele, die daraus resultierende Deduktion von Kriterien zur Selektion adäquater Vereinigungspartner sowie eine vorläufige Analyse und Evaluation der mit Hilfe des Suchprofils identifizierten möglichen Akquisitions- oder Fusionskandidaten.

Im nächsten Prozeßschritt, der eigentlichen *Merger*-Phase, erfolgt eine erste Kontaktaufnahme, welche in Abhängigkeit der vom potentiellen Partner signalisierten Bereitschaft, eine Vereinigung einzugehen, zum Abbruch oder zur Fortsetzung der Verhandlungen führen kann. Dabei muß eine ablehnende Haltung des Kandidaten nicht not-

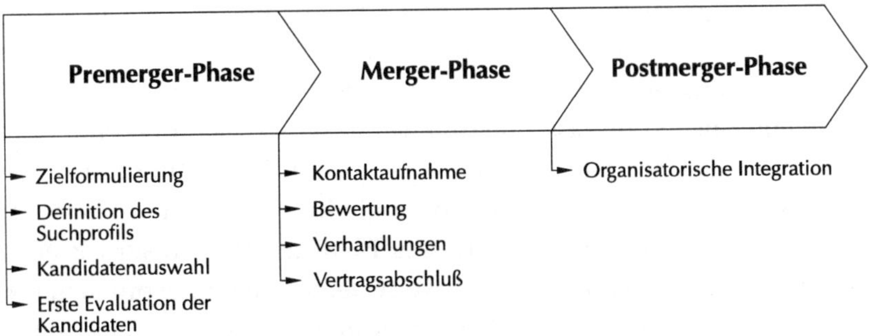

Abb. 1 - 2: Struktur des Akquisitions- bzw. Fusionsprozesses

40 Vgl. dazu und zum folgenden CLEVER [1993], S. 29 ff.; FREUND [1991], S. 492 ff.; GOMEZ und WEBER [1989], S. 39; HOWELL [1970], S. 66 ff.; HUMPERT [1985], S. 32 ff.; HUNT [1990], S. 72 ff.; KRÜGER [1988], S. 374 ff.; LINDGREN [1982], S. 4 ff.; MCCANN und GILKEY [1988], S. 69 ff.; MIROW [1996], S. 945; MÜLLER-STEWENS [1991], S. 169; OLENZAK und RUDDOCK [1987], S. 108 ff.; OTTERSBACH und KOLBE [1990], S. 140 f.; PAYNE [1987], S. 8 ff.; PAUSENBERGER [1989b], Sp. 21 ff.; REIßNER [1992], S. 149 ff.; SCHEITER [1989], S. 63 ff.

wendig die Einstellung der Zusammenschlußbemühungen bewirken, da insbesondere bei börsennotierten Gesellschaften auch die Möglichkeit zu einer feindlichen, d.h. unfreiwilligen Übernahme, besteht.[41] Zusätzliche Informationen, die im Rahmen einer *Due-Diligence*[42] während der Verhandlungen gewonnen werden, gestatten es darüber hinaus, möglicherweise bislang unberücksichtigte Risiken aufzudecken und den in der Planungsphase eruierten Unternehmenswert zu verifizieren. Nach erzielter Einigung über den Kaufpreis bzw. über die Höhe einer eventuellen Entschädigung für ausscheidende Minderheitsgesellschafter und Klärung aller sonstigen juristischen Fragen kommt es schließlich zu einer verbindlichen Vereinbarung, die je nach Rechtsform der beteiligten Unternehmungen sowie der für den *Merger* gewählten Durchführungsform der Zustimmung der Gesellschaftergremien, bei entsprechender Marktstellung der Partner unter Umständen sogar zusätzlich einer kartellrechtlichen Genehmigung bedarf.[43]

Mit erfolgreichem Abschluß dieser Vereinbarung und Schaffung aller juristischen Voraussetzungen beginnt die *Postmerger*-Phase, die Durchführung der organisatorischen Integration als Vorgang der Genese einer neuen umfassenden Einheit aus zwei heterogenen, bisher unabhängigen sozio-technischen Systemen.[44] Diese Zuordnung der Aufgaben einer organisatorischen Einbindung zur letzten Phase des Akquisitions- bzw. Fusionsprozesses ist nicht etwa Ausdruck einer streng sequentiellen Betrachtungsweise der Vereinigungsproblematik. So können insbesondere vorbereitende und planerische Tätigkeiten, aber auch spezifische Maßnahmen, wie z.B. Informationsgespräche

---

41 Vgl. z.B. HERMAN und LOWENSTEIN [1988]; GERPOTT [1993], S. 50 ff.; SALTER und WEINHOLD [1988], S. 146 ff.; SAUTTER [1989], S. 33.

42 Vgl. z.B. GRAFER und BALDASARO [1987].

43 Vgl. dazu §§ 22-24c GWB.

44 Zum Begriff der Integration vgl. LEHMANN [1980]. Ähnlich auch CLEVER [1993], S. 2 ff.; GRÜTER [1990], S. 81; HERMSEN [1994], S. 27 ff.; MCCANN und GILKEY [1988], S. 98 oder PAUSENBERGER [1993], Sp. 4446.

mit leitenden Mitarbeitern, durchaus als begleitende Phänomene bereits in früheren Prozeßabschnitten anfallen.[45]

Dennoch läßt sich eine Massierung von Handlungen zur Realisation der organisatorischen Einheit auf den Zeitraum nach der juristischen Vereinigung nicht bestreiten, zumal Eingriffe in das System des jeweils anderen Partners weder möglich noch zweckmäßig sind, solange die rechtsverbindliche Entscheidung über einen Zusammenschluß aussteht.[46] Insofern als sich die bereits in früheren Prozeßphasen anfallenden Integrationsaktivitäten letztlich doch nur auf die eigentliche Implementierung der Einheit *nach* Vertragsabschluß beziehen, scheint es gerechtfertigt, die Integration im Rahmen von Unternehmensvereinigungen maßgeblich der *Postmerger*-Phase zuzuschreiben. Die organisatorische Einbindung gilt dabei als Mittel zur Realisation der mit der Akquisition oder Fusion angestrebten Ziele. Dementsprechend kennzeichnen HASPESLAGH und JEMISON [1992] die Bedeutung des Integrationsprozesses auch wie folgt:

> "Der Integrationsprozeß ist der Schlüssel zum Akquisitionserfolg. Erst wenn die beiden Firmen zusammenkommen und auf *das Ziel der Akquisition* [Hervorh. d. Verf.] hinarbeiten, kann eine Wertschöpfung erfolgen."[47]

Die inhaltliche Gestaltung eines *Postmerger*-Managements muß sich folglich an den im Rahmen eines *Mergers* verfolgten Zielen orientieren. Ein derartiger Zielbezug läßt sich zudem aus dem hier zugrunde gelegten Begriffsverständnis von Management herleiten; denn mit KIRSCH [1992] manifestiert sich Management konzeptionell durch

---

45 So z.B. MCCANN und GILKEY [1988], S. 73: "... the stages are not as discrete as the model suggests; they can overlap and be very dependent on each other." Ähnlich auch CLEVER [1993], S. 31.

46 Vgl. hierzu insbesondere GRÜTER [1990], S. 147 f. Ähnlich HASPESLAGH und JEMISON [1992], S. 20.

47 HASPESLAGH und JEMISON [1992], S. 129. Ähnlich HASPESLAGH und JEMISON [1987], S. 55.

Professionalität, durch Reflexion von Führung im Hinblick auf die *Ziele* der Unternehmung:[48]

> "Wenn in einer Organisation über die 'richtige', d.h. professionelle Art und Weise der Führung reflektiert wird und diese Reflexionen operativ wirksam werden, dann konstituiert dies (...) die Führung als 'Management'."[49]

Während Führung somit das kollektive Phänomen sozialer Beeinflussung von Aktoren im Zusammenhang mit der betrieblichen Entscheidungskoordination beschreibt und daher generell als in Unternehmungen präsent betrachtet werden kann, konkretisiert sich Management erst durch ein "... intentionales, an den Zielen der Unternehmung ausgerichtetes Handeln."[50] Damit aber läßt sich *Postmerger*-Management als auf die *zielorientierte* Gestaltung des Integrationsprozesses angelegt interpretieren. Analog bewertet auch LINDGREN [1982] den Gegenstand des Integrationsmanagements:

> "[The nature of the integration process, Anm. d. Verf.] will (...) be analyzed in the context of the amount of integrative effort devoted to integration work, and the complexity of integrative devices used *in order to achieve the* (...) *objectives for the integration process* [Hervorh. d. Verf.]."[51]

Eine solche Akzentuierung der Vereinigungsziele aber macht deutlich, daß Bemühungen um eine Fundierung des *Postmerger*-Manage-

---

48 An dieser Stelle werden die Vokabeln Führung und Management im funktionalen, nicht im institutionellen Sinne gebraucht (vgl. hierzu STAEHLE [1991], S. 65; STEINMANN und SCHREYÖGG [1990], S. 5 f. oder BLEICHER [1993], Sp. 1272 f.)

49 KIRSCH [1992], S. 155. Vgl. dazu und zum folgenden auch KIRSCH [1991], S. 31 ff.

50 JANSSEN [1997], S. 41. Ähnlich auch JANSSEN [1995], S. 325.

51 LINDGREN [1982], S. 47.

ments sowie Versuche einer anschließenden Deduktion entsprechender Aufgabenbereiche und Gestaltungsmöglichkeiten zunächst einmal an den mit Unternehmenszusammenschlüssen verfolgten Zielen ansetzen müssen.

Kapitel 2: Vereinigungsziele als theoretische Grundlagen eines Postmerger-Managements

Wie im vorangegangenen Abschnitt gezeigt, erfordert die theoretische Fundierung eines *Postmerger*-Managements eine Auseinandersetzung mit den Zielen von Unternehmensvereinigungen. Aus diesem Grund widmet sich der nun folgende Abschnitt der Betrachtung von *Merger*-Motiven sowohl aus einer konzeptionell orientierten Perspektive (Kap. 2.1) als auch aus empirisch-induktiver Sicht (Kap. 2.2).

Als konzeptionell orientiert sollen hier und im folgenden all diejenigen Forschungsarbeiten klassifiziert werden, welche durch Rückgriff auf betriebswirtschaftliche Konzepte und im Wege logischer Verknüpfungen Hypothesen über die Ursachen von Unternehmensvereinigungen ableiten, *ohne* dabei jedoch den Anforderungen einer axiomatisch-deduktiven bzw. deduktiv-nomologischen Erklärungsmethodik gerecht zu werden oder aber die formulierten Hypothesen durch Auswertung empirischer Daten mit Hilfe statistischer Methoden zu überprüfen.[52] Der Abschnitt gibt somit zunächst einen Überblick über den aktuellen Stand der Zielforschung zum Themengebiet *Mergers & Acquisitions*, bevor er schließlich deren Beitrag im Hinblick auf die vorliegenden Problemstellung beurteilt (Kap. 2.3).

2.1 Erklärungsansätze konzeptionell orientierter Zielforschung

In der theoretischen Auseinandersetzung mit den Zielen von Unternehmensvereinigungen werden zwei wesentliche Zielkategorien deutlich: Die Klasse der 'wertsteigernden' Erklärungsansätze sowie die Gruppe der sogenannten Managementmotive (vgl. Tab. 2 - 1).[53] Während erstere dazu geeignet sind, Zusammenschlüsse von Unternehmen als Mittel zur Steigerung des Unternehmenswertes im Sinne einer *Shareholder-value*-Maximierung zu beschreiben, befaßt sich die zweite Gattung mit dem Opportunismus von Führungsorganen als Triebfeder für Akquisitionen und Fusionen.

Wertsteigernde Motive

Unternehmensvereinigungen lassen sich zunächst einmal damit begründen, daß Unternehmungen durch den Zusammenschluß mit einer oder mehreren anderen Unternehmungen Vorteile realisieren können,

---

52 Zu den hier genannten Methoden betriebswirtschaftlicher Forschung bzw. die an sie zu stellenden Anforderungen vgl. z.B. KÜPPER [1974], S. 25 ff. oder RAFFÉE [1989], S. 15 ff. Grundlegend dazu HEMPEL und OPPENHEIM [1948], S. 136 ff.; WILD [1975], Sp. 2661 ff.; POPPER [1971], S. 31 ff.

53 Eine umfassende Diskussion verschiedener Akquisitions- und Fusionsziele findet sich u.a. bei GRIMM [1987], S. 36 ff.; SETH [1990a], S. 100 ff.; STEINER [1975], S. 30 ff.; TRAUTWEIN [1990] sowie WESTON ET AL. [1990], S. 190 ff. Zu der hier postulierten Dichotomie vgl. z.B. GERPOTT [1993], S. 64 oder aber TRAUTWEIN [1990], S. 284.

WERTSTEIGERNDE MOTIVE	1. Reduktion von Transaktionskosten 2. Nutzung von Größenvorteilen bzw. Verbundeffekten 3. Austausch ineffizienter Führungsorgane 4. Risikodiversifikation, d.h. Senkung unsystematischen Risikos 5. Erwerb unterbewerteter Vermögensgegenstände (Spekulation) 6. Erlangung von Marktmacht 7. Wahrnehmen von Wachstumschancen (Produkt- bzw. Markt-Diversifikation) 8. Nutzung steuerlicher Vorteile
MANAGEMENT-MOTIVE	1. Free-cash-flow-Hypothese (Unabhängigkeit, Macht, Prestige, monetäre Anreize) 2. Minimierung des Beschäftigungsrisikos

Tab. 2 - 1: Ziele von Unternehmensvereinigungen

in deren Genuß sie als autonome Einheiten nicht gelangen würden. Als eine von mehreren möglichen Ursachen hierfür kommt die Steigerung der betrieblichen Effizienz in Betracht, welche sich aus der akquisitionsbedingten Erschließung von *Synergiepotentialen*[54] ergibt. Dabei

54 Im Gegensatz zu denjenigen Autoren, die pauschal sämtliche wertsteigernden Wirkungen von Unternehmensvereinigungen unter der Bezeichnung Synergie subsumieren (so z.B. BÜHNER [1990a] oder SETH [1990a] bzw. [1990b]), sollen Synergien hier und im folgenden all jene *positiven* Effekte umfassen, die auf eine Verbesserung der betrieblichen *Effizienz* infolge des Zusammenschlusses zurückzuführen sind (vgl. DORNIS [1982], S. 46; MCCANN und GILKEY [1988], S. 35 ff.; TRAUTWEIN [1990], S. 284; WESTON ET AL. [1990], S. 190; ähnlich COOKE [1986], S. 6 f.; JENSEN und RUBACK [1983], S. 25; ROLL [1988], S. 243 ff.; SCHÜLE [1992], S. 15). Anders als bei JENSEN und RUBACK [1983] oder ROLL [1988] gehören dazu aber auch die Ergebnisse eines Austausches ineffizienter Führungs-

können die im Rahmen von Akquisitionen und Fusionen angestrebten synergetischen Effekte auf verschiedene Einflüsse zurückgeführt werden.

So eröffnet zum einen die Existenz von *Transaktionskosten* die Möglichkeit, Effizienzverbesserungen durch den Zusammenschluß von Unternehmungen zu erlangen, zeichnen sich Unternehmensvereinigungen doch gemäß der oben getroffenen begrifflichen Abgrenzung durch den Verlust der wirtschaftlichen Selbständigkeit mindestens einer der beteiligten Einheiten aus und stellen insofern einen Phänotyp hierarchischer Koordination dar. Vor allem vertikale Zusammenschlüsse werden in diesem Zusammenhang als Mittel zur Überwindung marktlicher Imperfektionen und zur Reduktion der daraus resultierenden Transaktionskosten diskutiert.[55] Aber auch die Internalisierung der Kapitalallozierungsfunktion im Rahmen konglomerater Zusammenschlüsse erlaubt es, Transaktionskosten zu vermeiden, welche infolge der eingeschränkten Informationseffizienz der Kapitalmärkte bei der Finanzierung aus externen Mitteln entstehen:

> "In the conglomerate firm economy (...) cash flows, from whatever source, are not automatically retained by the sectors from which these funds originate but are (ideally) assigned on the basis of prospective yields instead. The conglomerate acts in this respect as a miniature capital market; it internalizes the funds metering function normally imputed to the capital market - a function which BAUMOL´s [1965] analysis of the traditional mechanisms found to be defective."[56]

---

organe (näheres dazu s.u.). Für eine umfassende Diskussion zum Synergiebegriff und eine Auseinandersetzung mit der terminologischen Vielfalt in der Literatur siehe u.a. EHRENSBERGER [1993], S. 13 ff. und GERPOTT [1993], S. 78 ff.

55 Vgl. WILLIAMSON [1975], S. 82 ff. Ähnlich auch BUZZELL [1983], S. 93; BÜHNER [1990a], S. 13; HUGHES ET AL. [1980], S. 30; PAUSENBERGER [1993], Sp. 4445 f. LUBATKIN [1983] spricht hierbei von "scheduling economies", welche durch eine verbesserte Koordination bei der Leistungserstellung infolge von Unternehmenszusammenschlüssen erzielt werden (ibid., S. 219).

56 WILLIAMSON [1970], S. 143. Ähnlich auch CHATTERJEE [1986], S. 121; TRAUTWEIN

Synergien lassen sich zum anderen aber auch mit Größen- (*Economies of scale*) bzw. Verbundvorteilen (*Economies of scope*) begründen.[57] Diese beiden Konzepte basieren im wesentlichen auf der Unteilbarkeit (*Indivisibility*) bestimmter Produktionsfaktoren, d.h. auf der Tatsache, daß einige Inputs nur in diskreten Mengen vorliegen und daß deren Bereitstellung und Nutzung lediglich fixe oder sprungfixe Kosten verursacht.[58] Solange das betreffende Einsatzgut suboptimal ausgelastet ist, kann durch partielle Variation der übrigen Faktoren eine Erhöhung des Outputs und folglich eine Degression der fixen Kosten erreicht werden. Handelt es sich um eine Verteilung des Fixkostenblocks auf eine zunehmende Anzahl homogener Produkteinheiten, so spricht man von *Economies of scale*. Ist der Produktionsfaktor darüber hinaus ein "... sharable, 'quasi-public' input ..."[59], d.h. ohne zusätzliche Kostenwirkungen für die Fertigung eines heterogenen Produktionsprogramms geeignet, dann bezeichnet man die erzielten Einsparungen als *Economies of scope*. Dementsprechend ergeben sich Chancen für die Erschließung von Größenvorteilen vor allem im Rahmen horizontaler Zusammenschlüsse, während sich Verbundeffekte über konzentrische sowie konglomerate Unternehmensvereinigungen verwirklichen lassen.

[1990], S. 284; SALTER und WEINHOLD [1979], S. 139 ff.; WILLIAMSON [1975], S. 141 ff. Zu den zwischen internen und externen Kapitalmärkten bestehenden Informationsasymmetrien vgl. auch MYERS und MAJLUF [1984]. Zur Kritik an der Prämisse einer vollkommenen Informationseffizienz von Kapitalmärkten vgl. TEECE [1982], S. 55: "The capital market clearly does not fully reflect all information - which is what is necessary for PARETO optimality to obtain."

57 Vgl. CHATTERJEE und LUBATKIN [1990], S. 256 f.; COOKE [1986], S. 26 f.; LORANGE ET AL. [1987], S. 5 f.; HUGHES ET AL. [1980], S. 30; LUBATKIN [1983], S. 219; SALTER und WEINHOLD [1979], S. 43; SETH [1990a], S. 101 ff.; STEWART ET AL. [1984], S. 297 ff.; WESTON ET AL. [1990], S. 191 ff. Ein frühes Konzept derartiger Synergievorteile findet sich bei PENROSE [1959], S. 67 f.

58 Vgl. dazu und zum folgenden v.a. TEECE [1980], S. 226 sowie PANZAR und WILLIG [1981], S. 269 f.

59 PANZAR UND WILLIG [1981], S. 268, Hervorh. weggelassen. So auch BAUMOL ET AL. [1982], S. 76.

Skalen- oder Verbundvorteile können jedoch nicht nur als sogenannte "operational synergies"[60] in Bereichen wie der Fertigung, der Forschung und Entwicklung sowie dem Vertrieb, sondern auch bei der Finanzierung auftreten, wenn durch die Aufnahme eines größeren Volumens an liquiden Mitteln die je Finanzierungsvorgang anfallenden fixen Transaktionskosten eine Proportionalisierung erfahren.[61] Unter dem Begriff der *Managerial synergies* wiederum werden Degressionseffekte verstanden, die auf einer besseren Auslastung freier Kapazitäten der Unternehmensleitung beruhen.[62] Daß personelle Ressourcen nicht nur als Individuen, sondern auch als Gruppen Gegenstand von Teilbarkeitsproblemen sein können und die Alternative eines Abbaus vorhandener Überkapazitäten durch Freisetzung einzelner Mitarbeiter daher verworfen werden muß, begründen WESTON ET AL. [1990] hierbei wie folgt:

> "For the acquiring firm with excess managerial resources, a merger will not be necessary if it can simply release its excess resources. However, if a management is *efficient as a team* [Hervorh. d. Verf.] and is subject to indivisibilities or economies of scale, the disemployment of excess resources will not be feasible."[63]

In diesem Sinne erfolgen Akquisitionen mit dem Ziel, die eigenen Managementressourcen besser auszulasten. Damit jedoch impliziert die Realisation wertsteigernder Potentiale in bezug auf die Unternehmensleitung zugleich, daß die bisherigen Führungsorgane des

---

60 Vgl. CHATTERJEE [1986], S. 121; MCCANN und GILKEY [1988], S. 36; SINGH und MONTGOMERY [1987], S. 379; TRAUTWEIN [1990], S. 284; WESTON ET AL. [1990], S. 194.

61 Vgl. BARNATT und WONG [1992], S. 5; COOKE [1986], S. 27; LEVY und SARNAT [1970]; SETH [1990a], S. 101; TRAUTWEIN [1990], S. 284. Ausführlich hierzu SAUTTER [1989], S. 137 ff. Ähnlich MCCANN und GILKEY [1988], S. 36.

62 Vgl. TRAUTWEIN [1990], S. 284; WESTON ET AL. [1990], S. 191 f. Ähnlich CHATTERJEE [1986], S. 121; CHATTERJEE und LUBATKIN [1990], S. 258.

63 WESTON ET AL. [1990], S. 192.

übernommenen Unternehmens entlassen werden. Insofern wird mit der Übernahme die Ablösung bzw. der Austausch eines als ineffizient erachteten Führungsteams intendiert.[64] Dabei kann eine *ineffiziente Führung*[65] das Resultat eines Mangels an sozialer bzw. fachlicher Kompetenz im Vergleich zu anderen Managementteams oder Ausdruck opportunistischen Handelns seitens der für die Leitung Verantwortlichen sein.[66] Der Markt für Unternehmenskontrolle läßt sich daher als 'Arena' interpretieren, "... in which alternative management teams compete for the rights to manage corporate resources."[67] Mit Unternehmensübernahmen stellt er geeignete disziplinarische Mittel für die Bewältigung von Inkompetenz sowie die Lösung von Agency-Problemen bereit.[68] Ziel von Zusammenschlüssen gleich welcher Art ist nach diesem Konzept die Verbesserung der Effizienz bislang schlecht geführter Unternehmungen durch einen Wechsel an ihrer Führungsspitze.

Ein weiteres Ziel vor allem konglomerater Unternehmensvereinigungen stellt die *Risikoreduktion* dar. Portfoliotheoretischen Überlegungen zufolge können durch Diversifikation unvollständig korre-

---

64 Vgl. ALCHIAN [1950]; JENSEN und RUBACK [1983]; JENSEN [1986b]; JENSEN [1988], S. 317 ff.; MANNE [1965], S. 113.

65 Hier im institutionellen Sinne (im Ggs. dazu vgl. S. 24).

66 Vgl. hierzu Fn. 94 auf Seite 40.

67 JENSEN und RUBACK [1983], S. 6.

68 Vgl. hierzu besonders pointiert MANNE [1965], S. 113: "Apart from the stock market, we have no objective standard of managerial efficiency (...) Only the take-over scheme provides some assurance of competitive efficiency among corporate managers and thereby affords strong protection to the interests of vast numbers of small, non-controlling shareholders." Die Anhänger dieser Theorie gehen allerdings davon aus, daß Eigenkapitalgeber nicht in der Lage sind, die bestehenden Probleme mit Hilfe einer anreizkompatiblen Gestaltung der Vergütungssysteme für Manager oder über den Arbeitsmarkt zu lösen (vgl. FAMA [1980], S. 292 ff. oder ähnlich auch DEMSETZ [1983], S. 388 ff.). Es läßt sich daher postulieren, daß in Fällen, in denen diese alternativen Mechanismen versagen, Fusionen und Akquisitionen als Substitute für die unzureichenden internen Kontrollmöglichkeiten der *Shareholder* dienen (vgl. TRAUTWEIN [1990], S. 285).

lierte unsichere *Cash flows* miteinander kombiniert und so das unternehmensspezifische, unsystematische Risiko gesenkt werden.[69] Auf diese Weise verringern sich (über den Risikoanteil) die Kapitalkosten und der Unternehmenswert steigt unmittelbar.[70] Darüber hinaus lassen sich positive Wirkungen auf den *Financial leverage* und somit auf die Eigenkapitalrendite erzielen, da mit sinkender Variabilität der Ertragsströme das Insolvenzrisiko für die Fremdkapitalgeber ab und die Verschuldungskapazität der Unternehmung entsprechend zunehmen (*Coinsurance effect*).[71] Die Übertragung des Gedankengutes der Portfoliotheorie auf den Bereich von Unternehmenszusammenschlüssen ist jedoch nicht unumstritten. Da Anteilseigner allgemein in der Lage sind, durch Investition in ein diversifiziertes Wertpapierportefeuille eine Minderung ihres Vermögensrisikos selbst und noch dazu zu geringeren Kosten herbeizuführen, besteht aus ihrer Sicht kein Anreiz,

---

69 Vgl. BEATTIE [1980], S. 254 ff.; HUGHES ET AL. [1980], S. 45; SETH [1990a], S. 105 f.

70 Dies entspricht der Sichtweise des Ertragswertkalküls, das über einen risikoangepaßten Zinsfuß sowohl das unsystematische als auch das systematische Risiko erfaßt. Bei einer Bestimmung der Kapitalkosten mit Hilfe der *Security Market Line* des *Capital Asset Pricing Model* (CAPM) hingegen wird über den Betafaktor lediglich das systematische Risiko berücksichtigt, da das unsystematische Risiko "... in einem effizienten Portefeuille wegdiversifiziert werden [kann, Anm. d. Verf.] und (...) nach dem CAPM den Investoren deshalb auch nicht zu entgelten ..." ist (PERRIDON und STEINER [1991], S. 253). Eine Steigerung des Unternehmenswertes ist dann aber nur durch eine Senkung des systematischen Risikos möglich. Aus diesem Grund diskutieren insbesondere angelsächsische Autoren Diversifikationsstrategien u.a. als Mittel zur Senkung systematischen Risikos (so z.B. CHATTERJEE und LUBATKIN [1990]; LUBATKIN und O'NEILL [1987], S. 668 ff.; MONTGOMERY und SINGH [1984]). Die als Ursachen für die Reduktion systematischen Risikos in diesem Kontext genannten Wirkungen von Unternehmensvereinigungen entsprechen jedoch exakt den mit den restlichen sieben hier vorgestellten Zusammenschlußzielen intendierten Ergebnissen. Aus diesem Grund soll dieser Problemkreis im folgenden nicht gesondert vertieft werden.

71 Zum *Coinsurance effect* siehe ursprünglich LEWELLEN [1971]. Vgl. dazu auch HIGGINS und SCHALL [1975] bzw. KIM und MCCONNELL [1977]. Ähnliche Gedanken finden sich allerdings bereits bei MACE und MONTGOMERY [1964], S. 25. Für empirische Untersuchungen zu diesem Thema siehe BRUNER [1988] oder CHOI und PHILIPPATOS [1983].

den Diversifikationsanstrengungen von Unternehmungen einen Wert beizumessen.[72] Dieses Argument abstrahiert allerdings von der Existenz von Kapitalmarktunvollkommenheiten und unterstellt das Ideal einer strengen Form der Informationseffzienz:

> "[F]inance theory has shown that, under the assumption of perfect capital markets, this risk pooling will not result in a positive re-evaluation since it can be duplicated by the individual investor through personal portfolio diversification. (...) However, the existence of various market imperfections may lead to gains from risk pooling in acquisitions."[73]

Auch die Übernahme eines aus der Sicht des Erwerbers vom Aktienmarkt *unterbewerteten Akquisitions-* bzw. *Fusionsobjektes*[74] läßt sich mit Kapitalmarktimperfektionen begründen. Die sogenannte "shortterm myopia"[75], das vorrangige Interesse von Investoren an der kurzfristigen Gewinnsituation von Unternehmen, kann dazu führen, daß vor allem strategische Investitionen, welche sich nicht unverzüglich in einer höheren Dividende niederschlagen, vom Markt nicht ausreichend gewürdigt werden.[76] Informationsasymmetrien hinsichtlich der

---

72 Vgl. z.B. LEVY und SARNAT [1970], S. 796 ff.; MUELLER [1969], S. 652; SALTER und WEINHOLD [1979], S. 42 bzw. S. 139. Dies betrifft die Reduktion der Kapitalkosten durch Risikodiversifikation, nicht jedoch eine Steigerung der Eigenkapitalrentabilität durch eine Erhöhung des Verschuldungsgrades.

73 SETH [1990a], S. 105. So auch BARNEY [1988], S. 73; BEATTIE [1980], S. 255; CHATTERJEE und LUBATKIN [1990], S. 256; LEVY und SARNAT [1970]; PAUSENBERGER [1993], Sp. 4444 f.; RAMANUJAM und VARADARAJAN [1989], S. 537; SPINDLER [1985], S. 164; VAN HORNE [1980], Kap. II und III. Die Annahme eines vollkommenen Kapitalmarktes ist ja auch der Grund dafür, daß im CAPM eine Unternehmenswertsteigerung durch Reduktion des unsystematischen Risikos nicht möglich ist (vgl. oben Fn. 70).

74 *Per definitionem* ausgeschlossen sind dabei Akquisitionen mit dem Ziel der Zerschlagung und gewinnbringenden Weiterveräußerung von Teilbetriebseinheiten (vgl. dazu Fn. 16, S. 12).

75 WESTON ET AL. [1990], S. 252.

76 YOUNG und SUTCLIFFE [1990] sprechen hierbei von "hidden assets" (ibid., S. 31).

künftigen Entwicklung von Branchen und Unternehmungen, eine heterogene Erwartungsbildung sowie differierende Risikopräferenzen bewirken ferner, daß Investoren Unternehmen individuell verschieden bewerten.[77] Diese Unterschiede sind nach GORTs [1969] *Economic disturbance theory* die Ursache für Übernahmeaktivitäten:

> "Discrepancies in valuation for income-producing assets arise from differences in expectations about future income streams and risks associated with expected income. When such discrepancies are characterized by a higher value being placed on the assets of a firm by nonowners than by owners, acquisitions become possible."[78]

Da viele solcher "value gaps"[79] oftmals auch die Unfähigkeit der Unternehmensleitung widerspiegeln, die vorhandenen Ressourcen bestmöglich zu nutzen,[80] ist das hier beschriebene spekulative Ziel eines Erwerbs unterbewerteter Vermögensgegenstände nur schwer zu trennen von dem weiter oben erwähnten Ziel, die Effizienz des übernommenen Unternehmens durch einen Austausch der Führungsorgane zu erhöhen.

Die Intention, durch Unternehmensvereinigungen *Marktmacht* zu erlangen, gilt insbesondere als Anlaß für horizontale Zusammenschlüsse. Über Konzentrationsprozesse, d.h. durch "... die Verminde-

---

77 Zu Informationsasymmetrien in diesem Zusammenhang vgl. GROSSMAN und HART [1981]. Daß potentielle Erwerber zu einem anderen Grenzpreis für ein Unternehmen gelangen als der Markt, ist letztlich Ausdruck des Prinzips der Zukunftsbezogenheit bzw. des Subjektivitätsprinzips des Entscheidungswertkalküls (vgl. MOXTER [1991], S. 23 ff. bzw. S. 116 ff. oder auch SIEBEN und DIEDRICH [1990], S. 796). Vgl. dazu auch die Kritik BALLWIESERS [1990] an der restriktiven Prämisse einer homogenen Erwartungsbildung für alle Marktteilnehmer im CAPM (ibid., S. 175).

78 GORT [1969], S. 626. Ähnlich HUGHES ET AL. [1980], S. 31 ff. sowie TRAUTWEIN [1990], S. 286 ff.

79 YOUNG und SUTCLIFFE [1990], S. 31.

80 Vgl. ASQUITH [1983], S. 82; MANNE [1965], S. 112; PARSONS [1984], S. 24; YOUNG und SUTCLIFFE [1990], S. 31.

rung der Zahl selbständiger Wirtschaftseinheiten als wettbewerbspolitische Entscheidungsträger ..."[81] - ob in ihrer Funktion als Anbieter oder als Nachfrager - sollen die Machtverhältnisse zugunsten der Unternehmensvereinigung dergestalt verschoben werden, daß diese sich dem auf Märkten mit vollkommener Konkurrenz üblichen Mengenanpasserverhalten entziehen kann und in den Genuß der Vorteile eines monopolistischen oder monopsonistischen Wettbewerbs gelangt.[82] Neben dem Erwerb von Marktanteilen mit dem Ziel einer Umverteilung von Konsumenten- bzw. Produzentenrenten manifestiert sich Wettbewerbsmacht auch in Form von Eintrittsbarrieren, welche den Fortbestand von Marktpositionen sichern.[83] In diesem Sinne tragen nicht nur horizontale, sondern auch vertikale und konglomerate Zusammenschlüsse zum Ausbau von Marktmacht bei. So ermöglichen beispielsweise Quersubventionierungen (*Cross subsidization*) im Rahmen konzentrischer sowie konglomerater Zusammenschlüsse die Finanzierung eines aggressiven Preiswettbewerbs, um neue Konkurrenten abzuwehren.[84] Vertikale Integrationen dagegen erhöhen den Bedarf an Kapital und Managementressourcen für

---

81 SCHMIDT [1981], S. 91.

82 COOKE [1986], S. 35; CHATTERJEE und LUBATKIN [1990], S. 256; LUBATKIN [1983], S. 219; HUGHES ET AL. [1980], S. 29; LORANGE ET AL. [1987], S. 5; SETH [1990a], S. 101; WESTON [1987], S. 38 f.; WESTON ET AL. [1990], S. 207 f. CHATTERJEE [1986] bezeichnet diese Art der Zusammenschlußvorteile auch als "collusive synergies" (ibid., S. 120). Wie aber bereits TRAUTWEIN [1990] richtig bemerkt, handelt es sich hierbei nicht um "... efficiency gains but wealth transfers ..." (ibid., S. 286), weshalb Marktmacht auch keinen Synergieeffekt im Sinne der oben getroffenen Definition darstellt. Ähnlich differenziert auch STEINER [1975] zwischen Effizienzvorteilen einerseits und Monopolmacht andererseits (ibid., S. 47 ff.).

83 Grundlegend zu Markteintrittsbarrieren vgl. BAIN [1956] sowie CAVES und PORTER [1977]. Begrifflich enger dagegen BAUMOL ET AL. [1982], S. 252.

84 Vgl. BÜHNER [1990a], S. 10 f.; BÜHNER und SPINDLER [1986], S. 603; STEWART ET AL. [1984], S. 297; TRAUTWEIN [1990], S. 286. Ein weiteres Beispiel für die Marktmacht im Rahmen konglomerater Zusammenschlüsse sind Kompensationsgeschäfte, zu denen diversifizierte Unternehmen andere Betriebe, die zugleich Zulieferer und Abnehmer sind, veranlassen können (s. ibid.).

einen Branchenbeitritt und erschweren Quereinstiege durch eine Verringerung des Wettbewerbs im Zuliefer- und Abnehmerbereich.[85]

Akquisitionen und Fusionen können ferner dazu dienen, *Wachstumschancen* in neuen Märkten bzw. Regionen wahrzunehmen oder das bestehende Programm um neue Produkte mit vielversprechendem Marktpotential zu erweitern. Stagnierende Heimatmärkte und die zunehmende Globalisierung des Wettbewerbs bedingen die Notwendigkeit einer weltweiten Präsenz, sei es, um als Zulieferer global agierenden Kunden an deren Standorte zu folgen, oder, um tarifäre und nicht-tarifäre Handelshemmnisse wie Zölle, *Local-content*-Bestimmungen u.ä.m. zu umgehen.[86] Das Bestreben, Wechselkursrisiken zu mindern, Arbitragevorteile bei den Faktorkosten zu nutzen oder die für einen globalen Wettbewerb erforderliche kritische Masse zu erreichen, stellen weitere Ursachen für eine solche geographische Diversifikation dar.

Mit Produktdiversifikationen dagegen gilt es, neue attraktive Branchen zu erschließen oder das Produktprogramm um komplementäre Erzeugnisse zu erweitern.[87] Zusammenschlüsse sollen in diesem Kontext Unternehmen vor allem zu den Zeit- und Kostenvorteilen eines sprunghaften Wachstums gegenüber der langfristigen Entwicklung im Rahmen einer internen Diversifikation verhelfen.[88]

Schließlich lassen sich Unternehmensvereinigungen mit dem Ziel der Realisation *steuerlicher Vorteile* begründen. Je nach Steuerrechtssy-

---

85 Vgl. BÜHNER [1990a], S. 10; BUZZEL [1983], S. 93; STIGLER [1968], S. 138.

86 Vgl. dazu und zum folgenden BLEEKE ET AL. [1990], S. 15; WESTON ET AL. [1990], S. 425 ff. sowie auch MIROW [1996], S. 938 f. Zu tarifären und. nicht-tarifären Beschränkungen des internationalen Wettbewerbs vgl. GLISMANN und HORN [1992], S. 57 oder HASENPFLUG [1977]. Zu Arbitragevorteilen siehe KOGUT [1985], S. 15 ff. oder auch PORTER [1990a] bzw. [1990b].

87 Vgl. PAUSENBERGER [1989a], S. 622. Ähnlich auch PAYNE [1987].

88 Vgl. DRAYTON ET AL. [1966], S. 39; MARRIS [1964] , S. 123; PAUSENBERGER [1993], Sp. 4446; WESTON ET AL. [1990], S. 198.

stem ergeben sich länderspezifische Möglichkeiten, durch einen Zusammenschluß eine Senkung der Steuerlast zu erreichen.[89] In der BRD kommen dabei im wesentlichen drei Effekte in Betracht, deren Umsetzung jedoch maßgeblich von der juristischen Ausgestaltung des *Merger* abhängt:

- Erhöhung der Abschreibungsbasis durch das Aufdecken stiller Reserven übernommener Wirtschaftsgüter;
- Erhöhung des steuerlich abzugsfähigen Zinsaufwandes als Folge eines gestiegenen Verschuldungsgrades (*Coinsurance effect*);
- Senkung der Ertragsteuerbelastung durch den Ausgleich von Gewinnen und Verlusten (z.B. im Organkreis).

Managementmotive

Während die Übernahme der Unternehmenskontrolle bereits als Mittel zur Lösung von Agency-Problemen gekennzeichnet wurde, gelten Akquisitionen und Fusionen im Rahmen der *Managementmotive*[90] als Folge des Interessenkonfliktes zwischen Eigenkapitalgebern und angestellter Unternehmensleitung[91]. Die mit Unternehmensvereinigun-

---

89 Vgl. AUERBACH und REISHUS [1988]; BARNATT und WONG [1992], S. 5; BÜHNER [1990a], S. 15 f.; MACE und MONTGOMERY [1964], S. 25; WESTON [1987], S. 40; WESTON ET AL. [1990], S. 208. Ein umfassender Überblick über steuerlich relevante Themengebiete im Zusammenhang mit Unternehmensvereinigungen findet sich z.B. bei HERZIG [1993] sowie RÄDLER [1982].

90 In der Literatur zu den Zielen von Unternehmensvereinigungen wird wiederholt von Akquisitions- und Fusions*motiven* gesprochen (vgl. BÜHNER [1990a]; STEIN [1992]; TRAUTWEIN [1990] u.a.). Es handelt sich dabei jedoch stets um Ziele im Sinne der "... Beschreibung eines künftigen Zustandes, der angestrebt wird ..." (KIRSCH [1991], S. 205). Aus diesem Grund sollen die Begriffe Motive und Ziele im folgenden als Synonyma verwandt werden.

91 BLACKBURN und LANG [1989], S. 78 f.; ROLL [1988], S. 248 f.; TRAUTWEIN [1990], S. 287 f.; WESTON ET AL. [1990], S. 202 ff. Ähnlich auch MCCANN und GILKEY

gen angestrebten Ziele entsprechen danach den Individualzielen der als Kernorgane von Unternehmen tätigen Personen, welche aufgrund ihrer autoritativen Stellung im Hinblick auf den Zielbildungsprozeß die Möglichkeit haben, mehr als andere Organisationsteilnehmer "... ihre individuellen Werte und Präferenzen zum Tragen zu bringen, ohne sie durch explizite Forderungen artikulieren zu müssen."[92]

Der *Free-cash-flow-Hypothese* von JENSEN [1986a] zufolge investieren Vorstände oder Geschäftsführer überschüssige liquide Mittel in Unternehmenszusammenschlüsse, anstatt sie an die Eigenkapitalgeber auszuschütten, selbst wenn sie damit einen negativen Kapitalwert realisieren sollten.[93] Der Anreiz für die Unternehmensleitung besteht darin, die eigene Autonomie zu stärken, indem sie sich mittels fortgesetzter Thesaurierung der Innenfinanzierungskraft der Kontrolle durch die Kapitalmärkte entzieht.

Neben dem Unabhängigkeitsstreben kommt als weitere opportunistische Überlegung der Wunsch nach Umsatzwachstum, also das Ziel der Maximierung der Unternehmensgröße durch Fusionen oder Akquisitionen in Betracht. Bereits MARRIS [1964] und MUELLER [1969] postulieren eine positive Korrelation zwischen der Größe eines Unternehmens und der Höhe der Vergütung seiner Führungsorgane.[94] Doch nicht

---

[1988], S. 38 f. Grundlegend zum Opportunismus angestellter Führungsorgane BERLE und MEANS [1934] sowie JENSEN und MECKLING [1976].

92 KIRSCH [1991], S. 91. Der maßgebliche Einfluß der Kernorgane auf die Ziele einer Betriebswirtschaft ergibt sich bereits aus deren Definition als "... durch Kernorgane autorisierte Zielformulierungen ..." (ibid., S. 206).

93 Vgl. dazu JENSEN [1986a]; JENSEN [1988], S. 321 ff.; JENSEN [1989], S. 66 ff. sowie auch MANN und SICHERMAN [1991], S. 214 ff. JENSEN [1986a] definiert *Free cash flow* als "... cash flow in excess of that required to fund all projects that have positive net present values when discounted at the relevant cost of capital ...", als liquide Mittel also, welche an die Anteilseigner auszuschütten wären (S. 323).

94 Vgl. dazu und zum folgenden MARRIS [1964], S. 61 f.; MUELLER [1969], S. 644 ff. Ähnlich LOVE und SCOULLER [1990], S. 15 ff. und MORGAN [1988]. Daß Umsatz- und nicht Gewinnmaximierung das wahre Oberziel von Unternehmen darstelle, diskutieren auch BAUMOL [1959], S. 45 ff. bzw. PENROSE [1959], S. 29 f.

nur monetäre, sondern auch immaterielle Anreize stellen Motive für externes Wachstum dar. Das Streben nach sozialem Ansehen, Macht und Prestige oder interessanten Karrieremöglichkeiten sowie anspruchsvollen Aufgabeninhalten können Manager dazu veranlassen, horizontale, vertikale oder konglomerate Zusammenschlüsse auch wider die Interessen der Eigentümer vorzunehmen. Obgleich die mit konglomeraten Vereinigungen intendierte Risikoreduktion - wie bereits erörtert - unter der restriktiven Prämisse eines vollkommenen Kapitalmarktes für Eigenkapitalgeber keinerlei Wert besitzt, erscheint sie aus Sicht der Mitarbeiter eines Unternehmens nichts desto weniger als probates Mittel zur Minderung der Konkurswahrscheinlichkeit und somit zur *Minimierung des Beschäftigungsrisikos.* Einer angestellten Unternehmensleitung ist es demnach möglich, durch diversifizierende Zusammenschlüsse auf Kosten der Gesellschafter die Sicherung der eigenen Arbeitsplätze zu betreiben.[95]

2.2 Ergebnisse empirisch-induktiver Zielforschung

Nachdem im vorangegangenen Abschnitt die Ziele von Akquisitionen und Fusionen aus Sicht konzeptionell orientierter Forschungsarbeiten analysiert und systematisiert wurden, soll die Frage nach den Intentionen von Unternehmensvereinigungen nunmehr unter dem Blickwinkel der empirischen Relevanz beantwortet werden. Dabei soll nicht etwa *ex post* bestimmt werden, welche Ziele bei Zusammenschlüssen *realiter* erreicht werden konnten. Diese Problemstellung wird vielmehr dem Bereich der *Performance*-Forschung zum Thema *Mergers & Acquisitions,* d.h. den zahlreichen empirischen Untersuchungen zur Provenienz des Erfolges oder Scheiterns von Unternehmensvereinigungen zugerechnet.[96] Eine solche retrospektiv ausgerich-

---

95 Vgl. AMIHUD und LEV [1981]; SCHLEIFER und VISHNY [1989]; SETH [1990a].

96 Für einen Überblick über empirische Arbeiten dieser Art vgl. z.B. ROLL [1988].

tete Analyse erscheint geeignet, um Defizite zwischen Anspruch und Wirklichkeit bei der Umsetzung von Akquisitionszielen aufzuzeigen und diese nach Erfolgswahrscheinlichkeiten zu ordnen. Ihre Ergebnisse sind jedoch beeinflußt von der Wirksamkeit der von Unternehmen bei der Implementierung angewandten Methoden. Für empirische Zielforschung nach dem hier zugrunde gelegten Verständnis und zur Fundierung eines *Postmerger*-Managements im Sinne der intentionalen Gestaltung des Integrationsprozesses aber ist entscheidend, welche Ziele mit Unternehmenszusammenschlüssen *a priori* angestrebt werden, und nicht, welche *a posteriori* als Resultat mehr oder weniger effektiver 'historischer' Aktionen verwirklicht werden konnten.

Aus diesem Grund basieren die im folgenden ausgewerteten empirischen Untersuchungen vor allem auf Expertenwissen, das über Fragebögen erhoben oder in Interviews erfaßt wurde, sowie auf der Auswertung von Presseartikeln.[97] Die Arbeiten decken zusammen einen Zeitraum von 1946 bis einschließlich 1991 ab. Sie repräsentieren damit insgesamt weit über 1.200 Akquisitions- bzw. Fusionsvorhaben aus der BRD, den USA, Großbritannien, der Schweiz und Schweden. Zur Erhebung der Zusammenschlußziele bzw. ihrer Bedeutung verwendeten die Studien Rating-Skalen[98] oder aber - eine positiven Korrelation zwischen der Zahl der Nennungen und der Bedeutung unterstellend - Häufigkeitsanalysen[99] (vgl. Tab. 2 - 2). Um die vorliegenden

---

Zur *Performance*-Forschung siehe z.B. ASQUITH ET AL. [1983]; BRADLEY ET AL. [1983]; BÜHNER [1990a], [1990b]; FIRTH [1978]; FOWLER und SCHMIDT [1989]; HAUGEN und LANGETIEG [1975]; KITCHING [1967], [1974]; MONTGOMERY [1985]; MONTGOMERY und SINGH [1984]; SCHÜLE [1992]; SETH [1990b].

97 Vgl. ANSOFF ET AL. [1971], S. 26 ff.; BAMBERGER [1994], S. 75 ff.; GIMPEL-ISKE [1973], S. 89 f.; INGHAM ET AL. [1992], S. 200; KAUFMANN [1990], S.49 f.; LINDGREN und SPANBERG [1981], S. 39; MÖLLER [1983], S. 167 ff.; REIßNER [1992], S. 93 ff.; WALTER und BARNEY [1990].

98 ANSOFF ET AL. [1971]; INGHAM ET AL. [1992]; BAMBERGER [1994]; REIßNER [1992].

99 GIMPEL-ISKE [1973]; KAUFMANN [1990]; LINDGREN und SPANBERG [1988]; MÖLLER [1983]; TOUCHE ROSS & CO. [o.J.]; WALTER und BARNEY [1990].

Einzelergebnisse zusammenfassen zu können, war es aufgrund des unterschiedlichen Detaillierungsgrades der Studien sowie geringfügiger terminologischer Divergenzen erforderlich, die abgefragten Zielbegriffe den acht oben diskutierten wertsteigernden Zielkategorien zuzuordnen bzw. diese zu entsprechenden Gruppen zu aggregieren.

So wurden beispielsweise unter der Vokabel 'Marktmacht' auch Motive wie "creation of barriers to entry"[100] oder "increase market share"[101] subsumiert. Die Gattung *Economies of scale* und *scope* umfaßt Bezeichnungen wie "Kostendegression"[102] oder "Rationalisierungseffekte"[103], "capitalize on managerial talent"[104], "fully utilize existing production capacity"[105] oder "Optimale Betriebsgröße"[106]. Unter Markteintritt und Wachstum dagegen finden sich Motive wie "Vervollständigen von Produktlinien"[107], "Eintritt in Wachstumsmärkte"[108] oder in "Märkte mit höheren Gewinnmargen"[109] sowie das "Erschließen neuer Absatzgebiete"[110] wieder. Bei der Aggregation konnte zudem eine weitere, bislang unberücksichtigte Zielkategorie identifiziert werden: Für die Intention, mit Hilfe von Akquisitionen oder Fusionen den "technologischen Anschluß nicht zu verlieren"[111], "spezifisches technisches Wissen"[112] zu erlangen oder sich eine bestimmte Technologie[113] anzueignen, wur-

---

100 INGHAM ET AL. [1992], S. 203.

101 ANSOFF ET AL. [1971], S. 30.

102 MÖLLER [1983], S. 167.

103 GIMPEL-ISKE [1973], S. 89.

104 ANSOFF ET AL. [1971], S. 30.

105 Ibid.

106 KAUFMANN [1990], S. 50.

107 MÖLLER [1983], S. 167. So auch ANSOFF ET AL. [1971], S. 30.

108 REIßNER [1992], S. 94. Ähnlich BAMBERGER [1994], S. 81.

109 MÖLLER [1983], S. 167.

110 Ibid.

111 Ibid.

112 Ibid.

113 BAMBERGER [1994], S. 81; LINDGREN und SPANBERG [1988], S. 39.

Studie	***Erhobene Merkmals-ausprägung***	***Skala der Original-untersuchung***	***Transaktions-kosten***	***Economies of scale bzw. scope***
ANSOFF ET AL. [1971]	Kum. abs. Ratingwert		38	221
Rangziffer			5,0	2,0
BAMBERGER [1994]	Mittl. Ratingwert	1 - 5	N.A.	2,9
Rangziffer			9,0	5,5
GIMPEL-IKSE [1981]	Abs. Häufigkeit		N.A.	32
Rangziffer			7,0	1,0
INGHAM ET AL. [1992]	Mittl. Ratingwert	10 - 0	N.A.	8,194
Rangziffer			7,5	2,0
KAUFMANN [1990]	Abs. Häufigkeit		N.A.	16
Rangziffer			8,0	2,0
LINDGREN und SPANBERG [1981]	Rel. Häufigkeit		N.A.	N.A.
Rangziffer			7,0	4,0
MÖLLER [1983]	Rel. Häufigkeit		N.A.	36,00%
Rangziffer			7,0	3,0
REIßNER [1992]	Mittl. Ratingwert	1 - 5	2,79	1,93
Rangziffer			5,0	3,5
TOUCHE ROSS & CO. [o.J.]	Rel. Häufigkeit		38,00%	127,00%
Rangziffer			5,5	2,0
WALTER und BARNEY [1990]	Rel. Häufigkeit		N.A.	12,55%
Rangziffer			6,5	3,0
Mittlerer Rangwert			***6,75***	***2,90***
Rangfolge			***6***	***3***

Tab. 2 - 2: Ergebnisse empirischer Zielforschung

Ineffiziente Leitung	*Risiko-diversifikation*	*Spekulation*	*Marktmacht*	*Markteintritt/ Wachstum*	*Steuervorteile*	*Erwerb von Know-How*	*Land*	*Erhebungs-zeitraum*
N.A.	N.A.	N.A.	141	300	N.A.	53	USA	1946-65
7,5	7,5	7,5	3,0	1,0	7,5	4,0		
2,9	2,6	2,7	2,2	2,6	N.A.	2,3	BRD	1980-91
5,5	3,5	7,0	1,0	3,5	8,0	2,0		
N.A.	N.A.	N.A.	10	21	N.A.	< 10	BRD	1970-72
7,0	7,0	7,0	3,0	2,0	7,0	4,0		
0,854	2,89	1,271	8,937	N.A.	N.A.	N.A.	UK	1984-88
5,0	3,0	4,0	1,0	7,5	7,5	7,5		
9	N.A.	5	11	26	N.A.	10	CH	N.A.
5,0	8,0	6,0	3,0	1,0	8,0	4,0		
N.A.	N.A.	N.A.	59,00%	62,00%	N.A.	16,00%	Schweden	N.A.
7,0	7,0	7,0	2,0	1,0	7,0	3,0		
N.A.	N.A.	N.A.	46,00%	131,00%	N.A.	23,00%	BRD	1967-81
7,0	7,0	7,0	2,0	1,0	7,0	4,0		
N.A.	3,14	N.A.	1,28	1,07	N.A.	1,93	BRD	N.A.
8,0	6,0	8,0	2,0	1,0	8,0	3,5		
48,00%	N.A.	38,00%	52,00%	174,00%	N.A.	N.A.	N.A.	N.A.
4,0	8,0	5,5	3,0	1,0	8,0	8,0		
N.A.	N.A.	N.A.	20,00%	30,00%	N.A.	N.A.	USA	N.A.
6,5	6,5	6,5	2,0	1,0	6,5	6,5		
6,35	***6,35***	***6,35***	***2,20***	***2,00***	***7,45***	***4,65***		
5	***5***	***5***	***2***	***1***	***7***	***4***		

de zusätzlich die Gattung 'Erwerb von Know-how' eingeführt. Das Procedere für die restlichen Zielgruppen gestaltete sich analog. Somit konnten alle der im Rahmen konzeptionell orientierter Zielforschung diskutierten wertsteigernden Vereinigungsmotive an der Realität überprüft werden.

Die daneben in Kap. 2.1 problematisierten Individualziele von Leitungsorganen stellten den vorliegenden empirischen Untersuchungen zufolge keine Ursachen für Unternehmensvereinigungen dar und wurden daher für die nachfolgend durchgeführte Ergebniskonsolidierung auch nicht näher betrachtet. Daß Managementmotive aus Sicht der hier ausgewerteten empirisch-induktiven Arbeiten zur Zielforschung als Triebfedern für Fusionen oder Akquisitionen zu vernachlässigen sind, mag jedoch angesichts der verwandten Erhebungstechniken nicht sonderlich verwundern. Einerseits überprüfte ein Teil der Untersuchungen von vornherein nur wertsteigernde Ziele, andererseits waren ehrliche Antworten zum Thema Opportunismus von den befragten Experten kaum zu erwarten, da es sich bei diesen mehrheitlich um Führungskräfte fusionierender oder akquirierender Unternehmen handelte.

Den auf diese Weise gebildeten neun wertsteigernden Motivklassen wurden je nach ihrer relativen Bedeutung im Rahmen der einzelnen Studien Rangziffern zugeordnet.[114] Danach wurde für jede Zielkategorie der Mittelwert über alle Untersuchungen errechnet und so eine die zehn analysierten Forschungsarbeiten übergreifende Rangfolge gebildet. Um die erhaltenen Aussagen auf ihre Signifikanz hin zu überprüfen, wurde schließlich eine Rangvarianzanalyse nach dem Verfahren von FRIEDMAN mit einen Signifikanzniveau von $\alpha = 0{,}5\%$ durchgeführt (zu den Resultaten des FRIEDMANschen Rangtests vgl.

---

114 Zum Verfahren der direkten Rangordnung sowie zur Bildung von Verbundrängen vgl. BORTZ [1984], S. 89 f.

Anhang). Die Ergebnisse dieser Metaanalyse[115] lassen sich im wesentlichen wie folgt zusammenfassen:

1. Die rangmäßigen Unterschiede zwischen den einzelnen Zielkategorien können mit einer zugelassenen Irrtumswahrscheinlichkeit von α = 0,5% als statistisch gesichert betrachtet werden. Die in der konzeptionell orientierten Literatur aufgestellten Hypothesen über Vereinigungsziele unterscheiden sich also hinsichtlich ihrer praktischen Bedeutung.

2. Aus Sicht empirisch-induktiver Forschungsarbeiten werden vorrangig absatzmarktseitige Motive identifiziert. Von besonderer Prominenz ist dabei das Ziel der Produkt- und Markt-Diversifikation, d.h. der Eintritt in neue Regionen oder Branchen. Das Streben nach Marktmacht (vor allem durch Ausweitung des Marktanteils) rangiert an zweiter Stelle. Den dritten Platz nehmen *Economies of scale* bzw. *scope* ein, wobei auch hier das Schwergewicht auf Größen- und Verbundvorteilen in den Bereichen Marketing und Distribution liegt. Als neues Ziel im Vergleich zu den konzeptionell orientierten Erklärungsansätzen konnte der Erwerb von Know-how, vor allem von technologischem Wissen, eruiert werden. Alle übrigen Akquisitions- oder Fusionsursachen wie Risikodiversifikation, Transaktionskostenersparnisse, Spekulation etc. erscheinen weit weniger relevant. Auch für steuerliche Motive als Auslöser von Fusionen oder Akquisitionen konnte nur geringe empirische Bestätigung gefunden werden.

---

115 Zum Begriff der *Metaanalyse* vgl. FRICKE und TREINIES [1985], S. 12 ff. Insofern als die hier verwendete Methodik zur Zusammenfassung empirischer Einzelaussagen über die traditionelle Technik des Sammelreferates oder der Auszählung (*Voting* oder *Box counting*) hinausgeht und sich mit Hilfe statistischer Verfahren um eine fundiertere Auswertung bemüht, soll die vorliegende Ergebnisintegration als *Metaanalyse* charakterisiert werden.

3. Darüber hinaus läßt sich festhalten: Empirisch gesehen kann für Unternehmensvereinigungen kein bestimmtes Ziel isoliert werden; vielmehr finden Zusammenschlüsse statt, um auf diese Weise mehrere der genannten Ziele gleichzeitig zu realisieren.[116]

2.3 Kritische Würdigung der Forschungsergebnisse hinsichtlich ihres Beitrages zur Fundierung des Postmerger-Managements

In der Zusammenfassung von konzeptionell orientierten Erklärungsansätzen und empirischen Ergebnissen wird deutlich, daß es sich bei der Mehrzahl der vorgestellten Ziele weniger um spezifische Motive für Akquisitionen oder Fusionen handelt, als vielmehr allgemein um erwünschte künftige Zustände von Unternehmen, die sich sowohl durch externes als auch internes Wachstum verwirklichen lassen. Weder Transaktionskosteneinsparungen noch eine verbesserte Auslastung diskreter Produktionsfaktoren müssen notwendig durch Unternehmensvereinigungen realisiert werden. Eine Erhöhung homogenen Outputs, die Ausweitung von Marktanteilen, der Vorstoß in neue Märkte und Produktsegmente oder die Integration vor- bzw. nachgelagerter Produktionsstufen sind ebenso durch 'konventionelle' Formen von Erweiterungsinvestitionen erreichbar. So konstatiert PENROSE [1959] im Hinblick auf die Diskussion von Akquisitions- und Fusionsmotiven:

---

116 Nach MÖLLER [1983] kommen je Zusammenschluß im Durchschnitt "... ca. 3,3 Ziele ..." in Betracht (ibid., S. 167). Vgl. auch ANSOFF ET AL. [1971], S. 29; BAMBERGER [1994], S. 70; GIMPEL-ISKE [1973], S. 89; LINDGREN [1982], S. 50 f. Ähnlich COOKE [1986], S. 35; PAUSENBERGER [1989a], S. 626; TRAUTWEIN [1990], S. 283. Sämtliche der vorliegenden Untersuchungen gestatteten daher Mehrfachnennungen.

> "One must be careful not to confuse the motives for expansion with the motives for choosing the merger method of expansion."[117]

Gleichermaßen propagiert die Gruppe der Managementmotive ganz grundsätzlich die Maximierung der Unternehmensgröße oder die Diversifikation von Unternehmen, ohne dabei zu verdeutlichen, weshalb sich der Opportunismus von Führungsorganen gerade in der Form externer Expansion konkretisiert.

Es bleibt also höchst zweifelhaft, inwieweit die diskutierten Ziele in der Lage sind, jene eingangs postulierten Vorzüge von Zusammenschlüssen zu erklären, welche Unternehmen als autonome Einheiten nicht zugänglich sind. Aufgrund ihrer mangelnden Spezifität erscheinen sie wenig geeignet, um Hinweise auf eine zielorientierte Gestaltung des Integrationsgeschehens im Rahmen von Unternehmenszusammenschlüssen zu geben, erwachsen die Entscheidungsprobleme eines *Postmerger*-Managements doch vor allem aus der *besonderen* Situation "... der Integration zweier heterogener sozio-technischer Systeme"[118]. Darüber hinaus können viele der beschriebenen Vorhaben wie eine geographische Diversifikation, das Einleiten von Konzentrationsprozessen auf den Absatzmärkten oder auch der Verbund risikobehafteter, jedoch unvollständig korrelierter Ertragsströme mit der Schaffung der juristischen Voraussetzungen bereits als umgesetzt betrachtet werden. Dies mag auch erklären, weshalb in der Vergangenheit der Integrationsthematik *in praxi* offensichtlich nur geringe Beachtung geschenkt wurde.[119]

Doch selbst die zuvor diskutierten charakteristischen Vorteile von Unternehmensvereinigungen (die steuerlichen Vergünstigungen und die Möglichkeit eines Austausches ineffizienter Leitungsorgane) ge-

---

117 PENROSE [1959], S. 156, Fn. 1.

118 PAUSENBERGER [1993], Sp. 4446.

119 Vgl. GERPOTT [1993], S. 7; PAUSENBERGER [1993], Sp. 4446. Zu diesem Thema vgl. auch die unter Fn. 5 genannten Quellen auf S. 2 der vorliegenden Arbeit.

ben nur eingeschränkt Anhaltspunkte auf den Gegenstand eines *Postmerger*-Managements. So reduziert das Motiv einer Senkung der Steuerlasten die Integration auf ein rein bilanzpolitisches Problem, das sich durch ein entsprechendes Arrangement bezüglich der juristischen Ausgestaltung des Zusammenschlusses sowie durch die adäquate Anwendung der betreffenden Rechnungslegungsvorschriften lösen läßt. Zielorientierte Integration im Sinne des Ersatzes inkompetenter oder opportunistisch handelnder Führungskräfte hingegen verblaßt zur ausschließlich personalpolitischen Frage nach einer angemessenen Besetzung der vakanten Positionen und Adaption des Anreizsystems. Zudem waren diese spezifischen Zielsetzungen im Rahmen der metaanalytischen Überprüfung ihrer empirischen Bedeutung als nachrangig klassifiziert worden.

Da aus empirischer Sicht ferner eine Kombination verschiedener Ziele für eine Akquisitions- oder Fusionsentscheidung verantwortlich ist, muß eine Fundierung der Integrationsproblematik bei Rekursion auf einzelne Ergebnisse der Zielforschung zwangsläufig fragmentarisch bleiben. Eine umfassende Betrachtung der Tatbestände des *Postmerger*-Managements verlangt daher nach der Identifikation einer übergreifenden, spezifischen Zielsetzung externen Wachstums. Diese jedoch scheint bislang zu fehlen.[120]

Gleichwohl erkennt man bei gesamthafter Betrachtung der Einzelaussagen aus der wertorientierten Zielforschung als Grundtendenz eine Ausrichtung auf die Potentiale der Unternehmung. Ob Marktmacht, Diversifikation, Größen- und Verbundvorteile, Reduktion von Transaktionskosten oder andere Formen der Effizienzsteigerung, stets geht es um eine Verbesserung der Handlungsmöglichkeiten von Un-

---

120 Denn trotz des Hinweises von PENROSE [1959] auf den grundlegenden Unterschied zwischen generellen Wachstumszielen einerseits und spezifischen Akquisitions- und Fusionsmotiven andererseits setzt sich die Literatur zum Themenbereich *Mergers & Acquisitions* - wie in den vorangegangenen Kapiteln gezeigt - nach wie vor fast ausschließlich mit den allgemeinen Wachstumsmotiven auseinander.

ternehmen, um die Erlangung von Wettbewerbsvorteilen. Definiert man strategisches Handeln mit KIRSCH [1991] als "... auf die Entwicklung von Potentialen gerichtet ..."[121], dann läßt sich das Gros der Akquisitions- und Fusionsmotive als strategische Ziele kennzeichnen. Zudem wird bei vielen Zusammenschlußmotiven eine Orientierung an den Unternehmensressourcen deutlich.

So zielen *Economies of scale* bzw. *scope* auf eine bessere Auslastung der Kapazitäten diskreter Einsatzgüter ab. Gleichermaßen soll durch den Austausch einer ineffizienten Unternehmensleitung der Wirkungsgrad der Ressourcennutzung gesteigert werden. Die Übernahme unterbewerteter Unternehmungen wird mit einem günstigen Erwerb betrieblicher Vermögensgegenstände begründet; die Zeit- und Kostenvorteile einer externen Expansion beziehen sich auf die ersparten Aufwendungen in Relation zur internen Entwicklung der für den Betrieb erforderlichen Potentialfaktoren. Und auch das aus der empirischen Analyse gewonnene Akquisitions- und Fusionsziel des Know-how-Erwerbs folgt dieser Argumentationslinie.

Zwar mag eine *unmittelbare* Deduktion von Hinweisen für die zielorientierte Gestaltung der Unternehmensintegration aus den Ergebnissen bisheriger Zielforschung damit immer noch nicht möglich sein. Das Postulat einer umfassenden Fundierung und die hier skizzierten Gemeinsamkeiten konzeptionell orientierter wie empirischer Erklärungsansätze jedoch legen die Schlußfolgerung nahe, Potential- und Ressourcenorientierung als Ausgangspunkte für die Grundlegung eines *Postmerger*-Managements zu begreifen.

121 KIRSCH [1991], S. 357.

Kapitel 3: Entwicklung eines theoretischen Bezugsrahmens zur Fundierung eines Postmerger-Managements

Der fragmentarische Charakter und die mangelnde Spezifität der Resultate bisheriger Zielforschung zum Thema *Mergers & Acquisitions* erfordern die Entwicklung einer umfassenden konzeptionellen Grundlage externen Wachstums, will man *Postmerger*-Management als zielorientierte Gestaltung der Integration von Unternehmensvereinigungen beschreiben. Die Kennzeichnung von Zusammenschlüssen als strategische Option impliziert dabei eine Auseinandersetzung mit der Forschung zur strategischen Unternehmensführung, als deren prominenteste Teilströmungen der strukturalistische Ansatz der *Industrial-Organization*-Forschung sowie der ressourcenorientierte Ansatz der Unternehmung (*Resource-based View of the Firm*) gelten.[122] Nachdem in der Gesamtschau empirisch-induktiver sowie konzeptionell begründeter Akquisitions- und Fusionsmotive bereits eine tendenzielle Aus-

122 Vgl. RUMELT ET AL. [1991], S. 8.

richtung auf die Ressourcen von Unternehmen identifiziert werden konnte, liegt es auf der Hand, nicht ein die Branchenstrukturen, sondern das die Unternehmensressourcen betonende Paradigma als für die vorliegende Problemstellung relevant zu interpretieren. Dies um so mehr, da die in der *Industrial-Organization*-Forschung thematisierte Wahl attraktiver Branchen und vorteilhafter Wettbewerbspositionen in unserem Sinne eher die Beschreibung angestrebter künftiger Zustände zum Ausdruck bringt, als bestimmte Wege dorthin (externes oder internes Wachstum) aufzuzeigen.[123]

Im diesem Abschnitt wird daher zunächst der Argumentationslogik der *Resource-based View* folgend eine umfassende Konzeption für einen ressourcenbasierten Wettbewerb erarbeitet (Kap. 3.1). Dazu werden die grundlegenden Annahmen des ressourcenorientierten Ansatzes erläutert (Kap. 3.1.1), eine Systematisierung strategisch bedeutsamer Ressourcen vorgenommen (Kap. 3.1.2) und diese hinsichtlich ihrer Eigenschaften näher gekennzeichnet (Kap. 3.1.3). Schließlich wird die Bedeutung von Ressourcen für die strategische Mobilität von Unternehmungen herausgestellt (Kap. 3.1.4). Auf dieser Grundlage soll in Kap. 3.2 ein eigener Ansatz zur Erklärung von Fusionen und Akquisitionen entwickelt und damit der Gegenstand eines *Postmerger*-Managements theoretisch fundiert werden.

---

123 Vgl. hierzu auch die Ausführungen zu Beginn von Kap. 3.1.1 sowie die dort zitierte Literatur.

3.1 Ausarbeitung einer ressourcenorientierten Wettbewerbskonzeption

3.1.1 Grundlegende Annahmen und mikroanalytische Fundierung eines ressourcenorientierten Wettbewerbs

Der ressourcenorientierte Ansatz der Unternehmung konzentriert sich thematisch auf die Fragestellung, *wie* es einigen Unternehmen gelingen kann, langfristig über dem Industriedurchschnitt liegende Renditen ("above-normal returns"[124], "'supranormale' Gewinne"[125]) zu erzielen, d.h. wie sich die branchen*interne* Existenz ökonomischer Renten[126] und deren Haltbarkeit begründen lassen.[127] Da der strukturalistische Ansatz der *Industrial-Organization*-Forschung[128] als zentrale Problemstellung die Identifikation attraktiver Märkte sowie eine adäquate relative Positionierung von Unternehmen innerhalb derselben (sog. generische Strategien) behandelt, vermag er die empirisch nachgewiesene größere Bedeutung *intra*industrieller Performancedifferenzen[129] im Vergleich zu den *inter*industriellen Erfolgsunterschieden

---

124 Vgl. z.B. BARNEY [1986a], S. 1232; COLLIS [1994], S. 143; CONNER [1991], S. 132.

125 Vgl. ZU KNYPHAUSEN [1993], S. 775 oder auch RASCHE [1993], S. 425.

126 In Übereinstimmung mit VARIAN [1991] werden ökonomische Renten für die vorliegende Arbeit als "... jene Zahlungen an einen Produktionsfaktor definiert, die über die Mindestzahlung hinausgehen, welche notwendig ist, damit der Faktor angeboten wird." (ibid., S. 370). Auf Märkten mit vollkommener Konkurrenz und freiem Zutritt können im Gleichgewicht solche Überrenditen nicht erwirtschaftet werden, da alle Faktoren - das Eigenkapital eingeschlossen - zu Marktpreisen gehandelt, d.h. zu Opportunitätskosten angeboten und auch entgolten werden.

127 AMIT und SCHOEMAKER [1993], S. 37; CASTANIAS und HELFAT [1991], S. 155 ff.; CONNER [1991], S. 121; GRANT [1991], S. 117; PETERAF [1993], S. 180 ff.

128 Vgl. grundlegend zur *Industrial-Organization*-Forschung z.B. BAIN [1968] bzw. MASON [1959]. Für eine theoretisch fundierte und geschlossene Darstellung des Konzeptes der Wettbewerbsanalyse und der generischen Strategien vgl. PORTER [1988] und [1989].

129 Empirische Evidenz für die Existenz dieses sog. 'Unternehmenseffektes' sowie

nicht zu begründen. Im Gegensatz dazu bemüht sich der ressourcenorientierte Ansatz um mikrotheoretisch fundierte Erklärungsansätze für die Genese überdurchschnittlicher Gewinne innerhalb einer Branche, welche nicht wie in der Perspektive des *Structure-Conduct-Performance*-Paradigmas im Zeitablauf durch den Wettbewerb erodieren.[130] Ausgangspunkt der Überlegungen bilden hierbei die spezifischen Fähigkeiten von Unternehmen bei der Umsetzung strategischer Wettbewerbsvorteile, Divergenzen also hinsichtlich ihres Vermögens, entweder ökonomisch effizient zu produzieren (Strategie der Kostenführerschaft) bzw. Kundenbedürfnisse auf besondere Weise zu befriedigen (Strategie der Differenzierung)[131] oder aber marktliche Rahmenbedingungen im Sinne der eigenen Ziele aktiv zu gestalten.[132]

Eine erfolgreiche Realisation generischer Strategien - die Positionierung einer Unternehmung bzw. ihrer Geschäftsfelder im Markt sowie die dauerhafte Verteidigung dieser Marktstellung - lassen sich ebenso wie eine gelungene Beeinflussung der Unternehmensumwelt ursächlich auf die charakteristischen Stärken und Schwächen der Unternehmung zurückführen.[133] Unterschiede zwischen Unternehmen bezüg-

---

für seine Dominanz gegenüber dem 'Brancheneffekt' der *Industrial-Organization*-Forschung liefern u.a. Amel und Froeb [1991], Cubbin und Gerosky [1987], Hansen und Wernerfelt [1989], Keeley und Roure [1990], Powell [1992], Wernerfelt und Montgomery [1988]. Einen Überblick zu diesem Thema gibt auch Schmalensee [1988].

130 Vgl. dazu z.B. Jacobsen [1988], S. 428: "Despite the best efforts of management, in time, competitive forces dissipate abnormal returns." Anders dagegen die Interpretation bei Rühli [1994], S. 34 ff.

131 Vgl. Barney [1986a], S. 1232; Conner [1991], S. 132; Peteraf [1993], S. 180.

132 Janssen [1997] nennt die Strategie der Innovationsführerschaft als Beispiel für eine solche Möglichkeit, die "... Umwelt zu besseren Erfüllung eigener Ziele aktiv zu perturbieren." (ibid., S. 17).

133 Ein empirischer Beleg dieser Aussage findet sich z.B. bei Zander und Kogut [1995], S. 77: "These results [of the empirical analysis, Anm. d. Verf.] support the broader argument that firms exist and compete on the basis of their abilities to create, further develop, and transfer capabilities." Zur Beschäftigung mit den internen Stärken und Schwächen einer Unternehmung (*Strengths/Weaknesses*) im Verhältnis zu den Chancen und Risiken in ihrem Umfeld (*Op-*

lich ihrer Stärken- und Schwächenprofile wiederum sind die Folge einer asymmetrischen Verteilung von Ressourcen, einer ungleichen Ausstattung der Unternehmen mit strategisch bedeutsamen Faktoren im Vergleich zu ihren Mitanbietern.[134] Dieser grundlegende Gedanke des ressourcenorientierten Ansatzes ist keineswegs neu. Schon PENROSE [1959] versteht Unternehmungen als heterogene Ressourcenbündel:

> "[A] firm is more than an administrative unit; it is also a collection of productive *resources* [Hervorh. d. Verf.] the disposal of which between different uses and over time is determined by administrative decision. (...) The fact that most resources can provide a variety of different services is of great importance for the productive opportunity of a firm. It is the *heterogeneity* [Hervorh. d. Verf.] (...) of the productive services available or potentially available from its resources that gives each firm a unique character."[135]

Die inhomogene Ausstattung von Unternehmungen mit Ressourcen darf somit als Quelle ihrer strategischen Wettbewerbsvorteile betrachtet werden.[136] Dies entspricht auch der Definition von Wettbewerbsvorteilen durch HOFER und SCHENDEL [1978] als "... the unique position an organization develops vis-à-vis its competitors through its

---

portunities/Threats) siehe bereits LEARNED ET AL. [1965] bzw. ANDREWS [1971]. Zu diesem auch unter dem Begriff des sog. *Fits* zwischen System und Umwelt diskutierten Problem der strategischen Unternehmensführung vgl. S. 61.

134 Vgl. z.B. AMIT und SCHOEMAKER [1993]; BARNEY [1986a], [1991]; BLACK und BOAL [1994]; CONNER [1991]; DIERICKX und COOL [1989]; GRANT [1991]; ZU KNYPHAUSEN [1993]; PETERAF [1993]; RASCHE [1993]; RÜHLI [1994]; SNOW und HREBINIAK [1980]; WERNERFELT [1984].

135 PENROSE [1959], S. 24 und S. 75. Vgl. auch COLLIS und MONTGOMERY [1995], S. 119.

136 Vgl. BARNEY [1991], S. 99 ff.; BLACK und BOAL [1994], S. 132; HENDERSON und COCKBURN [1994], S. 63; MCGRATH ET AL. [1995], S. 251; RÜHLI [1994], S. 42. Ähnlich auch GHEMAWAT [1986], S. 53. Eine vergleichbare Argumentationslogik im Rahmen der *Industrial-Organization*-Forschung verfolgt auch PORTER [1986], [1990a] und [1990b], wenn er die komparativen Vorteile von Nationen auf unterschiedliche Standortgegebenheiten zurückführt.

patterns of *resource deployments* [Hervorh. d. Verf.]."[137] Die aus der Verschiedenartigkeit der Faktorallokation resultierenden, strategiebedingten 'supranormalen' Gewinne wiederum können aus Sicht der Mikroökonomie auf verschiedene Weise begründet werden:[138]

- **RICARDO-Rente**

  Nach dem Konzept der *RICARDO-Rente*[139] lassen sich Unterschiede innerhalb einer Branche durch die Existenz bestimmter Einsatzgüter mit besonderen qualitativen Eigenschaften erklären, deren Angebot restringiert ist. Als Folge der Knappheit können die mit diesen fixen bzw. quasi-fixen Faktoren ausgestatteten Produzenten (Unternehmen 1) ihren Output nicht beliebig ausweiten. Die von ihnen angebotene Menge (q_1) ist unabhängig von der Höhe der Zahlungsbereitschaft der Nachfrager nach oben beschränkt. Die so entstehende Angebotslücke füllen Unternehmen (Unternehmen 2), welche die fixen bzw. quasi-fixen Faktoren durch Inputs geringerer Qualität substituieren und daher Kostennachteile gegenüber ihren Mitbewerbern erleiden, da sie infolge der schlechteren Faktoreigenschaften annahmegemäß Effizienzverluste hinnehmen müssen und damit nur zu höheren Durchschnittskosten (DK_2) fertigen können.[140] Dem unterstellten

---

137 HOFER und SCHENDEL [1978], S. 25. Ähnlich auch WERNERFELT [1984] bzw. HALL [1993], S. 607: "Sustainable competitive advantage results from the possession of relevant capability differentials."

138 Vgl. dazu und zum folgenden v.a. PETERAF [1993], S. 180 ff. sowie ferner MAHONEY und PANDIAN [1992], S. 364; RUMELT [1987], S. 142 ff. und WINTER [1995], S. 159 ff. Ähnlich auch GRANT [1991], S. 117 bzw. RÜHLI [1994], S. 33.

139 Vgl. dazu ursprünglich RICARDO [1817].

140 Der Einsatz qualitativ höherwertiger Ressourcen muß nicht notwendig zu Effizienz- und damit zu Kostenvorteilen führen, sondern kann selbstverständlich auch die Erzielung anderer - z.B. im Rahmen einer Differenzierungsstrategie verwendbarer - Vorteile ermöglichen. Aus Gründen einer vereinfachten Darstellung jedoch soll an dieser Stelle ausschließlich die Möglichkeit einer Realisation von Kostenvorteilen in Betracht gezogen werden (vgl. dazu auch PETERAF [1993], S. 180, Fn. 6).

Mengenanpasserkalkül entsprechend treten diese weniger effizienten Unternehmungen solange als Anbieter auf, wie der am Markt erzielbare Preis ihre Grenzkosten (GK_2) übersteigt. Im Marktgleichgewicht, dem Schnittpunkt zwischen der Marktnachfrage (D) und dem Gesamtangebot (S), gelingt es beim Gleichgewichtspreis (p^*) somit nur den effizienten Produzenten, 'supranormale' Gewinne zu erzielen und eine Rente für ihren knappen Faktor zu verdienen. Die bezüglich der Ressourcenausstattung benachteiligten Unternehmen hingegen können für alle in der Fertigung eingesetzten Faktoren nur deren Opportunitätskosten erwirtschaften. Abb. 3 - 1 veranschaulicht diesen Zusammenhang.

- **Monopolrente**

Ein zweiter Erklärungsansatz diskutiert eine asymmetrische Faktorallokation als mögliche Ursache für die Entstehung von *Monopolrenten*.[141] Da die dauerhafte Erwirtschaftung von Monopolgewinnen davon abhängt, daß die Zahl der Anbieter auf einem Markt konstant klein bleibt, müssen Zutrittsbeschränkungen für potentielle neue Wettbewerber bestehen. Diese Markteintrittsbarrieren[142] aber lassen sich als Differentiale in der Ausstattung von Unternehmungen interpretieren:

> "... [COURNOT behavior is, Anm. d. Verf.] facilitated by fewness of numbers and therefore depend[s] on barriers to entry. Asymmetries must exist between incumbent firms and potential entrants. In this case, the heterogeneity occurs across these two groups of firms."[143]

---

141 Vgl. MAHONEY und PANDIAN [1992], S. 364; PETERAF [1993], S. 182; RÜHLI [1994], S. 33.

142 Bereits WERNERFELT [1984] weist darauf hin, daß sog. "resource-position barriers" die Ursache für überdurchschnittliche Gewinne sein können (ibid., S. 172). Zu Markteintrittsbarrieren vgl. auch Fn. 83 auf S. 37.

143 PETERAF [1993], S. 182.

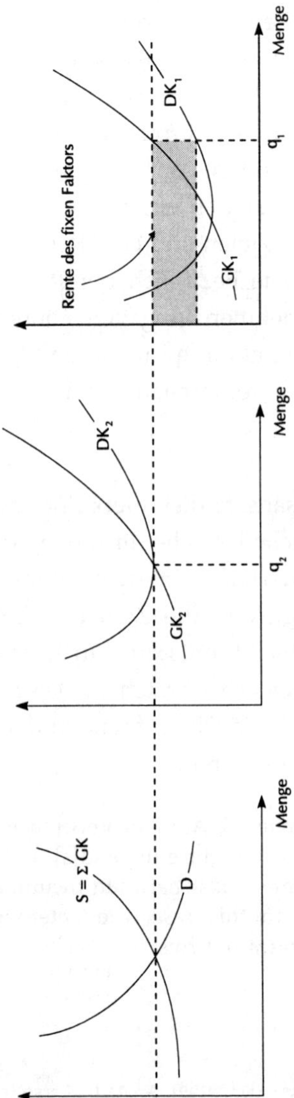

Abb. 3 - 1: Knappheitsrenten bei heterogener Faktorausstattung nach PETERAF [1993]

- **PARETO-Rente**

  Schließlich kann eine durch Ressourceninhomogenität erworbene Rente auch als *Quasi-* oder *PARETO-Rente* gedeutet werden.[144] In diesem Fall besteht der für den Faktor erzielte Übergewinn in der Ersparnis der Opportunitätskosten, welche bei Realisation der lediglich zweitbesten Einsatzmöglichkeit einer Ressource entstünden. Jene Unternehmung, die in der Lage ist, den Faktor aufgrund seiner Spezifität der bestmöglichen Verwendungsalternative zuzuführen, kann die Differenz zwischen dem Wert seiner besten und zweitbesten Nutzung als Überrendite vereinnahmen.[145]

Der ressourcenorientierte Ansatz der Unternehmung begreift also die Besonderheit von Unternehmensressourcen als Ausgangspunkt für die Erschließung strategischer Potentiale. Der als Grundproblem der Strategieformulierung geltende *Fit* zwischen System und Umwelt konkretisiert sich damit in der Kompatibilität des eine Unternehmung konstituierenden Faktorbündels in bezug auf die Erfolgsfaktoren im sozio-technischen und sozio-ökonomischen Umfeld.[146] Der Einsatz,

---

144 Vgl. MAHONEY und PANDIAN [1992], S. 364; KLEIN ET AL. [1978]; RÜHLI [1994], S. 33. RUMELT [1987] bezeichnet diese Form der Rente auch als MARSCHALLsche Rente (ibid., S. 142).

145 Vgl. dazu auch WILLIAMSON [1979]. Zur Diskussion der Fragestellung, ob der Faktornutzer die gesamte *Quasi-Rente* auf Kosten des Faktorbesitzers für sich allein beanspruchen kann, vgl. z.B. KLEIN ET AL. [1978]. Nach ihrer Auffassung braucht der Nutzer, der den Faktor im Sinne seiner besten Verwendung einsetzen kann, den Besitzer an der Überrendite nicht zu beteiligen, da dieser nur die ihm entstehenden Opportunitätskosten verlangen kann. Diese aber können *per definitionem* keine *PARETO-Rente* enthalten. Zu einem ähnlichen Ergebnis gelangen auch CAVES [1980] und RUMELT [1987], S. 143.

146 Vgl. z.B. ANSOFF [1987], S. 501: "[The problem of strategy formulation, Anm. d. Verf.] concerns the logic which guides the process by which an organization adapts to its external environment." Grundlegend dazu auch der Bezugsrahmen von LEARNED ET AL. [1965] bzw. ANDREWS [1971] (vgl. oben Fn. 133 auf S. 56). Das Postulat des *Fits* tritt am deutlichsten im Rahmen des populationsökologischen Ansatzes der Organisationstheorie hervor, der das Überleben

die Kombination sowie die Akkumulation verschiedener Ressourcen, ihr Auf- und Ausbau, werden so zum Gegenstand des strategischen Managements im Sinne einer "Steuerung und Koordination der langfristigen Evolution des Unternehmens"[147] bzw. seiner Ressourcenbasis. RUMELT [1984] kennzeichnet die Bedeutung einer solchen an den Ressourcen ansetzenden Perspektive wie folgt:

> "In essence, the [strategy, Anm. d. Verf.] concept is that a firm´s competitive position is defined by a bundle of unique resources (...) and that the task of general management is to *adjust and renew these resources* [Hervorh. d. Verf.] (...) as time, competition, and change erode their value."[148]

Zielsetzung von Unternehmen kann es allerdings nicht sein, nur kurzfristig einen Vorsprung gegenüber Mitanbietern zu erlangen; vielmehr gilt es, eine dauerhaft überlegene Positionierung anzustreben, d.h. einen "sustained competitive advantage"[149], einen nachhaltigen Wettbewerbsvorteil, zu erreichen. An Ressourcen, denen eine Bedeutung als strategische Erfolgsfaktoren zukommt, sind daher besondere Anforderungen zu stellen. Bevor jedoch auf die Bedingungen näher eingegangen wird, welche erfüllt sein müssen, damit die durch Faktorasymmetrien erzielten ökonomischen Renten nicht von anderen Wettbewerbern aufgezehrt werden, soll im folgenden Abschnitt zunächst der Begriff der Ressourcen für die vorliegende Arbeit genauer bestimmt werden.

---

von Organisationen im Selektionsprozeß von deren Anpassungsfähigkeit an veränderte Umweltbedingungen abhängig macht (vgl. HANNAN und FREEMAN [1977] bzw. [1984]). Für Kritik an dieser Forderung vgl. ZU KNYPHAUSEN-AUFSESS [1995], S. 307 f.

147 KIRSCH [1993], Sp. 4105.

148 RUMELT [1984], S. 557. Auf ähnliche Weise definieren auch HOFER und SCHENDEL [1978] Unternehmensstrategie als "... fundamental pattern of present and planned resource deployments ..." (ibid., S. 25).

149 Vgl. z.B. BARNEY [1991], S. 102.

3.1.2 Unternehmensressourcen als zentrale Einflußgrößen strategischen Erfolgs

Der ressourcenorientierte Ansatz der Unternehmung beschäftigt sich mit "... resources as the basic unit of analysis ..."[150], wobei der Begriff der Ressource bedeutend weiter auszulegen ist als in der traditionellen mikroökonomischen Betrachtung der Produktionsfaktoren Boden, Arbeit und Kapital.[151] Denn Ressourcen im Sinne des ressourcenorientierten Ansatzes schließen häufig auch die Ergebnisse des Faktoreinsatzes ein, die als 'Wiedereinsatzgüter' in den betrieblichen Leistungsprozeß eingehen wie z.B. Kundentreue, das Image einer Marke, der Ruf einer Unternehmung oder die im Umgang mit Technologien gewonnenen Erfahrungen usw.[152] Als Unternehmensressourcen sollen daher alle Einsatzgüter und Vermögensgegenstände, Fähigkeiten und Stärken einer Unternehmung verstanden werden, welche strategische Erfolgspotentiale begründen:

> "... *firm resources* include all assets, capabilities, organizational processes, firm attributes, information, knowledge, etc. controlled by a firm that enable the firm to conceive of and implement strategies that improve its efficiency and effectiveness." [153]

---

150 BLACK und BOAL [1994], S. 133.

151 Vgl. RÜHLI [1994], S. 42; WERNERFELT [1984], S. 171. Ähnlich auch BARNEY [1986a] oder [1991]. Zu den klassischen Produktionsfaktoren vgl. VON BÖVENTER ET AL. [1991], S. 5 oder auch VARIAN [1991], S. 286.

152 Vgl. hierzu CASTANIAS und HELFAT [1991], S. 159.

153 BARNEY [1991], S. 101. Festzuhalten bleibt die mehrheitlich positive Interpretation des Begriffs Ressource (vgl. WINTER [1995], S. 149: "Subsequent discussion in the literature has emphasized the resources that underlie competitive advantage ('strengths') ...") im Gegensatz zu der ursprünglich viel weiteren Definition durch WERNERFELT [1984], S. 172: "By a resource is meant anything which could be thought of as a *strength or weakness* [Hervorh. d. Verf.] of a given firm." Für die weiteren Ausführungen soll jedoch zunächst dem engeren Begriffsverständnis von Ressourcen als Grundlagen strategischer Wettbewerbs*vorteile* gefolgt werden. Eine Diskussion potentieller Nachteile findet sich in Kap. 3.1.4 der vorliegenden Arbeit.

Eine einheitliche Verwendung des Begriffs Ressource sowie trennscharfe Aussagen zu den zentralen Einflußgrößen ressourcenbasierter Erfolgspositionen fehlen bislang in der Literatur. Immer wieder werden neben Ressourcen[154] (*Resources*) auch Fähigkeiten[155] (*Capabilities/ Skills*), strategische Vermögensgegenstände[156] (*Strategic assets*) oder (Kern-)Kompetenzen[157] ([*Core/Distinctive*] *Competences* bzw. *Competencies*) als Ursachen strategischer Wettbewerbsvorteile analysiert. Daß identische Termini dabei zum Teil abweichend konnotiert oder systematisiert werden, erschwert eine exakte Definition und Abgrenzung von Ressourcen als Gegenstand des ressourcenorientierten Ansatzes.[158] So diskutieren beispielsweise COLLIS und MONTGOMERY [1995] materielle und immaterielle Vermögensgegenstände sowie organisationale Fähigkeiten als potentielle Grundlagen einer Genese ökonomischer Renten .[159] Auch BARNEY [1991] unterscheidet drei verschiedene Determinanten, die "... physical (...), human (...), and organizational capital resources."[160] Vergleichsweise unstrukturiert wirkt

---

154 Vgl. AMIT und SCHOEMAKER [1993]; BARNEY [1986a], [1991]; BLACK und BOAL [1994]; CASTANIAS und HELFAT [1991]; COLLIS und MONTGOMERY [1995]; GRANT [1991]; HALL [1991], [1993]; HAMEL und PRAHALAD [1993]; ZU KNYPHAUSEN [1993]; PETERAF [1993]; WERNERFELT [1984].

155 Vgl. AMIT und SCHOEMAKER [1993]; BAKKER ET AL. [1994]; CASTANIAS und HELFAT [1991]; COLLIS [1994]; COLLIS und MONTGOMERY [1995]; GRANT [1991]; HENDERSON und COCKBURN [1994]; KLEIN ET AL. [1991]; ZU KNYPHAUSEN [1993]; LEONARD-BARTON [1994]; PETERAF [1993]; STALK ET AL. [1992].

156 Vgl. AMIT und SCHOEMAKER [1993]; BLACK und BOAL [1994]; DIERICKX und COOL [1989]; MARKIDES und WILLIAMSON [1994]; COLLIS und MONTGOMERY [1995].

157 Vgl. BAKKER ET AL. [1994]; FIOL [1991]; HENDERSON und COCKBURN [1994]; HITT und IRELAND [1985]; MARKIDES und WILLIAMSON [1994]; PRAHALAD und HAMEL [1990]; RASCHE [1993]; REED und DEFILLIPPI [1990]; SNOW und HREBINIAK [1980]; TAMPOE [1994].

158 Auf diese Problematik weist auch PETERAF [1993] hin: "... subtle variations in terminology across papers have made communication more difficult." (ibid., S. 180).

159 Vgl. COLLIS und MONTGOMERY [1995], S. 119.

160 BARNEY [1991], S. 101.

die an HOFER und SCHENDEL [1978] angelehnte Ressourcentypologie GRANTs [1991], der zwischen "... financial resources, physical resources, human resources, technological resources, reputation, and organizational resources ..."[161] differenziert. Zahlreiche Autoren wie z.B. AMIT und SCHOEMAKER [1993], COLLIS und MONTGOMERY [1995], GRANT [1991], ZU KNYPHAUSEN [1993], PETERAF [1993] sowie REED und DEFILLIPPI [1990] ziehen dabei eine deutliche Trennung zwischen Ressourcen und Fähigkeiten mit der Begründung, die eine Kategorie stelle die Grundlage für die Bildung und Entwicklung sowie den zielgerichteten Einsatz der Elemente der jeweils anderen dar:

> "There is a key distinction between resources and capabilities. (...) The individual resources of the firm include items of capital equipment, skills of individual employees, patents, brand names, finance, and so on. (...) A capability is the capacity for a team of resources to perform some task or activity. While resources are the source of a firm's capabilities, capabilities are the main source of its competitive advantage."[162]

Ähnlich grenzen MARKIDES und WILLIAMSON [1994] strategische Vermögensgegenstände - Vermögensgegenstände, welche die betriebliche Grundlage von Wettbewerbsvorteilen bilden - gegen sog. Kernkompetenzen ab.[163] Diese stellen für sie den "... pool of experience, knowledge and systems ..."[164], also ganz allgemein organisationale Fähigkeiten dar, welche die Basis für den Aufbau neuer sowie den Ausbau bereits vorhandener Vermögensgegenstände bilden. PRAHALAD und HAMEL [1990] dagegen verstehen Kernkompetenzen in einem eher technologischen Sinne als "besondere technische Fähigkeitenbün-

---

161 GRANT [1991], S. 119.

162 Ibid., S. 118 f. So auch AMIT und SCHOEMAKER [1993], S. 35.

163 MARKIDES und WILLIAMSON [1994], S. 149, Fn. 1. Vgl. dazu auch STALK ET AL. [1992], S. 66.

164 MARKIDES und WILLIAMSON [1994], S. 149, Fn. 1.

del"[165], die es einem Unternehmen erlauben, "... to coordinate diverse production skills and integrate multiple streams of technologies."[166] Diesen technisch orientierten Fähigkeiten stellen STALK ET AL. [1992] ein nach ihrer eigenen Aussage breiter angelegtes Konzept von *Capabilities* gegenüber.[167] Wie aus den von ihnen angeführten Beispielen jedoch deutlich wird, handelt es sich bei diesen *Capabilities* um eben die von MARKIDES und WILLIAMSON [1994] erwähnten Kernkompetenzen.

Obgleich COLLIS [1994] die herrschende Begriffsvielfalt darauf zurückführt, daß es aufgrund der "infinite variety"[168] von betrieblichen Stärken und Schwächen nur schwer möglich sei, Determinanten strategischer Wettbewerbsvorteile umfassend zu beschreiben, sollen vor dem Hintergrund der zitierten Quellen dennoch die Haupteinflußgrößen ressourcenbasierter Erfolgspotentiale systematisch herausgearbeitet und exemplifiziert werden. Zu diesem Zweck erscheint es sinnvoll, der in der Literatur dominanten Dichotomie folgend in einem ersten Schritt materielle und immaterielle Einflußgrößen zu isolieren (vgl. Abb. 3 -2).[169]

Materielle Ressourcen

Materielle Ressourcen umfassen abnutzbare wie nicht abnutzbare bewegliche und unbewegliche Sachgüter, die zum einen dazu geeignet sind, strategische Barrieren im Sinne WERNERFELTscher *Resource-posi-*

---

165 RÜHLI [1994], S. 44.

166 PRAHALAD und HAMEL [1990], S. 82.

167 Vgl. dazu STALK ET AL. [1992], S. 57 ff. sowie insbesondere S. 66.

168 COLLIS [1994], S. 145.

169 Vgl. z.B. MARKIDES und WILLIAMSON [1994]. Synonym zum Oberbegriff der Ressourcen wird in der vorliegenden Arbeit zuweilen der Terminus 'strategische Vermögensgegenstände' verwandt (ähnlich auch AMIT und SCHOEMAKER [1993]). Deutlich davon zu unterscheiden ist der Gebrauch der Bezeichnung *Strategic assets* z.B. bei MARKIDES und WILLIAMSON [1994] un einigen anderen Quellen.

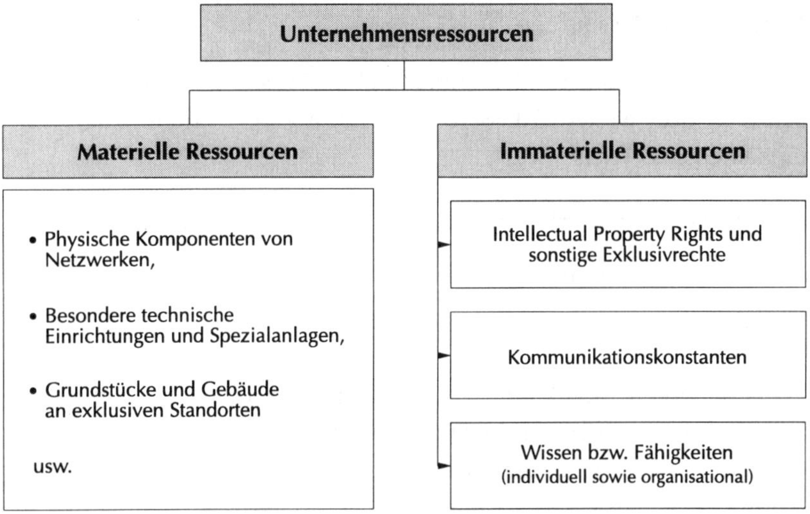

Abb. 3 - 2: Unternehmensressourcen als zentrale Einflußgrößen strategischen Erfolgs

tion barriers[170] zu begründen, und die zum anderen Kosten- oder Differenzierungsvorteile implizieren. Als Beispiele lassen sich hier die physischen Komponenten der Netzwerke von Telefon- und Fernsehgesellschaften[171], von Energieversorgern oder Transportunternehmen anführen sowie auf große Produktionsvolumina ausgelegte technische Einrichtungen und Anlagen[172] oder betriebliche Immobilien an exklusiven Standorten[173] etc.

---

170 Vgl. WERNERFELT [1984], S. 172 sowie die Ausführungen zur Monopolrente in Kap. 3.1.1.

171 Vgl. COLLIS und MONTGOMERY [1995], S. 119.

172 Vgl. MARKIDES und WILLIAMSON [1994], S. 151. Für empirische Befunde zur Begründung von Markteintrittsbarrieren durch den Aufbau von Überkapazitäten vgl. z.B. LIEBERMAN [1987a] bzw. [1989].

173 Vgl. BARNEY [1991], S. 101 sowie auch TEECE und PISANO [1994], S. 546.

Immaterielle Ressourcen

Innerhalb der Gattung der immateriellen Ressourcen wiederum lassen sich drei weitere Klassen von Einflußgrößen identifizieren. Im einzelnen sind dies:

- *Intellectual property rights* und sonstige Exklusivrechte,
- Kommunikationskonstanten und
- Wissen.

Die letzte Gruppe kann dabei nach der Emergenzebene in individuelles Wissen einerseits sowie organisationalen Fähigkeiten (*Organizational capabilities*) andererseits unterteilt werden.[174] Wie deutlich werden wird, lassen sich immaterielle Einflußgrößen jedoch nur bedingt trennscharf strukturieren. Die hier näher betrachteten Ressourcenkategorien sind daher keineswegs als disjunkte Klassen zu verstehen, da zwischen ihnen in Teilbereichen durchaus Überschneidungen vorliegen.

Intellectual property rights und sonstige Exklusivrechte

Auf gesetzlichen Normen beruhende Exklusivrechte repräsentieren ebenso wie die Gesamtheit der sogenannten *Intellectual property rights*[175] (Patente, Urheberrechte, eingetragene Warenzeichen, ge-

---

174 Im Gegensatz zu der in der deutschsprachigen betriebswirtschaftlichen Forschung herrschenden Verwendung der Vokabel 'Organisation' im instrumentellen Sinne (vgl. dazu KOSIOL [1962]; NORDSIECK [1934] bzw. [1955]; SCHWEITZER [1969]; WILD [1966]) geht die vorliegende Arbeit in erster Linie vom institutionellen Organisationsbegriff aus. Zur Unterscheidung dieser terminologischen Varianten vgl. PICOT [1993], S. 104 f.

175 Einen umfassenden Überblick zum Thema der *Intellectual property rights* bieten HALL [1991], [1992] und [1993]. Als Beispiele finden in diesem Zusammenhang immer wieder Patentrechte Erwähnung (vgl. dazu COLLIS und MONTGOMERY [1995], S. 121; GRANT [1991], S. 118; KOGUT und ZANDER [1992], S. 393; MARKIDES und WILLIAMSON [1994], S. 152) sowie Warenzeichen (vgl. COLLIS und MONTGOMERY [1995], S. 119; DIERICKX und COOL [1989], S. 1508; GRANT

schützte Geschmacks- und Gebrauchsmuster oder sonstige gewerbliche Schutzrechte) Wettbewerbsvorteile immaterieller Natur.[176] Erstere ermöglichen durch wettbewerbsverzerrende Eingriffe die Entstehung von Monopolen. So versetzt beispielsweise § 6 LadschlG Mineralölkonzerne in der BRD nach wie vor in die Lage, aufgrund der konkurrenzlosen Öffnungszeiten von Tankstellen im Handel mit Lebensmitteln Überrenditen zu erzielen. *Intellectual property rights* wiederum schaffen die Voraussetzungen für die Nachhaltigkeit unternehmerischer Differenzierungsbemühungen (z.B. durch die Protektion der Bezeichnung und der ästhetischen Dimensionen von Produkten) und erzeugen die für den Erhalt von marktbeherrschenden Stellungen erforderlichen Imperfektionen (so z.B. bei der Patentierung bestimmter Technologien) dadurch, daß sie allein dem Eigentümer das Recht zum Gebrauch und zur wirtschaftlichen Verwertung des geschützten Objektes einräumen.

Kommunikationskonstanten

Unter Kommunikationskonstanten sollen hier sämtliche Ressourcen subsumiert werden, die im Prozeß der Interaktion zwischen einer Unternehmung und Externen aus ihrer Umwelt gleichsam als 'Mediatoren' wirken, indem sie durch das ihnen anhaftende bzw. zugrundeliegende Sach- oder Personenvertrauen potentielle Schranken für Austauschbeziehungen abbauen.[177] Als Beispiel läßt sich der 'gute Ruf' einer Unternehmung anführen, das von mittelbaren bzw. unmittelbaren Erfahrungen positiv geprägte Bild sowie die daraus resultierende, affirmative emotionale Einstellung verschiedener *Stakeholder* gegenüber der Organisation als Ganzer, gegenüber einzelnen Mitar-

---

[1991], S. 118; HAMEL und PRAHALAD [1993], S. 82; MARKIDES und WILLIAMSON [1994], S. 157; WERNERFELT [1984], S. 172).

176 Insofern als sich Teile dieser Schutzrechte auf den Bereich des Wissens beziehen, zeigen sich hier erste Abgrenzungsunschärfen.

177 Zum Begriff der Kommunikationskonstanten im Zusammenhang mit der Markierung von Produkten vgl. LEITHERER [1989], S. 105.

beitern oder gegenüber den Produkten.[178] Ein positives Image bei den Abnehmern etwa unterstützt die "Habitualisierung des Einkaufsaktes"[179] und gestattet es zugleich, sich am Markt von potentiellen Mitbewerbern vorteilhaft abzuheben:

> "Reputation (...) can be a major factor in achieving competitive advantage through differentiation."[180]

Gleichermaßen kann sich der 'gute Ruf', den ein Unternehmen bei den Anbietern der von ihm benötigten Produktionsfaktoren genießt, in Gestalt niedrigerer Beschaffungskosten konkretisieren, und zwar zum einen als Folge unmittelbar realisierbarer Transaktionskostenvorteile[181], zum anderen als Ausfluß günstigerer Faktorpreise.[182] Letztere sind das Ergebnis der von den Faktoranbietern aufgrund der Reputation ihres Vertragspartners erwarteten Transaktionskostenersparnisse bei der Abwicklung, Kontrolle und Anpassung ihrer Leistungsbeziehungen, einer Art *Quasi-Rente* also, welche als Preisnach-

---

178 Vgl. AMIT und SCHOEMAKER [1993], S. 37; BARNEY [1986a], S. 1232; HALL [1991], S. 41 ff.; [1992], S. 138; [1993], S. 607 ff.; GRANT [1991], S. 119; KOGUT und ZANDER [1992], S. 393.

179 NIESCHLAG ET AL. [1991], S. 185. So auch KOTLER und BLIEMEL [1991], S. 269 bzw. MEFFERT [1991], S. 156.

180 HALL [1992], S. 138. Tatsächlich können HALL [1992] und [1993] im Rahmen einer empirischen Untersuchung das Image von Unternehmungen bzw. ihrer Produkte als die zwei aus Sicht der befragten britischen Vorstände bedeutendsten Erfolgsfaktoren identifizieren. Die auf diese Weise erzielten Differenzierungsvorteile basieren letztlich auf der mangelnden Informationseffizienz der Absatzmärkte in Verbindung mit der Scheu der Verbraucher hinsichtlich des Beschaffungsrisikos (vgl. YAO [1988], S. 63 f. und GHEMAWAT [1986], S. 57). Auch hier verschwimmen die Grenzen zu den *Intellectual property rights*, wenn das Unternehmensimage seine symbolhafte Konkretisierung z.B. als geschütztes Warenzeichen erfährt.

181 Z.B. in Form von geringeren Anbahnungskosten im Bereich der Personalbeschaffung oder geringeren Kontroll- und Anpassungskosten aufgrund einer intensiveren Bereitschaft von Zulieferern zur Kooperation.

182 Zu der an dieser Stelle zugrunde gelegten Transationskostentypologie vgl. PICOT [1993], S. 107.

laß partiell oder auch ganz an den Faktornachfrager weitergegeben werden kann.[183]

In diesem Sinne stellen auch die zwischen einer Unternehmung und ihren Lieferanten, Händlern, Abnehmern, der öffentlichen Hand oder Forschungseinrichtungen bestehenden Kontakte und Beziehungen[184] immaterielle Erfolgspotentiale dar. Sie bilden die Grundlage für den Transfer interorganisationalen Wissens[185] und tragen darüber hinaus wie das Unternehmensimage zu einer Reduktion von Transaktionskosten bei. Dabei wird in der Literatur immer wieder die Bedeutung einer dauerhaften und engen Bindung der Kunden[186] an die eigene Organisation hervorgehoben, konstituiert eine solide *Client base* doch letztlich den Marktanteil der Unternehmung, eine auch aus Sicht der *Industrial-Organization*-Forschung maßgebliche strategische Erfolgsgröße.[187]

---

183 Dabei entspringen die der hier erzielten Faktorrente zugrundeliegenden Opportunitätskosteneinsparungen nicht etwa einem Nutzenverlust bei der Realisation der zweitbesten Verwendungsalternative wie im Fall des eingangs beschriebenen Konzeptes der PARETO-*Rente*, sondern vielmehr den bei Zustandekommen eines Leistungsaustausches mit dem 'zweitbesten Vertragspartner' zu erwartenden Transaktionskostennachteilen.

184 HALL [1992] spricht in diesem Zusammenhang von "external networks" (ibid., S. 138).

185 Vgl. HEDLUND und NONAKA [1993], S. 120: "The model [of knowledge management presented by HEDLUND and NONAKA, Anm. d. Verf.] also includes what we have termed the 'interorganizational domain', capturing suppliers, customers, subcontractors, collaborating organizations, etc. These are units outside the firm which may play important parts in, for example product development." Ähnlich auch HEDLUND [1994], S. 76.

186 Vgl. MARKIDES und WILLIAMSON [1994], S. 157 bzw. WERNERFELT [1984], S. 174.

187 Vgl. dazu die Rezeption des empirisch ermittelten Erfahrungskurveneffektes in der Forschung zur strategischen Unternehmensführung (z.B. DUTTON und THOMAS [1984] oder HENDERSON [1984]) sowie der Kenngrößen des strategischen Profils einer Unternehmung gemäß PIMS-Studie (BUZZELL und GALE [1989]). Doch auch die Literatur zum ressourcenorientierten Ansatz qualifiziert den Marktanteil als strategischen Schlüsselfaktor (vgl. z.B. GRANT [1991], S. 118).

Individuelles Wissen

Als immaterielles Erfolgspotential kommt ferner das individuelle Wissen von Mitarbeitern in Betracht, gleich ob es sich dabei um artikulierbares oder implizites Wissen, um Erfahrungen und Fertigkeiten in technischen oder anderen funktionalen Bereichen der Unternehmung oder um die von Einzelpersonen zu erbringenden Koordinationsleistungen handelt.[188]

Organisationales Wissen

Die zweite Wissensgattung, die sogenannten *Organizational capabilities*, verkörpern die auf der kollektiven Ebene einer Organisation vorhandenen Fähigkeiten. So definieren beispielsweise KLEIN ET AL. [1991]

> "... corporate skills (...) [as, Anm. d. Verf.] a systemic property, a property of the organisation as a whole."[189]

In ähnlicher Weise postulieren auch andere Autoren die Existenz überindividueller Stärken und Fertigkeiten, eines organisationalen

---

188 So diskutieren z.B. CASTANIAS und HELFAT [1991] die Fähigkeiten des *Top Managements* als Ursache ökonomischer Renten. Vgl. auch AMIT und SCHOEMAKER [1993], S. 33; DIERICKX und COOL [1989], S. 1508; HENDERSON und COCKBURN [1994], S. 65; LEONARD-BARTON [1994], S. 257. Zur Unterscheidung zwischen artikulierbarem (oder auch kodifizierbarem) sowie implizitem Wissen (*Tacit Knowledge*) siehe HEDLUND [1994], S. 75 ff. bzw. HEDLUND und NONAKA [1993], S. 118 ff. Grundlegend zum Konzept des *Tacit Knowledge* ('impliziten Wissens') vgl. POLANYI [1985]; für einen Überblick über verschiedene Wissensdimensionen vgl. auch Kap. 4.2.2. Zur zunehmenden Relevanz von Wissen als strategischem Erfolgsfaktor vgl. die Befunde der empirischen Forschung bei HALL [1992] bzw. [1993]. Als Ursachen lassen sich die wachsende Bedeutung sog. *Knowledge-Intensive-Industries*, des Dienstleistungssektors und der High-Tech-Industrie, anführen (vgl. z.B. BONORA und REVANG [1993]). Zum Stellenwert impliziten Wissens im Rahmen der Innovationstätigkeit von Unternehmungen vgl. SENKER [1995].

189 KLEIN ET AL. [1991], S. 2.

Wissens, welches den *modus operandi*, die Effizienz und die Effektivität der betrieblichen Leistungserstellung, determiniert:[190]

> "The know-how entailed in producing a computer, a Saab 9000, or a set of standards for air quality resides in the organization *as a whole* [Hervorh. d. Verf.], not in individual members of the organization. These are propositions of organizational knowing."[191]

Organisationen an sich verfügen also über systemische Potentiale, über Wissen und Fähigkeiten jenseits der individuellen Ebene und stellen insofern "repositories of (...) knowledge"[192] dar. Dabei manifestieren sich *Organizational capabilities* sowohl in der Oberflächenstruktur, in der Gesamtheit aller sichtbaren organisatorischen Regeln und Programme, in der Aufbau- und Ablauforganisation sowie allen übrigen bewußt institutionalisierten Managementsystemen, als auch in den Tiefenstrukturen, in der Kultur, den lebensweltlich geprägten Wahrnehmungs- und Interaktionsmustern:

> "... [O]rganizational capabilities are embedded in firm routines, and (...) those routines are the product of the organization as an entire system. (...) Organizational capabilities are not only manifestations of observable corporate struc-

---

190 Vgl. dazu COLLIS [1994], S. 145: "They [organizational capabilities, Anm. d. Verf.] do not vest in a single individual (...) since they are supraindividual and not 'reducible to individual memory'." Ebenso HALL [1993], S. 610; HEDLUND [1994], S. 75; HEDLUND und NONAKA [1993], S. 120 PROBST [1994], S. 302 bzw. WINTER [1995], S. 152 ff. Ähnlich auch CYERT und MARCH [1963]; NELSON und WINTER [1982]; PAVITT [1980] oder TEECE und PISANO [1994]. Einen experimentellen Nachweis für das Vorhandensein solcher überindividuellen, organisationalen Fähigkeiten, die selbst einen Wechsel der Organisationsmitglieder überdauern, liefern WEICK und GILFILLAN [1971]. Für weitere Hinweise darauf, daß eine Unternehmensorganisation mehr ist als die Summe ihrer Einzelteile, vgl. CHANDLER [1990], S. 594 oder PENROSE [1959], S. 46.

191 COOK und YANOW [1996], S. 438. Sie weisen außerdem auf die Heterogenität organisationalen Wissens hin (ibid., S. 439).

192 WINTER [1988], S. 175. So auch ZANDER und KOGUT [1995], S. 76. Einen Überblick zu diesem Thema gibt FRANSMAN [1994], S. 734 ff.

tures and processes, but also reside in the corporate culture and network of employee relations."[193]

Da es sich bei den Tiefenstrukturen um eine wesentliche Komponente kollektiver Kompetenzen handelt, weisen organisationale Fähigkeiten einen stark impliziten Charakter auf.[194] Zu diesen systemischen Fähigkeiten zählt unter anderem "... the ability to perform the basic functional activities of the firm ..."[195], das Wissen von Unternehmungen in funktionalen Bereichen[196] wie dem Marketing[197], der Produktion und Logistik[198] usw. Vor allem in der Fertigung kennt man derartige *funktionale Fähigkeiten* als Folge kumulierter Produktionserfahrung, als Ergebnis von Lerneffekten, welche *First-mover-ad-*

---

193 COLLIS [1994], S. 145. Vgl. auch COLLIS und MONTGOMERY [1995], S. 120; GRANT [1991], S. 122; HALL [1991], S. 44 f.; HALL [1992], S. 139; HALL [1993], S. 609; KOGUT und ZANDER [1992], S. 383 ff.; LEONARD-BARTON [1994], S. 257 f.; LEVITT und MARCH [1996], S. 320; NELSON und WINTER [1982], S. 99; ZANDER und KOGUT [1995], S. 77. Zur Unterschiedung zwischen den Oberflächen- und Tiefenstrukturen von Organisationen vgl. KIRSCH [1992], S. 133 ff. Überblicksartig zum Lebensweltkonzept vgl. KIRSCH [1991], S. 22 ff. bzw. PICOT ET AL. [1996], S. 82; grundlegend dazu HABERMAS [1981] bzw. SCHÜTZ und LUCKMANN [1979]. Siehe dazu auch unten Kap. 4.2.2.

194 Vgl. z.B. COLLIS [1994], S. 144; GRANT [1991], S. 122; MONTGOMERY [1995], S. 260; WINTER [1987], S. 169 ff. So sprechen GOMEZ und MÜLLER-STEWENS [1994] von Tiefenstrukturen auch als das "organisatorische Unbewußte" (ibid., S. 155).

195 COLLIS [1994], S. 145.

196 HENDERSON und COCKBURN [1994] beispielsweise sprechen von einer "component competence", die in verschiedenen "disciplinary areas" auftreten kann (ibid., S. 65). Ähnlich auch AMIT und SCHOEMAKER [1993], S. 35; CARLSSON und ELIASSON [1994], S. 694 ff.; COLLIS [1994], S. 145; GRANT [1991], S. 120; MARKIDES und WILLIAMSON [1994], S. 158. Vor dem gleichen Hintergrund untersuchen SNOW und HREBINIAK [1980] Kernkompetenzen in bezug auf zehn funktionale Unternehmensbereiche (v.a. ibid., S. 326). HITT und IRELAND [1985] unterscheiden zwischen 55 "distinctive competence activities" in sieben verschiedenen Bereichen (ibid., S. 289 ff.).

197 So z.B. AMIT und SCHOEMAKER [1993], S. 35; BAKKER ET AL. [1994], S. 15; COLLIS [1994], S. 145; HALL [1993], S. 609; HAMEL und PRAHALAD [1993], S. 81.

198 Vgl. HAMEL und PRAHALAD [1993], S. 81; MARKIDES und WILLIAMSON [1994], S. 151; STALK ET AL. [1992], S. 62; ZANDER und KOGUT [1995], S. 77.

vantages in Form von Kostenvorteilen induzieren und damit zugleich Eintrittsbarrieren gegenüber *Late entrants* begründen.[199]

Oberflächen- und Tiefenstrukturen versetzen Organisationen ferner in die Lage, Koordinationsleistungen im Rahmen des zielgerichteten Einsatzes strategischer Ressourcen zu erbringen. *Integrative Fähigkeiten* umfassen das kollektive Vermögen zur Kombination verschiedener funktionaler Kompetenzen oder zur Synthese von materiellen sowie immateriellen Ressourcen bei der betrieblichen Leistungserstellung:[200]

> "*Capabilities* (...) refer to a firm's ability to deploy *Resources*, usually in combination, using organizational processes, to effect a desired end. (...) [They, Anm. d. Verf.] are often developed (...) by combining physical, human, and technological *Resources* at the corporate level."[201]

Ähnlich definieren auch PRAHALAD und HAMEL [1990] Kernkompetenzen:

> "Core competencies are the collective learning in the organization, especially how to coordinate diverse production skills and integrate multiple streams of technologies. (...) [A

---

199 Vgl. GILBERT und HARRIS [1981]; LIEBERMAN [1987b] und [1989]; PORTER [1984]; SPENCE [1981]. GHEMAWAT [1986] schildert als prominentes Beispiel eines auf diese Weise erlangten technologischen Vorsprungs DUPONTs erfolgreiche Kostenreduktion bei der Herstellung von Titaniumdioxid durch massive Investitionen in Prozeßverbesserungen (vgl. ibid., S. 55 f.).

200 Vgl. CARLSSON und ELIASSON [1994], S. 695 ff.; COOK und YANOW [1996], S. 438, Fn. 6; KOGUT und ZANDER [1992], S. 384; GRANT [1991], S. 121; STALK ET AL. [1992], S. 63; TAMPOE [1994], S. 68. HENDERSON und COCKBURN [1994] sprechen dabei auch von der "...'architectural competence' of an organization [that, Anm. d. Verf.] allows to make use of its component competencies: to integrate them together ..." (ibid., S. 66). In seiner empirischen Untersuchung von rd. 400 führenden Unternehmungen in den USA, der BRD sowie Großbritannien trifft CHANDLER [1990] dazu folgende Aussage: "But only if these facilities and skills were carefully coordinated and integrated could the enterprise achieve the economies of scale and scope that were needed to compete in national and international markets and to continue to grow." (ibid., S. 594).

201 AMIT und SCHOEMAKER [1993], S. 35.

> competence, Anm. d. Verf.] is a complex harmonization of individual technologies and production skills."[202]

Dynamische Fähigkeiten dagegen beziehen sich auf die organisatorischen Koordinationspotentiale hinsichtlich der Transformation der Ressourcenkombinationen sowie auf die Befähigung, einzelne Ressourcen fortzuentwickeln, neu zu schaffen oder zu erwerben. Dazu zählen adaptive Fähigkeiten - Fähigkeiten zu Veränderungen als Reaktion auf sich wandelnde Rahmenbedingungen - ebenso wie die proaktive Befähigung zur Akquisition immaterieller Ressourcen, zur Verbesserung vorhandener oder zur Kreation neuartiger strategischer Vermögensgegenstände und Ressourcenbündel im Zuge einer manipulativen Formung der Unternehmensumwelt:[203]

> "[T]he long-term competitive advantage of a firm will largely depend on its ability to continuously adapt and improve its strategic assets to meet market-specific demands and to create new strategic assets that it can exploit in existing or new markets."[204]

Als "... *catalysts* to the process of accumulating strategic assets ..."[205] ermöglichen diese der Systemebene zugehörigen *Capabili-*

---

202 PRAHALAD und HAMEL [1990], S. 82-84. Zahlreiche Beispiele für solche integrativen *Capabilities* finden sich bei GRANT [1991], S. 121: So z.B. die Fähigkeit von MCDONALDS, durch Kombination herausragender Fähigkeiten in den Bereichen Produktentwicklung, Marktforschung, Personalwirtschaft, Controlling und Logistik weltweit einheitliche Produkt- und Servicestandards zu gewährleisten, oder auch CANONS erfolgreiche Integration von Know-how in der Optik, Mikroelektronik und Präzisionsmechanik bei der Herstellung von Kameras, Fotokopierern oder Faxgeräten.

203 Vgl. AMIT und SCHOEMAKER [1993], S. 35; CARLSSON und ELIASSON [1994], S. 694 ff.; CHANDLER [1990], S. 133; COLLIS [1994], S. 145; HALL [1993], S. 609 f.; HAYES und PISANO [1994], S. 78; HEDLUND [1994], S. 73; HENDERSON und COCKBURN [1994], S. 65 f.; MARKIDES und WILLIAMSON [1994], S. 149, Fn. 1; TAMPOE [1994], S. 68; TEECE und PISANO [1994], S. 537 ff.

204 MARKIDES und WILLIAMSON [1994], S. 152.

205 Ibid., S. 153.

ties unter anderem auch die Bildung funktionaler Fähigkeiten, gründen sich letztere doch, wie bereits erwähnt, häufig auf die im Zeitablauf kumulierte Erfahrung in den einzelnen Bereichen.

3.1.3 Hypothesen über die Eigenschaften strategischer Ressourcen

Für den ressourcenorientierten Ansatz der Unternehmung verkörpern jedoch nur jene Ressourcen strategische Erfolgsfaktoren, die dazu geeignet sind, nachhaltige Wettbewerbsvorteile zu begründen:

> "A firm is said to have a *sustained competitive advantage* when it is implementing a value creating strategy not simultaneously being implemented by any current or potential competitor *and* when these other firms are unable to duplicate the benefits of this strategy."[206]

Damit die aufgrund strategischer Erfolgspotentiale realisierten ökonomischen Renten nicht durch die Attraktion neuer Wettbewerber aufgezehrt werden, muß die asymmetrische Verteilung der Ressourcen dauerhaft erhalten bleiben bzw. zu erhalten sein. Die den strategischen Wettbewerbsvorteilen zugrundeliegenden Ressourcen müssen daher bestimmte, die Heterogenität von Unternehmungen bewahrende Charakteristika aufweisen. Als Voraussetzungen für die Gewährleistung von Nachhaltigkeit werden dabei in der Literatur vier zentrale Eigenschaften deutlich, welche im folgenden näher betrachtet werden sollen:[207]

---

206 BARNEY [1991], S. 102, Hervorh. i. Orig.

207 Die Pluralität der Begriffe und unterschiedlichen Systematisierungsansätze ist hier fast ebenso groß wie bei der Vokabel 'Ressource' selbst. So finden sich neben den im folgenden diskutierten vier Voraussetzungen wiederholt zwei weitere Ressourcenmerkmale, nämlich der Wert der Ressource selbst und die *Appropriability* der durch sie generierten Rente (vgl. AMIT und SCHOEMAKER [1993]; BARNEY [1986b] und [1991]; BLACK und BOAL [1994]; COLLIS und MONTGOMERY [1995]; GRANT [1991]; ZU KNYPHAUSEN [1993]; WERNERFELT

- Knappheit,
- Dauerhaftigkeit,
- Mangelnde Imitierbarkeit,
- Mangelnde Handelbarkeit.

Knappheit (*Scarcity*)

Vielfach liegt der Akzent zunächst auf der Frage nach der Knappheit der Ressourcen (*Scarcity*).[208] Zwar stellt die Tatsache, daß eine Ressource nur in begrenzter Menge verfügbar ist, eine notwendige Voraussetzung für die inhomogene Ausstattung von Unternehmen und somit für die Genese ökonomischer Renten[209] dar, denn

> "... wenn [die Ressource, Anm. d. Verf.] jeder hat, kann das Unternehmen sich von seiner Konkurrenz nicht absetzen."[210]

[1984]). In bezug auf die Frage nach der Werthaltigkeit bleibt festzuhalten, daß ein solches Kriterium nicht nur für Ressourcen mit strategischer Tragweite, sondern für jeden betrieblichen Faktor gelten muß, da Unternehmungen wohl kaum bereit sind, in die Akkumulation oder den Ausbau von Ressourcen zu investieren, die für sie keinen Wert besitzen. Vielmehr impliziert die Fokussierung des ressourcenorientierten Ansatzes auf die Erfolgspotentiale generierenden Unternehmensressourcen bereits deren Werthaltigkeit (vgl. WINTER [1995], S. 149). Dies bedeutet jedoch nicht, daß sich der Wert einer Ressource im Zeitablauf nicht verändern könne. Zu dieser Problematik vgl. daher ausführlich Kap. 3.4. Daß die Unternehmung, welche die Ressource nutzt, darüber hinaus in der Lage sein muß, die aus der Heterogenität resultierende Rente für sich zu vereinnahmen (*Appropriability*), kann ebenfalls lediglich als notwendige Bedingung für die Realisation ökonomischer Renten, nicht aber als hinreichend für deren Erhaltbarkeit aufgefaßt werden (zu diesem Thema siehe auch Fn. 145 auf S. 61).

208 Vgl. AMIT und SCHOEMAKER [1993], S. 39; BARNEY [1986b], S. 658 und BARNEY [1991], S. 106 f.; BLACK und BOAL [1994], S. 132; ZU KNYPHAUSEN [1993], S. 776; TAMPOE [1994], S. 68 f.

209 Vgl. dazu die obigen Ausführungen zur RICARDO- bzw. Monopolrente in Kap. 3.1.1.

210 ZU KNYPHAUSEN [1993], S. 776.

Doch ermöglicht eine *dauerhafte* Knappheit des relevanten Faktors auch den Fortbestand der gewünschten Asymmetrien. Dabei muß sich die fragliche Ressource oder Ressourcenkombination nicht einmal durch die Einmaligkeit ihrer Existenz auszeichnen; vielmehr genügt es, daß die Summe der im Besitz der Ressource bzw. des Ressourcenbündels befindlichen Unternehmen kleiner ist (und bleibt) als die für einen Markt mit vollkommener Konkurrenz benötigte Anzahl.[211]

Dauerhaftigkeit (*Durability*)

Ein weiteres Ressourcenmerkmal, das die Persistenz strategischer Wettbewerbsvorteile maßgeblich beeinflußt, läßt sich mit dem Begriff der Lebensdauer umschreiben (*Durability*). Wie materielle Einsatzgüter unterliegen auch Unternehmensressourcen einem zeitlich bedingten Wertverlust. Während die Nutzungsdauer einiger Ressourcen (z.B. die von Patenten[212]) exogen determiniert ist, kann diese bei anderen strategischen Faktoren mit Hilfe von 'Instandhaltungsinvestitionen' verlängert werden.[213] Die Treue von Kunden gegenüber einem Unternehmen oder einer Marke beispielsweise nimmt im Zeitablauf ab, da Nachfrager keine stationäre Masse darstellen und der Markenname bzw. gute Ruf des Unternehmens mit der Zeit aus dem Bewußtsein der Verbraucher schwinden, sofern man dieser Entwicklung nicht aktiv, d.h. über fortgesetzte Investitionen entgegenwirkt.[214] Für die Nachhaltigkeit ist zudem die Wahrscheinlichkeit einer artifiziellen Verkürzung der natürlichen Lebensdauer durch Substitution (*Substitutability*) von großer Bedeutung:

---

211 BARNEY [1991], S. 107.

212 Vgl. MARKIDES und WILLIAMSON [1994], S. 152.

213 Vgl. AMIT und SCHOEMAKER [1993], S. 39.

214 Vgl. DIERICKX und COOL [1989], S. 1508 bzw. GRANT [1991], S. 124. Empirische Ergebnisse zur Lebenserwartung von immateriellen Ressourcen finden sich z.B. bei HALL [1993], S. 615 f.

> "[T]he *availability of substitute resources* will tend to depress returns to the holders of a given resource."[215]

Konkurrenten dürfen folglich keine Faktoren mit gleichwertiger Leistung besitzen oder über andere Optionen verfügen, mit denen sich eine identische Wirkung erzielen ließe. Dabei muß jedoch einschränkend akzeptiert werden, daß durch eine Revolution der Branchenstruktur, d.h. durch unerwartete, tiefgreifende Veränderungen in der Unternehmensumwelt, welche möglicherweise von Wettbewerbern bewußt initiiert sind, jeder strategische Erfolgsfaktor zwangsläufig obsolet werden kann.[216]

Mangelnde Imitierbarkeit (*Inimitability*)

Die mangelnde Imitierbarkeit (*Inimitability*) einer Ressource be- bzw. verhindert den Erfolg von Versuchen seitens der Konkurrenz, durch Reproduktion, d.h. auf dem Wege der Nachahmung eine äquivalente Ressourcenposition intern zu entwickeln.[217] Als eine von mehreren möglichen *Barriers to imitation*[218] wird hierbei die auf natürlichen Gegebenheiten und rechtlichen Vorschriften beruhende Einmaligkeit von Ressourcen (*Physical uniqueness*) genannt. Nimmt man z.B. die

---

215 WERNERFELT [1984], S. 173, Hervorh. i. Orig. Ähnlich auch AMIT und SCHOEMAKER [1993], S. 38 f.; COLLIS [1994], S. 147; COLLIS und MONTGOMERY [1995], S. 123; ZU KNYPHAUSEN [1993], S. 776; MARKIDES und WILLIAMSON [1994], S. 152 und PETERAF [1993], S. 182.

216 Vgl. BARNEY [1991], S. 103. Zu diesen sog. SCHUMPETERschen Schocks vgl. auch BARNEY [1986c], S. 795 ff. Grundlegend dazu SCHUMPETER [1946] unter dem Begriff der "schöpferische[n] Zerstörung" (ibid., S. 138) oder auch SCHUMPETER [1952], S. 93 ff. Für die damit verbundenen Risiken siehe Kap. 3.1.4.

217 Vgl. AMIT und SCHOEMAKER [1993], S. 38 f.; BARNEY [1986b], S. 658; COLLIS und MONTGOMERY [1995], S. 120; FIOL [1991], S. 193; PRAHALAD und HAMEL [1990], S. 84; PETERAF [1993], S. 182; Rasche [1993], S. 425; REED und DEFILLIPPI [1990], S. 88 ff.; RÜHLI [1994], S. 46; TAMPOE [1994], S. 68.

218 Vgl. REED und DEFILLIPPI [1990]. RUMELT [1984] bzw. [1987] spricht von sog. "isolating mechanisms".

einzigartige geographische Lage betrieblicher Immobilien[219], so gibt es *de facto* keine Möglichkeit, diese nachzubilden. Ihre Nutzung ist zudem durch Verfügungsrechte (*Property rights*) auf den Eigentümer beschränkt, wodurch ein Kopieren auch *de iure* ausgeschlossen wird. Dies gilt gleichermaßen für alle Fälle, in denen beispielsweise Patente, Lizenzen oder sonstige vertragliche Vereinbarungen bzw. Rechte[220] die Imitation einer Ressource unmöglich machen.

Schützen keine *Property rights* die Ressourcenposition vor den Angriffen der Wettbewerber, dann können Nachahmungsbemühungen dennoch an der Unkenntnis der zugrundeliegenden Ursache-Wirkungs-Zusammenhänge, an der sog. *Causal ambiguity* scheitern. Dieses auf LIPPMAN und RUMELT [1982] zurückgehende Konzept erklärt die Verteidigungsfähigkeit intraindustrieller Performancedifferenzen mit der Ungewißheit, die bei der Identifikation der strategischen Erfolgsfaktoren anderer Unternehmungen oder bei der Suche nach Wegen zu ihrer Reproduktion besteht:

> "It has often been noted that the considerable uncertainty connected with major commercial ventures and *de novo* entry will produce a dispersion in the results obtained by different firms even when the initial endowments are equivalent. (...) [I]f the original uncertainty stems from a basic ambiguity concerning the nature of the causal connections between actions and results, the factors responsible for performance differentials will resist precise identification. Under such conditions the uncertainty attaching to entry and imitative attempts persists and complete homogeneity is unattainable."[221]

---

219 Vgl. BARNEY [1986b], S. 659 und BARNEY [1991], S. 108; COLLIS [1994], S. 146

220 So auch bei HALL [1993], S. 610; LIPPMAN und RUMELT [1982], S. 420; PETERAF [1993], S. 182; TAMPOE [1994], S. 68.

221 LIPPMAN und RUMELT [1982], S. 418, Hervorh. i. Orig. Ähnlich COLLIS [1994], S. 144 ff.; COLLIS und MONTGOMERY [1995], S. 122; GRANT [1991], S. 125; PETERAF [1993], S. 182; REED und DEFILLIPPI [1990], S. 89 f.; TAMPOE [1994], S. 68. Zu beachten ist jedoch, daß die von LIPPMAN und RUMELT [1982] geforderte strenge Form der *Causal ambiguity*, bei der sogar das Unternehmen, wel-

Die Hintergründe eines solchen fehlenden Verständnisses für die Stärken der Konkurrenz sind vielfältig. Häufig erschwert die Komplexität der Ressourcenbündel (*Complexity*) die Interpretation der kausalen Zusammenhänge: hiermit sind sowohl die innerhalb bzw. die zwischen materiellen und immateriellen Faktoren bestehenden Interdependenzen angesprochen als auch die Tatsache, daß vor allem organisationale Fähigkeiten das Ergebnis vielschichtiger sozialer Interaktionen sind.[222] Darüber hinaus stellen der implizite Charakter vieler strategisch bedeutsamer Ressourcen (*Tacitness*) sowie ihre Spezifität (*Specifity*) oftmals Hindernisse für das Erkennen der Verbindungen zwischen den Ressourcen und dem Erfolg von Mitbewerbern dar.[223] Auch die zeitliche Dimension eines Prozesses der Ressourcenakkumulation und seine "Historizität"[224], d.h. die dabei auftretenden dynamischen Verflechtungen[225], können eine Imitation durch andere Unternehmen verhindern (*Path dependency*):

---

ches in den Genuß der ökonomischen Renten gelangt, nicht in der Lage ist, die dafür verantwortlichen Ressourcen zu benennen, keine Wettbewerbsvorteile begründen kann: "Where ambiguity is so great that managers do not understand intrafirm causal relationships, (...) it may be impossible to utilize competencies for advantage." (REED und DEFILLIPPI [1990], S. 90 f.); denn "[f]irms owning these resources have no informational advantage over other firms and little ability to leverage these resources further since there is uncertainty regarding their dimensions and/or their value." (PETERAF [1993], S. 187).

222 Vgl. BARNEY [1991], S. 110 f.; FIOL [1991], S. 193; FOSS und ERIKSEN [1995], S. 55; GRANT [1991], S. 123; REED und DEFILLIPPI [1990], S. 89 ff. ZU KNYPHAUSEN [1993] veranschaulicht diesen Zusammenhang an dem GILBERT [1989] entnommenen Beispiel der XEROX CORPORATION (vgl. ZU KNYPHAUSEN [1993], S. 783). Die innerhalb von Ressourcenkombinationen herrschenden Wechselwirkungen sind gleichzeitig dazu geeignet, den Wert eines Faktorbündels zu steigern; man spricht dabei auch von der Komplementarität (*Complementarity*) der Ressourcen, von "co-specialized assets" (vgl. TEECE [1986]): "[T]he strategic value of each asset´s relative magnitude may increase with an increase in the relative magnitude of other *Strategic Assets*." (AMIT und SCHOEMAKER [1993], S. 39, Hervorh. i. Orig.; näheres dazu auch auf S. 85 dieser Arbeit).

223 Vgl. FIOL [1991], S. 193; REED und DEFILLIPPI [1990], S. 89 ff.

224 ZU KNYPHAUSEN [1993], S. 776.

225 Gemeint sind damit sog. "asset mass efficiencies" (DIERICKX und COOL [1989],

> "[S]trategic asset *stocks* are *accumulated* by choosing appropriate time paths of *flows* over a period of time. (...) A crucial point (...) is that *while flows can be adjusted instantaneously, stocks cannot.* It takes a consistent pattern of resource flows to accumulate a desired change in strategic asset stocks. (...) Whether imitation of a particular asset stock will be time consuming, costly, or both depend on the relative ease with which rival firms are able to accumulate a similar asset stock of their own."[226]

Dies trifft primär auf immaterielle Ressourcen zu wie z.B. das Unternehmensimage[227], die Kultur[228] oder andere organisationale Fähigkeiten[229]. Dabei ist das Argument der Zeitlichkeit strategischer Wettbewerbsvorteile nach BARNEY [1991] keinesfalls eine Erfindung des ressourcenorientierten Ansatzes der Unternehmung, sondern vielmehr ein sowohl in der strategischen Forschung als auch in der Mikroökonomie seit langem diskutiertes Konzept zur Erklärung des langfristigen Erfolges von Unternehmungen.[230]

S. 1507), von denen Unternehmen profitieren, die bereits über eine entsprechende Ressourcenbasis verfügen: Der Erhalt bzw. der Aus- und Aufbau einer Ressourcenposition wird dadurch erleichtert, daß in der Unternehmung bereits ein Bestand der betreffenden Ressource aus der Vergangenheit existiert. Ähnlich auch HALL [1993], der die dadurch ausgelöste Heterogenität von Unternehmungen als "positional differential" bezeichnet: "Positional differential is a consequence of previous actions and decisions. In some cases the defendability of one's position may reside in the length of time it would take a competitor to achieve one's position." (ibid., S. 610).

226 DIERICKX und COOL [1989], S. 1506 f., Hervorh. i. Orig. Vgl. z.B. auch AMIT und SCHOEMAKER [1993]; BARNEY [1989]; COLLIS und MONTGOMERY [1995]; RASCHE [1993].

227 Vgl. HALL [1991], S. 44; HALL [1992], S. 138 sowie WERNERFELT [1984], S. 174.

228 Vgl. BARNEY [1986b], S. 661 und BARNEY [1991], S. 108 sowie BLEICHER [1992], Sp. 2244; SCHREYÖGG [1992], Sp. 1526; ULRICH [1993], Sp. 4352.

229 Vgl. COLLIS [1994], S. 144 ff.; GRANT [1991], S. 123; PRAHALAD und HAMEL [1990], S. 85; KLEIN ET AL. [1991], S. 2; LEONARD-BARTON [1994], S. 258; PETERAF [1993], S. 183. Ähnlich KOGUT und ZANDER [1992]; ROSEN [1972] bzw. ZANDER und KOGUT [1995].

230 Vgl. BARNEY [1991], S. 108 und die dort zitierte Literatur.

Unter dem Begriff der *Economic deterrence* werden schließlich all jene Ursachen subsumiert, die Wettbewerber aus finanziellen Gründen dazu veranlassen, von Nachahmungsversuchen Abstand zu nehmen. Die Höhe einmaliger Anschaffungs- oder Herstellungskosten sowie die im Zeitablauf kumulierten Investitionsausgaben für die Entwicklung bestimmter Ressourcen bzw. Ressourcenbündel können Asymmetrien schaffen, *Resource-position barriers*, die von der Konkurrenz mangels Finanzkraft gar nicht oder aber nur unter Hinnahme überproportionaler Kosten und Risiken zu überwinden sind.[231] Hierbei spielt das Problem der *Sunk costs* eine entscheidende Rolle:

> "Während (...) [ein potentieller Konkurrent, Anm. d. Verf.] die Investitionsentscheidung noch vor sich hat und die damit entstehenden Kosten in seinem Kalkül berücksichtigen muß, hat (...) [ein *First-mover*, Anm. d. Verf.] die Investition eben irreversibel hinter sich und muß sie bei künftigen Entscheidungen entsprechend auch nicht mehr einrechnen."[232]

Mangelnde Handelbarkeit (Limited tradability)

Neben den genannten Einschränkungen bezüglich der Imitierbarkeit strategischer Ressourcen bildet ein Versagen der relevanten Faktor-

---

231 Vgl. COLLIS und MONTGOMERY [1995], S. 122 und GHEMAWAT [1986], S. 55. Beispiele für solche "sizable investment[s]" (COLLIS und MONTGOMERY [1995], S. 122) sind u.a. die bereits erwähnten Rationalisierungsinvestitionen von DUPONT bei der Titaniumdioxidproduktion (vgl. GHEMAWAT [1986], S. 56) oder die hohen Ausgaben für Infrastruktur durch WAL-MART (vgl. STALK ET AL. [1992], S. 58). Aktuell lassen sich diese um das von MOTOROLA geplante Hochgeschwindigkeitsdatennetz ergänzen, dessen Realisierung den Aufbau eines neuen Netzwerks von 72 Satelliten und damit ein Finanzierungsvolumen von rd. 6,1 Mrd. USD erfordert (o.V. [1996c]).

232 ZU KNYPHAUSEN [1993], S. 782 f. Schon YAO [1988] nennt *Sunk costs* als Voraussetzung für die Genese überdurchschnittlicher Gewinne: "In the absence of sunk costs, entry and exit become essentially costless and the market is 'contestible' so that noncompetitive pricing cannot be sustained." (ibid., S. 62). Grundlegend zu *Sunk costs* als Markteintrittsbarrieren vgl. BAUMOL ET AL. [1982], S. 290 ff.

märkte (*Limited tradability*) eine weitere notwendige Voraussetzung für die Verteidigungsfähigkeit ökonomischer Renten. Nicht alle Ressourcen sind im üblichen Sinne handelbar: Märkte für strategische Vermögensgegenstände[233] können unvollkommen oder sogar unvollständig sein.[234] Die Unvollkommenheit von Faktormärkten kann dabei ihren Ursprung in der Komplementarität von Ressourcen haben.[235] Die besondere Werthaltigkeit einiger Vermögensgegenstände resultiert aus ihrem gemeinsamen Einsatz mit anderen Ressourcen, wobei das Bündel *in toto* von größerer Bedeutung für den strategischen Erfolg des Unternehmens ist, als es seine einzelnen Komponenten in der Summe je wären.[236] Zwar ist es grundsätzlich vorstellbar, solche "co-specialized assets"[237] im Rahmen marktlicher Transaktionen einzeln zu übertragen, doch erscheint dies wenig sinnvoll, denn

> "... an element of a system may not be helpful if transferred without the rest of the system."[238]

---

233 Zum Konzept der "... strategic factor markets, i.e. markets where the resources necessary to implement a strategy are acquired ..." vgl. BARNEY [1986a], S. 1231.

234 Vgl. DIERICKX und COOL [1989], S. 1505 f.; GRANT [1991], S. 126; ZU KNYPHAUSEN [1993], S. 775 f. Daß die Unvollkommenheit der Faktormärkte eine notwendige Bedingung für die Genese 'supranormaler' Gewinne darstellt, postuliert auch BARNEY [1986a], S. 1232: "If strategic factor markets are perfectly competitive, then the full value of product market strategies will be anticipated when the resources necessary to implement these strategies are acquired, and firms will only be able to obtain normal returns from acquiring strategic resources and implementing strategies. Firms can only obtain greater than normal returns from implementing product market strategies when the cost of resources to implement those strategies is significantly less than their economic value, i.e., when firms create or exploit competitive imperfections in strategic factor markets." Grundlegend dazu auch TEECE [1980] bzw. [1982].

235 Vgl. dazu auch die Anmerkungen zur *Complexity* auf S. 53 dieser Arbeit.

236 Zur Komplementarität vgl. AMIT und SCHOEMAKER [1993], S. 39; BLACK und BOAL [1994], S. 133; DIERICKX und COOL [1989], S. 1508; KLEIN ET AL. [1991], S. 2; TAMPOE [1994], S. 68; TEECE und PISANO [1994], S. 546.

237 Vgl. TEECE [1986].

238 WINTER [1987], S. 173.

Imperfektionen manifestieren sich des weiteren in der Ineffizienz der Informationsversorgung auf dem betreffenden Markt. Da es sich bei den auf diesen Märkten gehandelten Gütern um Inputs für die Umsetzung strategischer Optionen handelt, sind die mit den Gütern verbundenen Wertvorstellungen vergleichsweise stark von den asymmetrischen Erwartungen der einzelnen Unternehmen über die indeterministische Zukunft beeinflußt und weisen folglich erhebliche Varianzen auf.[239] Bewertungsprobleme ergeben sich aber auch als Folge der *Causal ambiguity* von Ressourcen. Unklarheit über das wahre strategische Potential eines Faktors erschwert eine realistische Beurteilung seiner Eignung zur Realisation von Wettbewerbsvorteilen und steht somit einer adäquaten Wertfindung entgegen.[240] Wurden *Sunk costs* bereits als Hemmnisse für eine Imitation strategischer Ressourcen charakterisiert, so können sie darüber hinaus deren Handelbarkeit beeinträchtigen. Unternehmens- bzw. ressourcenspezifische Investitionen würden Faktorbesitzern und Faktornutzern bei einem eventuellen Wechsel einmalig zusätzliche Kosten, sog. *Switching costs*, verursachen. Sie verhindern damit die auf vollkommenen Faktormärkten herrschende kostenfreie Übertragbarkeit von Ressourcen.[241] Bei den aufgezeigten Marktimperfektionen handelt es sich also letztlich um Transaktionskosten, die aufgrund von Komplementarität, unvollständigen Informationen und unternehmensspezifischen Investitionen entstehen und dadurch die Mobilität strategischer Erfolgsfaktoren reduzieren.[242]

Noch stärker geschützt sind Wettbewerbsvorteile, die auf solchen Ressourcen basieren, für die überhaupt keine Märkte vorhanden sind.

---

239 Vgl. BARNEY [1986a], S. 1233 f.; BARNEY [1989], S. 1512; BLACK und BOAL [1994], S. 132 f.

240 Vgl. GRANT [1991], S. 126. Zur Bewertungsproblematik siehe auch DIERICKX und COOL [1989], S. 1505; HALL [1993], S. 607 und PETERAF [1993], S. 183.

241 Vgl. MONTGOMERY und WERNERFELT [1988]. Ähnlich auch PORTER [1988], S. 33.

242 So nennt z.B. WILLIMASON [1979] als Prämissen für die Signifikanz von Transaktionskosten: Spezifität, Komplementarität und Informationsineffizienz.

Auch hier läßt sich die Unkenntnis der Ursache-Wirkungs-Beziehungen zwischen Ressourcen einerseits und strategischem Erfolg andererseits (*Causal ambiguity*) als auslösende Faktoreigenschaft anführen. Dies trifft insbesondere auf immaterielle Ressourcen zu, die "... in die Tiefenstrukturen der organisatorischen Lebenswelt eingeschrieben ..."[243] sind, und sich infolge ihres impliziten Charakters sowie der Komplexität der dahinterstehenden sozialen Interdependenzen einem marktlichen Transfer entziehen. LIPPMAN und RUMELT [1982] erklären dies wie folgt:

> "Ambiguity (...) acts as a powerful block on both imitation and factor mobility. (...) Factors of production cannot become mobile unless they are known."[244]

Aus diesem Grund lassen sich für Faktoren wie die Reputation eines Unternehmens, die daraus resultierende Kundentreue usw. auch keine Eigentumsrechte definieren. Letztere aber stellen eine notwendige Voraussetzung für die Existenz von Märkten dar.[245] Schließlich kann die extreme Knappheit eines strategischen Vermögensgegenstandes dazu führen, daß *First-mover* ihren Vorsprung nutzen, um den Markt 'leerzukaufen'. In diesem Sinne trägt *Scarcity* als Ressourcenmerkmal zum Untergang strategischer Faktormärkte bei.[246]

Zusammenfassend läßt sich damit festhalten: Der ressourcenorientierte Ansatz der Unternehmung liefert theoretisch fundierte Argumente für den Stellenwert von Ressourcen im Zusammenhang mit

---

243 ZU KNYPHAUSEN [1993], S. 776.

244 LIPPMAN und RUMELT [1982], S. 420. Vgl. dazu AMIT und SCHOEMAKER [1993], S. 39; COLLIS [1994], S. 146; DIERICKX und COOL [1989], S. 1505 f.; KLEIN ET AL. [1991], S. 2; PETERAF [1993], S. 183 bzw. RASCHE [1993], S. 426. So auch TEECE [1982], S. 51: "[T]ransfer may fail by reason of non-recognition."

245 Vgl. PETERAF [1993], S. 183.

246 Vgl. BARNEY [1986a], S. 1235. Ähnlich GHEMAWAT [1986], S. 55; WERNERFELT [1984], S. 173.

der Erlangung strategischer Wettbewerbsvorteile. Strategischer Erfolg, d.h. die Genese ökonomischer Renten durch Realisation einer bestimmten Strategievariante, erscheint aus ressourcenorientierter Sicht als eine Funktion der relativen Stärken einer Unternehmung und der Erfolgsfaktoren in ihrer Umwelt (vgl. Abb. 3 - 3). Ob es einer Unternehmung gelingt, sich am Markt gemäß einer der hier in Anlehnung an KIRSCH ET AL. [1983] bzw. JANSSEN [1997] exemplarisch zugrunde gelegten Typen strategischer Grundhaltungen[247] z.B. als Reagierer, als Innovator, als Verteidiger oder als Risikostreuer etc. zu positionieren, hängt von der Kompatibilität des die Unternehmung konstituierenden Ressourcenbündels in bezug auf die in ihrer Umwelt vorhandenen Rahmenbedingungen ab. Die auf einem solchen *Fit* zwischen System und Umwelt basierenden Wettbewerbsvorteile und die durch sie generierten überdurchschnittlichen Gewinne gelten jedoch nur dann - als nachhaltig, d.h. als dauerhaft erhaltbar, wenn die dafür verantwortlichen Faktoren bestimmte Eigenschaften erfüllen. Einzig Ressourcen, die knapp, weder substituier- bzw. imitierbar noch auf Märkten frei zu erwerben sind, verfügen über das Potential, die Attraktion neuer Konkurrenten und die dadurch ausgelöste Erosion ökonomischer Renten abzuwenden.

---

[247] Die bei KIRSCH ET AL. [1983] diskutierten fünf Strategievarianten (Reagierer, Verteidiger, Innovator, Risikostreuer sowie Prospektor) stellen letztlich eine Erweiterung der von MILES und SNOW [1978] entwickelten Differenzierung strategischer Positionierungen dar (ibid., S. 28 ff.): Im Gegensatz zum Innovator, der durch Handlungsschnelligkeit die Vorteile einer *First-mover*-Strategie zu realisieren versucht, ist der Reagierer auf schnelle Imitation ausgerichtet. Dagegen nimmt der Verteidiger in bezug auf Veränderungen eine konservative Grundhaltung ein, indem er sein Leistungsprogramm stark fokussiert. Risikostreuung und Prospektion wiederum zielen beide auf den Ausbau des angebotenen Leistungsspektrums ab. Während der Risikostreuer dies jedoch durch eine Ausdehnung des Leistungsbündels erreicht, begnügt sich der Prospektor lediglich mit der Realisation neuartiger Kombinationsmöglichkeiten im Rahmen vorhandener Kompetenzen. Die Strategie der Agilität hingegen entspricht der "simultane[n] Verfolgung von Schnelligkeits- *und* Vielseitigkeitsvorteilen" (JANSSEN [1997], S. 100, Hervorh. i. Orig.). Zur Agilität vgl. auch GOLDMAN ET AL. [1995].

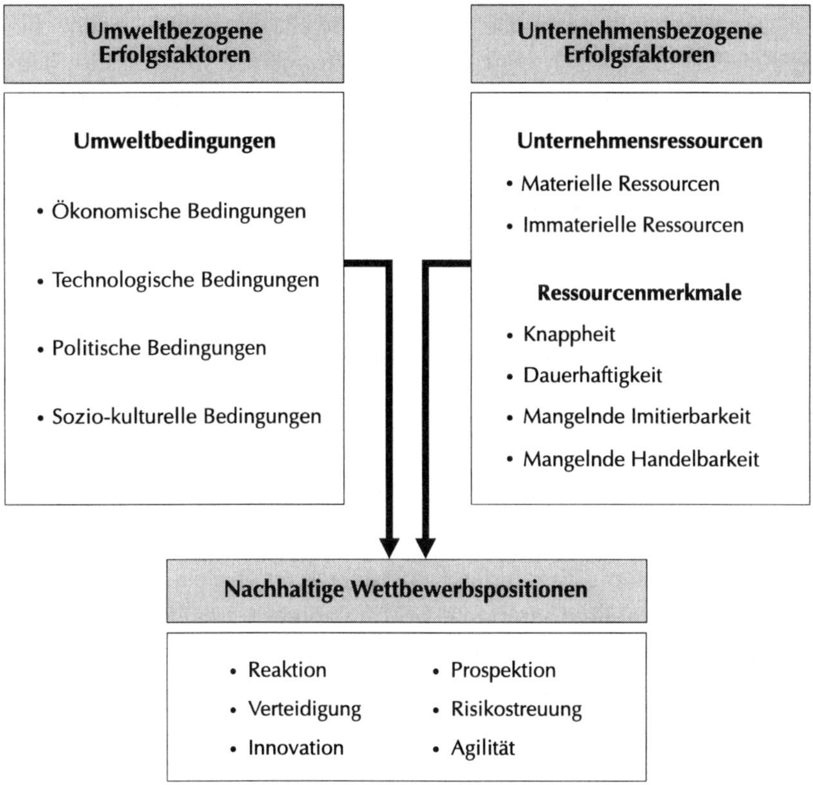

Abb. 3 - 3: Bezugsrahmen zur ressourcenorientierten Analyse nachhaltiger Wettbewerbspositionen

3.1.4 Zum Verhältnis zwischen Ressourcen und strategischer Mobilität

Die bisherigen Ausführungen zu einer ressourcenorientierten Wettbewerbskonzeption konzentrierten sich ausschließlich auf den *positiven* Einfluß von Ressourcen für die Generierung ökonomischer Renten. Dies entspricht der in der Forschung zum ressourcenorientierten Ansatz mehrheitlich vertretenen Interpretation der Vokabel 'Ressource' als Wettbewerbsvorteile begründende Stärke.[248] Eine solche Begriffsauslegung jedoch engt die Perspektive einer strategischen Unternehmensführung unzulässigerweise ein, indem sie Fragen nach der Reversibilität und zeitlichen Verzögerbarkeit strategischer Entscheidungen als Reaktionen auf unsichere Umweltentwicklungen (*strategische Mobilität*) ausklammert.[249] Sie steht darüber hinaus in unnötigem Widerspruch zu der ursprünglich viel weiteren Definition strategischer Ressourcen durch WERNERFELT [1984], der diese generell als Determinanten strategischer Erfolgspotentiale begreift und damit der originären Wertneutralität des Terminus Erfolgsfaktor[250] Rechnung trägt:

> "By a resource is meant anything which could be thought of as a *strength or weakness* [Hervorh. d. Verf.] of a given firm."[251]

Ein Ansatz, der sich mit den Konsequenzen von Ressourcen für die strategische Mobilität von Unternehmungen auseinandersetzt, findet sich bei GHEMAWAT [1991], der im wesentlichen zwei Problembereiche eines sogenannten strategischen *Commitments*, einer bindenden Wirkung strategischer Entscheidungen, identifiziert:[252]

- **Lock-in**

  Stellen Ressourcen die Grundlage für die Erschließung von Wettbewerbsvorteilen dar, so konstituiert der einer Unternehmung aktuell zur Verfügung stehende Ressourcenbestand gleichsam ih-

---

248 Vgl. WINTER [1995], S. 149.

249 Vgl. JANSSEN [1997], S. 105.

250 So kennzeichnet der Begriff des Erfolgsfaktors (z.B. in der Lesart von LEARNED ET AL. [1965] bzw. ANDREWS [1971]; siehe oben Kap. 3.1.3) zunächst ganz allgemein eine Größe als erfolgsbeeinflussend, ohne daß dies notwendig eine positive Korrelation zwischen dem Erfolg und der Ausprägung der untersuchten Einflußgröße implizieren würde.

251 WERNERFELT [1984] , S. 172.

252 Vgl. hierzu und zum folgenden GHEMAWAT [1991], S. 13 ff.

ren strategischen Handlungsrahmen. Die Unternehmung ist folglich nicht frei in der Wahl neuer Strategien; vielmehr determiniert die strategische Vergangenheit der Unternehmung ihre Zukunft, indem sie über den Ressourcenvorrat den künftigen Aktionsradius limitiert. Eine besondere Gefahr erwächst immer dann, wenn revolutionäre Veränderungen der Umweltbedingungen die mit einem vorhandenen Faktorbündel realisierbaren Strategien obsolet werden lassen.[253] Ehemals wertvolle Ressourcen degenerieren zu sog. "... sticky factors ..."[254], die sich nunmehr als Hindernis bei der Ergreifung alternativer strategischer Optionen erweisen: Die Unternehmung ist in ihrer Ressourcenposition 'gefangen'.[255]

- **Lock-out**

  Versäumt es eine Unternehmung hingegen, die zur Umsetzung bestimmter Strategien erforderlichen Ressourcen zu entwickeln, oder gibt sie Ressourcenpositionen vorzeitig auf, so besteht die Gefahr, zu einem späteren Zeitpunkt durch die inzwischen entstandenen, als Mobilitätsbarrieren wirkenden Faktorasymmetrien von der Realisation einer strategischen Alternative ausgeschlossen zu sein.

Als maßgebliche Ursachen für diese beiden Ausprägungen eines strategischen *Commitments* lassen sich die in Kap. 3.1.3 diskutierten Ressourceneigenschaften anführen.[256] Neben der mangelnden Handelbarkeit strategischer Vermögensgegenstände, die im Falle eines

---

253 Zu diesen sog. SCHUMPETERschen Schocks vgl. oben Kap. 3.1.3.

254 GHEMAWAT [1991], S. 18.

255 LEONARD-BARTON [1994] spricht in diesem Zusammenhang von sog. *Core rigidities*, der "... down side [of core capabilities, Anm. d. Verf.] that inhibits innovation ..." (ibid., S. 111).

256 GHEMAWAT [1991] kategorisiert diese ebenso wie die Phänomene eines *Lock-ins* bzw. *Lock-outs* als Ursachen eines *Commitments* (vgl. ibid., S. 17 ff.), vermischt u.E. dabei aber Ursachen und Erscheinungsformen der Persistenz von Strategien.

Lock-outs eine diskontinuierliche Anpassung des Ressourcenbestandes verhindert, verzögert die Historizität (*Path dependency*) der Unternehmensressourcen den Erfolg kurzfristig initiierter Maßnahmen zur Transformation der *Sticky factors* als Antwort auf die oben beschriebenen abrupten Umfeldänderungen. *Sunk cost* wiederum treten nicht nur als Barrieren bei der verspäteten Umsetzung von Strategien in Erscheinung, sondern auch als Hemmnisse beim Strategieaustritt.[257] Zudem wirken auf der Ebene der individuellen sowie kollektiven Interaktions- und Perzeptionsmuster auftretende Trägheitsmomente (*Inertia*) prohibitiv auf die betriebliche Reaktionsfähigkeit:

> "There is (...) a widespread presumption that organizations are prone, for psychological and sociological reasons, to preserve the strategic status quo to a greater extent than they would if they were simply maximizing payoffs subject to the constraints of lock-in, lock-out (...). In other words, organizations are widely presumed to have a built-in bias toward inertia."[258]

Mit den genuinen Eigenschaften strategischer Ressourcen als Gefahrenquellen eines *Lock-ins* bzw. *Lock-outs* aber wird deutlich, daß die bei GHEMAWAT [1991] und in ähnlicher Weise bei LEONARD-BARTON [1994] problematisierten Mobilitätsbarrieren unerwünschte Folgeerscheinung und grundlegende Voraussetzung eines auf Faktorasymmetrien basierenden Wettbewerbs *zugleich* darstellen. Schließlich beschreibt der *Lock-out* der Konkurrenz eben jene Situation, in der eine Unternehmung ökonomische Renten aufgrund einer inhomogenen Ressourcenverteilung erwirtschaften kann; der *Lock-in* wiederum bildet die Grundlage für die Nachhaltigkeit einer solchen Rentengenerierung. Insofern als *Sticky factors* nicht nur die eigene Mobilität, sondern auch die von Mitbewerbern einschränken, wirken sie gleicher-

---

257 Zum Problem der *Exit barriers* vgl. CAVES und PORTER [1976]; DUHAIME und GRANT [1981]; S. 304 f.; HARRIGAN [1981] und [1982]; PORTER [1988], S. 324 ff. Ähnlich auch YAO [1988], S. 62.

258 GHEMAWAT [1991], S. 23. Vgl. RUMELT [1995], S. 103. Ausführlich Kap. 5.2.

maßen für und gegen den strategischen Erfolg einer Unternehmung.[259]

Wie JANSSEN [1997] zutreffend feststellt, läßt sich das Risiko eines *Lock-outs* grundsätzlich nicht vermeiden, da eine Bevorratung strategischer Faktoren von beliebiger Art und in jeder beliebigen Menge unrentabel wäre.[260] Für eine Vielzahl strategischer Ressourcen ist eine solche Vorratshaltung zudem schlichtweg unmöglich. So lassen sich beispielsweise konfligierende Fähigkeiten kaum innerhalb derselben Organisation entwickeln und dauerhaft erhalten. Da Wettbewerbsvorteile infolge der Umweltdynamik darüber hinaus in den meisten Fällen einem unumgänglichen Verfallsprozeß unterliegen, kann der erforderliche *Fit* zwischen System und Umwelt im Zeitablauf nur dann aufrechterhalten werden, wenn es Unternehmen gelingt, ihre Ressourcenbasis kontinuierlich weiterzuentwickeln.

Damit aber unterstreicht die Problematik der strategischen Mobilität den Stellenwert der Transformation strategischer Faktoren und betont dementsprechend die besondere Relevanz *dynamischer Fähigkeiten* für die *Sustainability* ökonomischer Renten. Neben den bisher im Mittelpunkt der Überlegungen stehenden Aufgaben des konzertierten Einsatzes sowie des Auf- und Ausbaus von Ressourcen gewinnt so der Ab- bzw. Umbau von Ressourcenbeständen als weiteres Entscheidungsfeld der strategischen Unternehmensführung an Bedeutung.

---

259 Ähnlich JANSSEN [1997], S. 110. Dies resultiert auch aus dem Verhältnis zwischen Eintritts- und Austrittsbarrieren: "Each source of entry barriers (...) can also erect a barrier to exit by going firms." (CAVES und PORTER [1976], S. 44).

260 Vgl. JANSSEN [1997], S. 105.

3.2 Konzeptualisierung von Postmerger-Management als Teil eines Managements der Evolution strategischer Ressourcen

Welche Implikationen ergeben sich nunmehr aus dem in Kap. 3.1 vorgestellten ressourcenorientierten Paradigma für die in der vorliegenden Arbeit zu behandelnden Integrationsprobleme bei der Fusion bzw. Akquisition von Unternehmungen? Nachdem einerseits als Hintergrund für Zusammenschlußaktivitäten eine grundsätzlich strategische Motivation identifiziert werden konnte (Kap. 2.3), und sich andererseits Wettbewerbsvorteile dem ressourcenorientierten Ansatz zufolge auf den Aus-, Auf-, Ab- und Umbau strategischer Ressourcenbündel gründen, erscheint es naheliegend, *Mergers & Acquisitions* unter dem Aspekt der Entwicklung und Transformation von Ressourcenkombinationen näher zu analysieren.

Schließt man die Möglichkeit der Substitution einer Ressourcenposition einmal annahmegemäß aus - die Analyse innovativer Strategien zur Perturbation der Unternehmensumwelt ist schließlich nicht Gegenstand der vorliegenden Untersuchung -, so reduzieren sich die Optionen zur Genese von Wettbewerbsvorteilen prinzipiell auf die Alternativen der internen Entwicklung bzw. Imitation strategischer Faktoren sowie ihres Zukaufs über entsprechende Faktormärkte; wie in Kap. 3.1.3 und 3.1.4 gezeigt, verhindern die Eigenschaften von Ressourcen mit strategischer Bedeutung jedoch grundsätzlich die Realisation eben dieser Möglichkeiten. Fusionen und Akquisitionen stellen in diesem Zusammenhang eine Ausnahme dar. Während Versuche einer internen Entwicklung der gewünschten Faktorbündel vor allem am erforderlichen Zeitaufwand scheitern, erlauben Unternehmensvereinigungen einen sprunghaften Auf- und Ausbau des Ressourcenpools. Dabei lösen *Mergers* nicht nur das Problem der zeitlichen Dimension des Ressourcenakkumulationsprozesses, indem sie jene unmittelbare Anpassung des Bestandes strategischer Vermögensgegenstände ermöglichen, die DIERICKX und COOL [1989] aufgrund der dynamischen

Verflechtungen bei der Bildung von Ressourcenbündeln als unrealistisch verwerfen.[261] Vielmehr gestattet der Erwerb einer ganzen organisatorischen Einheit darüber hinaus, den besonderen Anforderungen an den Transfervorgang strategischer Faktoren gerecht zu werden, welche sich aus den Merkmalen Komplementarität und Komplexität bzw. dem impliziten Charakter einiger Ressourcen ergeben. So wird beispielsweise die Übertragung systemischen Wissens, das sich wie bereits dargestellt den Transfermechanismen traditioneller Faktormärkte entzieht, erst durch den Übergang der Organisation *in toto* möglich. Und auch die Knappheit strategischer Inputs sowie ihr Schutz durch etwaige *Property rights* lassen sich durch Akquisitionen oder Fusionen überwinden.

Damit aber kann der Erwerb strategischer Ressourcen als spezifisches Motiv von Unternehmensvereinigungen interpretiert werden. Das Versagen *traditioneller* Faktormärkte und die Schwierigkeiten der internen Entwicklung strategischer Ressourcenpositionen schränken den betrieblichen Handlungsspielraum auf die Alternative, strategisch relevante Faktoren durch Akquisitionen oder Fusionen zuzukaufen, ein. Scheiden die Imitation einer Ressourcenposition sowie einer marktlichen Übertragung *einzelner*, zum Aufbau bestimmter Wettbewerbsvorteile erforderlicher Ressourcen aufgrund der in Kap. 3.1.3 aufgestellten Hypothesen über die Eigenschaften strategischer Vermögensgegenstände aus, so verbleibt als Ausweg letztlich nur der Transfer kompletter Faktorpakete durch Unternehmensvereinigungen.

In diesem Sinn begreift WERNERFELT [1984] den Markt für Unternehmenskontrolle auch als Ort, an dem Ressourcenbündel gehandelt werden.[262] Ebenso interpretieren TEECE und PISANO [1994] die Bedeu-

---

261 DIERICKX und COOL [1989], S. 1506 f. Vgl. dazu auch das Zitat auf S. 58 dieser Arbeit.

262 WERNERFELT [1984], S. 172. So auch BARNEY [1986a], S. 1232.

tung von *Mergers & Acquisitions* für den Transfer von Kernkompetenzen:

> "As indicated, the key feature of distinctive competences and capabilities is that there is not a market for them, except possibly through the market for business units or corporate control."[263]

Akquisitionen und Fusionen dienen demnach also zunächst einmal dem Auf- sowie Ausbau benötigter strategischer Ressourcen bzw. Ressourcenbündel. Dies entspricht auch der Sichtweise von HAMEL und PRAHALAD [1993], welche die *Akkumulation* einzelner Ressourcen sowie die *Komplettierung* des Ressourcenpools (*Balancing*) als Grundlagen einer nachhaltig verteidigungsfähigen Wettbewerbsposition betrachten.[264] Obgleich HAMEL und PRAHALAD [1993] im Rahmen ihrer Analyse primär auf Ressourcennutzungsmöglichkeiten im Kontext von Unternehmenskooperationen abstellen, lassen sich ihre Ausführungen problemlos auf den vorliegenden Sachverhalt der Unternehmensvereinigungen übertragen. Dies zum einen, weil Akquisitionen und Kooperationen letztlich nur Abschnitte eines Kontinuums betrieblicher Zusammenschlußformen darstellen (vgl. Kap. 1.1), zum anderen, weil sie selbst auf die Grenzen einer partnerschaftlichen Nutzung strategischer Inputs hinweisen, welche aus Konflikten um die Aufteilung der durch den Faktor generierten Rente erwachsen können.[265] Für eine innovative Unternehmung mit einer starken Kompetenz im Bereich der Forschung und Entwicklung besteht beispielsweise die Möglichkeit, durch eine Fusion oder Akquisition in den Be-

---

263 TEECE und PISANO [1994], S. 541. Vgl. auch MARKIDES und WILLIAMSON [1994], S. 153.

264 Vgl. dazu und zum folgenden HAMEL und PRAHALAD [1993]. Ähnlich bereits BADARACCO [1991]; REED und LUFFMAN [1986], S. 33 f. oder SINGH und MONTGOMERY [1987], S. 378 sowie für die Akkumulation v.a. DIERICKX und COOL [1989], S. 1506 f.

265 Vgl. dazu und zum folgenden HAMEL und PRAHALAD [1993], S. 82. So auch HAMEL [1990] und [1991]; ähnlich LYLES [1988].

sitz der zur Vermarktung ihrer Produkte erforderlichen Vertriebsfähigkeiten zu gelangen, ohne dabei das Risiko einzugehen, daß ein über das Marketing-Know-how verfügender Kooperationspartner den Großteil des Erfolges abschöpft.[266] Eine solche Vervollständigung des bestehenden Portfolios an Ressourcen durch Zusammenschluß mit einem anderen Unternehmen kann insbesondere in einer Situation des *Lock-outs* an Bedeutung gewinnen und ermöglicht z.B. beim Eintritt in neue Märkte - von Kapital als Engpaßfaktor betrieblichen Wachstums einmal abgesehen - die Überwindung potentieller Markteintrittsbarrieren:

> "[C]onsider the case of a firm planning entry into a new field where the outlay required to enter the field is high. (...) [The firm may, Anm. d. Verf.], through acquisition, obtain at one stroke not only existing plant and equipment (...), but also customers, good-will, sales channels, connections with suppliers, sometimes accepted brand names and peculiarly qualified and experienced personnel. Not only may the cost of developing these from the beginning be considerable, but the process takes time and adds to the uncertainty of the venture. (...) The firm, therefore, may be willing to pay handsomely for existing firms with the characteristics it requires."[267]

---

266 Und auch bei den von HAMEL und PRAHALAD [1993] propagierten technologischen Allianzen und *Joint ventures* bleibt unklar, worin der Vorteil für die als "teachers" in die Kooperation eintretenden Unternehmungen liegen soll, wenn die technologisch weniger fortgeschrittenen Partner in der Regel die alleinigen Gewinner sind: "Some companies are systematically better at borrowing [resources, Anm. d. Verf.] than others, (...) because they approach alliances and joint ventures as students not as teachers. (...) [The teachers, Anm. d. Verf.] are more likely to surrender their skills inadvertently than to internalize their partners´ skills. We might call this negative leverage!" (ibid., S. 81). Insofern ist es kaum verwunderlich, daß Allianzen empirisch gesehen oftmals doch in Akquisitionen oder Fusionen enden (vgl. dazu KOGUT [1991] oder auch KOGUT und ZANDER [1992], S. 395).

267 PENROSE [1959], S. 165 f. Ähnlich CHATTERJEE [1990], S. 781 und WESTON ET AL. [1990], S. 204.

Auf diese Weise aber wird nochmals deutlich, daß eine interne Entwicklung als "incremental approach"[268] nicht nur aus Zeitgründen versagen kann, sondern auch mit einem keineswegs trivialen Risiko und hohem finanziellen Aufwand verbunden ist - Nachteile, wie sie sonst in der Regel nur in bezug auf *Mergers & Acquisitions* problematisiert werden.[269]

Die Vorzüge von Unternehmensvereinigungen gegenüber der internen Expansion sind jedoch keineswegs rein hypothetischer Natur. Mit ihrer empirischen Untersuchung des Investitionsverhaltens japanischer Unternehmungen beim Eintritt in den US-amerikanischen Markt bestätigen HENNART und PARK [1993] die hier postulierten Bestrebungen, durch Fusionen oder Akquisitionen Zeitvorteile zu realisieren und Eintrittsbarrieren zu überwinden, welche sich vorrangig als fehlende komplementäre Inputs beschreiben lassen, "... which can be more cheaply acquired bundled in a going concern than in disembodied form on the market."[270] In ähnlicher Weise sind die Ergebnisse von HARRISON ET AL. [1991] auszulegen, die nachweisen,

---

268 TEECE [1982], S. 58.

269 Zum Risiko und Zeitaufwand internen Expansion vgl. BALAKRISHNAN [1988], S. 188 f.; HITT ET AL. [1990], S. 31; SINGH und MONTGOMERY [1987], S. 378 ff. Empirische Befunde dazu finden sich z.B. bei BIGGADIKE [1979]. Die hier dargelegten Argumente sind geeignet, das Interesse des Käuferunternehmens am Erwerb des Kaufobjektes zu erklären. Berechtigt erscheint jedoch die Frage, weshalb die Eigentümer des Kaufobjektes angesichts des Wertpotentials seiner Ressourcen bereit sein sollten, dieses zu veräußern, bzw. wie ein Preis zustandekommen kann, der nicht sämtliche ökonomischen Vorteile der Akquisition antizipiert und damit strenggenommen zunichte macht. Obgleich die Motivation des Objektes zum Verkauf nicht Gegenstand der vorliegenden Arbeit ist und sein kann, sei an dieser Stelle kurz erwähnt, daß sich eine inhomogene Erwartungsbildung bezüglich der Zukunft und letztlich auch divergierender Einsatzmöglichkeiten für die Ressourcen, die aus der heterogenen Ausstattung der Unternehmen mit komplementären Faktoren resultieren, in Bewertungsdifferenzen niederschlagen können (vgl. dazu die Ausführungen zum Entscheidungswert in Fn. 77, S. 36).

270 HENNART und PARK [1993], S. 1056 ff.

> "... that uniquely valuable synergy may be created when differences in resource allocations exist. (...) Acquiring firms may find better results by seeking unique or complementary synergy."[271]

Mergers repräsentieren somit spezifische strategische Manöver zur Erhaltung des *Fits* zwischen System (Ressourcenbündel) und Umwelt bzw. zu dessen Wiederherstellung bei abrupten Umfeldveränderungen. Akkumulation und Komplettierung der Ressourcenausstattung stellen in diesem Kontext allerdings lediglich zwei von insgesamt drei relevanten Aspekten dar. Als eine weitere Möglichkeit kommt nämlich die Übertragung der eigenen Ressourcen auf neue Produkt-Markt-Felder zum Zwecke einer besseren Auslastung bislang ungenutzter Kapazitätsreserven in Betracht (*extensive Nutzung*).[272] Das Ziel, die Nutzungsmöglichkeiten vorhandener Ressourcen zu verbessern, entspringt dabei letztlich der bekannten Teilbarkeitsproblematik, dem hohen investiven Aufwand beim Aufbau von Ressourcen sowie dem Fehlen von Grenzkosten beim Einsatz vor allem wissensbasierter Potentiale.[273] Dennoch reicht ein derartiges "Recycling"[274] strategischer Inputs als Motiv nicht aus, um Akquisitionen und Fusionen zu rechtfertigen, da eine Verwendung strategischer Vermögensgegenstände in neuen Geschäftsfeldern nicht notwendig mittels externen Wachstums erfolgen muß. Insofern bedarf es stets des zusätzlichen Anreizes, komplementäre strategische Faktoren zu erwerben oder bereits existierende Ressourcenbestände auszubauen. Gleichwohl scheint der Gedanke an potentielle Skalen- bzw. Verbundeffekte von Ressourcen geeignet, um den bilateralen Charakter des Transferprozesses hervor-

---

271 HARRISON ET AL. [1991], S. 183 ff.

272 Für empirische Belege hierzu vgl. wiederum HENNART und PARK [1993], S. 1057: "[S]ome of the investor's firm-specific advantages can be successfully combined with going concerns, and therefore leveraged through acquisitions."

273 Vgl. hierzu auch CHATTERJEE [1990], S. 781 sowie SALTER und WEINHOLD [1979], S. 42 und insbesondere TEECE [1980], S. 226 ff. bzw. [1982], S. 47 ff.

274 HAMEL und PRAHALAD [1993], S. 82. Ähnlich auch COLLIS und MONTGOMERY [1995], S. 126 ff.; KOGUT und ZANDER [1992], S. 395; STALK ET AL. [1992], S. 65 ff.

zuheben: Schließlich steht dabei nicht wie bei den Zielen Akkumulation und Komplettierung im eingangs diskutierten Sinne die Ressourcenübertragung vom erworbenen auf das erwerbende Unternehmen im Vordergrund, als vielmehr umgekehrt die vom Käufer auf das Kaufobjekt. Für die folgenden Ausführungen soll allerdings das Motiv der extensiven Nutzung nicht getrennt behandelt, sondern unter die Begriffspaare Komplettierung und Akkumulation subsumiert werden, die dementsprechend sämtliche, d.h. auch wechselseitige Vorgänge einer Ergänzung und Erweiterung von Ressourcenbündeln umfassen.

Betrachtet man nunmehr das Verhältnis zwischen den genannten ressourcenorientierten Motiven und den in Kap. 2 skizzierten Ergebnissen bisheriger Forschungsarbeiten zu den Ursachen von *Mergers & Acquisitions*, dann wird deutlich, daß sowohl die meisten der konzeptionell orientierten als auch der empirisch-induktiven Erklärungsansätze durchaus kompatibel sind mit den hier identifizierten Zielen der Akkumulation und Komplettierung strategischer Vermögensgegenstände: So wurde auf die Bedeutung von *Economies of scale* bzw. *Economies of scope* bereits im Zusammenhang mit der extensiven Nutzung strategischer Faktoren hingewiesen. Die in Kap. 3.1.3 diskutierten Hypothesen über die Eigenschaften strategisch bedeutsamer Unternehmensressourcen wie *Path dependency* oder *Economic deterrence* sowie der Stellenwert immaterieller Vermögensgegenstände verdeutlichen zudem das strategischen Faktoren anhaftende Potential für eine Nutzung von Skalen- oder Verbundeffekten. Auch das Motiv, mit Hilfe von *Mergers* Wachstumschancen wahrzunehmen, deckt sich mit der oben diskutierten Überwindung von *Resource-position barriers* durch interne Expansion. Dabei gelingt es dem ressourcenorientierten Ansatz, die im Rahmen traditioneller Zielforschung unterstellte Realisation nicht näher definierter Zeit- und Kostenvorteile hinsichtlich der betroffenen Objektkategorien zu präzisieren und sie darüber hinaus auf ein umfassendes theoretisches Fundament zu stellen. Der Austausch ineffizienter Führungsorgane wiederum läßt sich als Komplettierung des Kaufobjekts mit dringend benötigten 'Managementfähigkeiten' individueller und systematischer Natur interpretieren. Ähnlich wie das Ziel des Erwerbs unterbewerteter Vermögensgegenstände kann er jedoch auch als Vervollständigung der eigenen Kapazitätsreserven an 'Managementfähigkeiten' um die übrigen zur Strategieimplementierung erforderlichen materiellen bzw. immateriellen Faktoren gewertet werden.

Ein Erwerb von Marktanteilen zur Erzielung von Marktmacht läßt sich dagegen auf die Akkumulation der immateriellen Ressource Kundenbeziehungen oder sogar deren materieller Äquivalente (z.B. ein Filialnetz) zurückführen. Am offensichtlichsten aber manifestiert sich die Konsistenz des ressourcenorientierten Ansatzes mit den Zielen traditioneller Forschung bei dem empirisch eruierten Motiv des Know-how-Transfers, das auf sämtliche wissensbasierte Vermögensgegenstände Bezug nimmt. Und selbst das (umstrittene) Ziel einer Risikoreduktion durch Realisation konglomerater Unternehmenszusammenschlüsse läßt sich ressourcenorientiert begründen, wenn man bedenkt, daß eine Kombination unvollständig korrelierter Ertragsströme gleichbedeutend ist mit einem Eintritt in neue Geschäftsfelder. Risikodiversifikation verkörpert dann lediglich eine bestimmte Expansionsform, deren Umsetzung durch *Mergers & Acquisitions* ebenfalls mit der Überwindung von Eintrittsbarrieren bzw. der Beschleunigung des Ressourcenakkumulations- oder -komplettierungsprozesses erklärt werden kann.

Als nicht mit der ressourcenorientierten Perspektive vereinbar bleiben damit die Reduktion von Transaktionskosten sowie die aus empirischer Sicht weniger relevanten steuerlichen Aspekte übrig.[275] Daß das Ziel, durch eine Internalisierung von Vertragsbeziehungen Transaktionskosten einzusparen, nicht mit Hilfe des ressourcenorientierten Paradigmas erklärt werden kann, ist jedoch nicht weiter verwunder-

275 Vgl. zudem Kap. 2.3 für eine Auseinandersetzung mit der Bedeutung steuerlicher Motive für das *Postmerger*-Management.

lich angesichts der Tatsache, daß es sich bei den hier analysierten Ressourcen um strategische Faktoren handelt, für die Märkte im traditionellen Sinne nicht existieren.[276] Insofern besteht für die Allokation strategischer Ressourcen weder die Möglichkeit noch die Notwendigkeit, zwischen den Alternativen einer marktlichen oder hierarchischen Koordination zu entscheiden.

Mit der Identifikation der spezifischen Zielsetzung von Fusionen und Akquisitionen aber ist es schließlich möglich, den Gegenstand eines *Postmerger*-Managements inhaltlich zu konkretisieren. Auf die intentionale Gestaltung des Integrationsprozesses gerichtet bezieht sich *Postmerger*-Management *zunächst* auf alle Handlungen und Maßnahmen, die der erfolgreichen Realisation des Transfers materieller sowie immaterieller Ressourcen zwischen den beteiligten Unternehmungen zum Zwecke der nachhaltigen Verbesserung der Wettbewerbsposition dienen. Es umfaßt damit die Gesamtheit aller Aktionen, welche die Akkumulation sowie die Komplettierung der Ressourcenausstattung von zwei oder mehr Unternehmen durch Vereinigung zu einem organischen Ganzen gewährleisten sollen.

Eine ausschließliche Beschränkung von *Postmerger*-Management auf den Tätigkeitsbereich des wechselseitigen Transfers strategischer Vermögensgegenstände jedoch erscheint zu restriktiv: Begreift man nämlich Akkumulation und Komplettierung strategischer Ressourcen als spezifische Motive für Unternehmensvereinigungen, so impliziert dies, daß die gemeinsam mit der Unternehmenskontrolle erworbene Ressourcenkombination in jeder Hinsicht die gewünschte Zusammensetzung besitzt und daher - vom potentiellen Komplettierungsbedarf einmal abgesehen - keinerlei sonstige Defekte aufweist. Daß Ressourcenbündel keine unerwünschten Elemente enthalten können, ist allerdings sowohl aus empirischer Sicht als auch aus der Perspektive des ressourcenorientierten Ansatzes abzulehnen.[277] Insofern be-

[276] Vgl. dazu ausführlich Kap. 3.1.3.

[277] Vgl. hierzu die Ausführungen in Kap. 3.1.4.

steht im Zusammenhang mit der Abwicklung von *Mergers & Acquisitions* das Problem, neben dem Transfer strategisch wertvoller materieller wie immaterieller Vermögensgegenstände auch den Ab- bzw. Umbau mitvereinnahmter wertloser oder sogar wertvernichtender Ressourcen zu gestalten. *Postmerger*-Management erstreckt sich daher nicht nur auf Aufgaben zur Akkumulation und Komplettierung, sondern auch auf solche zur Transformation und Elimination von Ressourcen. Es ist somit Teil einer planvollen Gestaltung der das Unternehmen konstituierenden Faktorbündel mit dem Ziel, den zur Erlangung von Wettbewerbsvorteilen erforderlichen *Fit* zwischen System (Ressourcenbündel) und Umwelt zu gewährleisten. Seine primären Entscheidungsprobleme orientieren sich daher an den für die Übertragung und Entwicklung der jeweils betroffenen Ressourcenkategorien relevanten Handlungsalternativen.

Kapitel 4: Entscheidungsprobleme eines ressourcenorientierten Postmerger-Managements

Die im vorangegangenen Kapitel erarbeitete Konkretisierung der Aufgabenstellung eines *Postmerger*-Managements gestattet es, die anläßlich des akquisitionsbedingten Transfers sowie Ab- bzw. Umbaus von Ressourcen auftretenden Entscheidungsprobleme näher zu beschreiben. Ausgangspunkt der Überlegungen bildet dabei die in Kap. 3.1.2 entwickelte Ressourcensystematik, namentlich die Differenzierung zwischen materiellen Ressourcen einerseits und immateriellen Faktoren andererseits. Obgleich die Beibehaltung dieser Dichotomie die oben postulierte Zielsetzung, durch *Mergers & Acquisitions* ein zum Großteil aus komplementären Faktoren bestehendes Ressourcen*bündel* als Ganzes zu erwerben, auf den ersten Blick zu konterkarieren scheint, bedarf es zum Zwecke der Komplexitätsreduktion dennoch einer solchen methodischen Dekomposition des *Postmerger*-Problems.[278]

---

[278] Gleichwohl dürften die meisten der im folgenden beschriebenen Entscheidungsprobleme in der Realität simultan auftreten.

Die Grenzen dieser gedanklichen Trennung zeigen sich jedoch dort, wo Wissen, obschon zentrales Element *immaterieller* Vermögensgegenstände, für den zielgerichteten Einsatz *materieller* Ressourcen (z.B. technischer Anlagen) zwingend erforderlich ist, so daß selbst eine isolierte Analyse nicht darauf verzichten kann, in einigen Fällen auf den jeweils anderen Objektbereich Bezug zu nehmen. Ginge man schließlich sogar so weit, jedes von Menschen erschaffene betriebliche Sachmittel als Materialisation des seiner Konstruktion zugrundeliegenden Wissens zu interpretieren, so wäre eine separate Behandlung des Transfers materieller bzw. immaterieller Ressourcen gänzlich zum Scheitern verurteilt.[279]

Aus diesem Grund sei die hier vorgenommene Aufteilung des Entscheidungsfeldes auch nicht als perfekte Partialisierung verstanden; sie ist vielmehr Ausdruck einer Wahl unterschiedlich fokussierter Perspektiven des *Postmerger*-Geschehens, die es ermöglichen, sich dem Thema von zwei alternativen Standpunkten aus zu nähern. Betrachtet man nämlich das Spektrum potentieller Transfer- bzw. Transformationsobjekte als Kontinuum zwischen Sachgütern auf der einen Seite und Wissen auf der anderen, dann lassen sich die Endpunkte als Extrempositionen auffassen, von denen aus die Untersuchung unter einem jeweils anderen Blickwinkel erfolgen kann (vgl. Abb. 4 - 1).[280]

Im folgenden werden die mit dem Transfer bzw. der Transformation des erworbenen Ressourcenbündels zusammenhängenden Aufgaben zunächst aus der Warte materieller (Kap. 4.1) und anschließend aus der immaterieller Ressourcen (Kap. 4.2) getrennt voneinander problematisiert. Um die im Zuge einer solchen, wenn auch einge-

---

279 So spricht z.B. BOULDING [1966] von Maschinen als "frozen knowledge" (ibid., S. 6 f.).

280 Zu den konkreten Auswirkungen dieser Vorgehensweise vgl. unten S. 108. Es bleibt allerdings festzuhalten, daß im Gegensatz zu Sachgütern, deren Ressourcenstatus ohne entsprechendes Know-how nicht denkbar wäre, Wissen auch ohne Existenz materieller Pendants als betriebliches Einsatzgut Verwendung finden kann (vgl. hierzu auch Abb. 4 - 1).

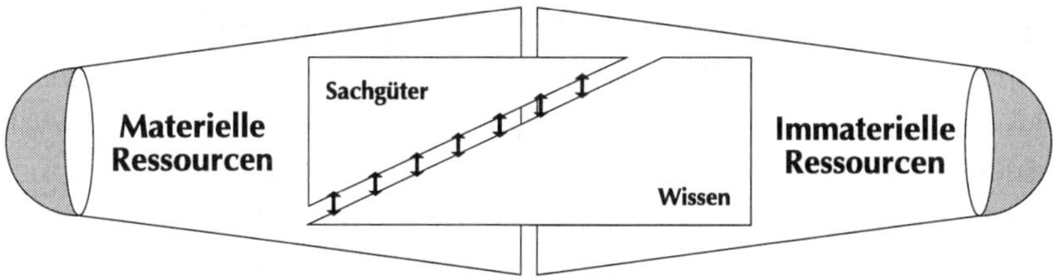

Abb. 4 - 1: Alternative Perspektiven der Entscheidungsprobleme eines Postmerger-Managements

schränkten, Partialanalyse zwangsläufig unterdrückten Interdependenzbeziehungen nicht zu vernachlässigen, werden diese im Rahmen von Kap. 4.3 gesondert erörtert.

4.1 Transfer und Elimination materieller Resssourcen

4.1.1 Akkumulation und Komplettierung materieller Ressourcen

In Kap. 3.1.2 wurden materielle Ressourcen als abnutzbare bzw. nicht abnutzbare bewegliche oder unbewegliche Sachgüter beschrieben, welche Wettbewerbsvorteile begründen. Dies entspricht der traditionellen organisationstheoretischen Sichtweise materieller Repetier- oder Potentialfaktoren als technische Hilfsmittel, die

> "... keine eigenständigen organisatorischen Einheiten [verkörpern, Anm. d. Verf.], sondern nur im Verbund mit der aufgabenbezogenen *Unterstützung* [Herv. d. Verf.] einer oder mehrerer Stellen zu verstehen ..."[281]

---

281 PICOT [1993], S. 125. KOSIOL [1962] kennzeichnet Stellen als "personenbezogene Aufgabenkomplex[e]" (ibid., S. 89). Ähnlich NORDSIECK [1934], S. 29 bzw. [1955], S. 39.

sind. Betrachtet man jedoch die in Kap. 3.1.2 genannten Beispiele materieller strategischer Ressourcen, dann wird deutlich, daß diese nicht nur Sachgüter im oben definierten Sinne, sondern auch untrennbar miteinander verbundene Kombinationen aus Arbeitsmitteln und organisatorischen Einheiten (Stellen oder Stellenmehrheiten) umfassen können. So z.B., wenn die dort zitierten technischen Einrichtungen gleichbedeutend sind mit den Werken eines Herstellungsbetriebes oder die betrieblichen Immobilien mit den Filialen eines Einzelhändlers. Dies aber erfordert eine weitere Begriffsfassung von Sachmitteln, welche diese als Erfüllungsfaktoren, d.h. als eigenständige Arbeitsträger, anerkennt, und damit die Einführung eines besonderen Stellentypus, der sogenannten "Produktiveinheit"[282], ermöglicht. Damit aber ergibt sich für die vorliegende Problemstellung als eine erste Strukturierungsmöglichkeit die Differenzierung zwischen dem reinen Sachmitteltransfer und der Übertragung kompletter, in sich u.U. hierarchisch strukturierter Produktiveinheiten.

An dieser Stelle offenbart sich die Bedeutung der eingangs geführten Diskussion um die alternativen Betrachtungsweisen einer Ressourcenübertragung. Zwar handelt es sich bei den genannten Produktiveinheiten insbesondere in ihrer Ausprägung als Stellenmehrheiten an sich um nichts anderes als Teilbetriebe und damit eigentlich um komplett zu transferierende Ressourcen*bündel*, doch soll für die folgenden Ausführungen getreu der Entscheidung für eine Sachmittelperspektive vom Transfer immaterieller Ressourcen weitgehend abstrahiert und primär auf die materiellen Aspekte von Produktiveinheiten abgestellt werden. Auf das Werks- bzw. Filialbeispiel übertragen bedeutet dies, daß Werke oder Filialen als Produktiveinheiten

---

282 KÜPPER [1980], S. 47. Zur Kombination von personellen und maschinellen Arbeitsträgern zu "Produktiveinheiten" vgl. auch BRUHN [1965], S. 67 ff.; HENZEL [1928], S. 727; PACK [1966], S. 65; . In ähnlicher Weise sprechen HILL ET AL. [1989a] von solchen Stellen als "Mensch-Maschine-Einheiten" (S. 135). Die Einbeziehung von Sachmitteln in den Begriff des Arbeitsträgers läßt sich auf GROCHLA [1966], S. 73 bzw. [1972], S. 45 ff. zurückführen.

zunächst nicht mit ihren Mitarbeitern (Stelleninhabern) als Wissensträger oder ihren Oberflächen- und Tiefenstrukturen als Wissensspeicher analysiert, und folglich auch keine Fragen hinsichtlich der Übertragungsmechanismen für diese Formen betrieblichen Wissens thematisiert werden sollen. Vielmehr geht es primär um die Betrachtung des Werkes oder der Filiale als *sachmittelorientierter* Stellenverbund.

Ein zweites Ordnungskriterium resultiert aus der Abgrenzung von Akkumulation einerseits und Komplettierung andererseits. Begreift man Akkumulation als Vorgang der *quantitativen* Erweiterung des Bestandes *einer* spezifischen Ressource im Gegensatz zur Komplettierung als *qualitativer* Erweiterung des *gesamten* Ressourcenbündels, so manifestiert sich der Unterschied zwischen diesen beiden Vereinigungszielen in der Gleich- bzw. Verschiedenartigkeit der zu übertragenden Objekte im Hinblick auf die beim jeweils anderen Zusammenschlußpartner bereits vorhandenen Ressourcen.[283] Da Akkumulation und Komplettierung keinen Selbstzweck, sondern lediglich Mittel

---

[283] Dabei bleibt anzumerken, daß Akkumulation und Komplettierung trennscharfe Kriterien nur für ein bestimmtes gewähltes oder gegebenes Abstraktionsniveau darstellen. Zwar bezieht sich Akkumulation in der Begriffsinterpretation des ressourcenorientierten Ansatzes wie auch bei der hier zugrunde gelegten Definition auf die Quantität einer bestimmten Ressourcengattung - so z.B., wenn DIERICKX und COOL [1989] von "asset mass efficiencies" (S. 1506 f.) sprechen -, während eine Komplettierung im Sinne von HAMEL und PRAHALAD [1993] die Vervollständigung des Ressourcenportfolios um fehlende Ressourcenkategorien und somit dessen qualitative Erweiterung impliziert (vgl. dazu auch Fn. 264 auf S. 96). Doch ist die Zuordnung eines realen Transferereignisses zu einer dieser beiden Kategorien von der jeweiligen Betrachtungsebene abhängig. So kann beispielsweise die Fusion zweier Markenartikelhersteller auf einer 'Makroebene' als Akkumulation rechtlich geschützter Warenzeichen gedeutet werden. Bei genauerer Detailbetrachtung jedoch läßt sich der gleiche Vorgang auch als Komplettierung werten, nämlich dann, wenn sich das Markenimage der Vereinigungspartner auf unterschiedliche Märkte (Regionen bzw. Kundengruppen) oder auf unterschiedliche Produkte bezieht. Über die korrekte Zuordnung zu einer der beiden idealtypischen Transferklassen, d.h. letztlich über die geeignete Wahl der Betrachtungsebene, kann aber nur in einer realen Übertragungssituation kontextspezifisch entschieden werden.

zur Erlangung von Wettbewerbsvorteilen darstellen und man daher die Verwendung der vereinnahmten Sachmittel sowie Erfüllungsfaktoren im Prozeß der betrieblichen Leistungserstellung als das eigentliche Transferziel betrachten kann, ist es möglich, diese Übereinstimmungen bzw. Abweichungen letztlich auf das zur Nutzung der betroffenen Ressourcen erforderliche Know-how zu beziehen. Demnach beschreibt Akkumulation eine Situation, in der das für den zielgerichteten Einsatz benötigte Wissen auf beiden Seiten bereits vorhanden ist. Dagegen verfügt im Falle der Komplettierung die ihr Faktorbündel ergänzende Partei nicht über die für den Gebrauch des komplementären Faktors obligaten Kenntnisse.

Durch Kombination der beiden hier besprochenen Strukturmerkmale läßt sich eine Matrix konstruieren, mit deren Hilfe man vier grundlegende Fälle eines Transfers materieller Ressourcen identifizieren kann (vgl. Abb. 4 - 2).

Akkumulation (reiner) Sachmittel

Mit dem Einsatz des Sachmittels zur aufgabenbezogenen Unterstützung von Stellen als eigentlichem Transfermotiv und der Akkumulation als Übertragungsfall, bei dem das nutzungsrelevante Know-how an den jeweiligen Stellen bereits vorhanden ist, läßt sich der Tätigkeitsbereich eines *Postmerger*-Managements im Rahmen der Akkumulation von Sachmitteln in einem ersten Schritt auf die Ausstattung der entsprechenden organisatorischen Einheiten mit den erforderlichen Verfügungskompetenzen reduzieren.[284] Eine erfolgreiche Ausübung des Rechts, auf die zur Aufgabenerfüllung benötigten Ressourcen zugreifen zu können, mag jedoch in Abhängigkeit der spezifischen technischen Merkmale der jeweiligen Sachmittel entweder räumliche

---

284 Zum Begriff der Verfügungskompetenz vgl. HILL ET AL. [1989a], S. 125 bzw. PICOT [1993], S. 126.

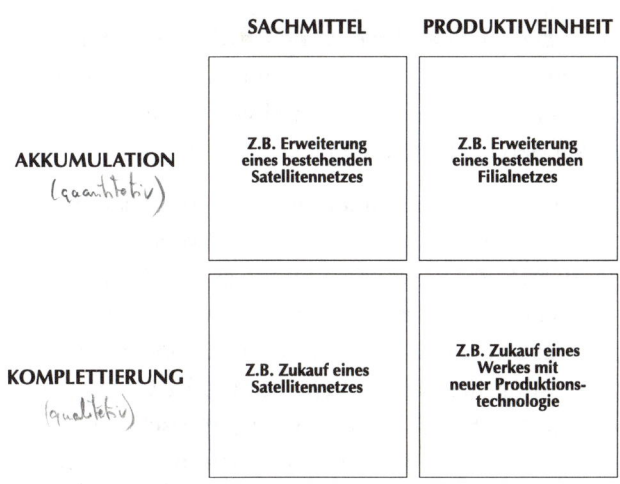

	SACHMITTEL	PRODUKTIVEINHEIT
AKKUMULATION	Z.B. Erweiterung eines bestehenden Satellitennetzes	Z.B. Erweiterung eines bestehenden Filialnetzes
KOMPLETTIERUNG	Z.B. Zukauf eines Satellitennetzes	Z.B. Zukauf eines Werkes mit neuer Produktionstechnologie

Abb. 4 - 2: Strukturmerkmale eines Transfers materieller Ressourcen

Nähe oder zumindest die Schaffung technologischer Voraussetzungen zur Überwindung etwaiger räumlicher Distanzen erfordern.

Daraus resultieren weitere Veränderungen der formalen Organisationsstruktur: Das zu bewältigende Entscheidungsproblem beschränkt sich nicht mehr nur auf die Verteilung von Zugriffsrechten, sondern schließt darüber hinaus die Frage nach einer potentiellen geographischen Zentralisation organisatorischer Einheiten mit ein.[285] Diese Aufgabe gilt es als Problem der Bestimmung optimaler innerbetrieblicher Standorte (*Layoutplanung*) unter Beachtung ingenieurwissenschaftlicher, juristischer (z.B. bau- und feuerpolizeiliche Vorschriften) sowie verhaltenswissenschaftlicher Restriktionen zu bewältigen.[286] Dabei sind für ein *Postmerger*-Management als Revision und

---

285 Zur dieser Lesart des Begriffs 'Zentralisation' vgl. z.B. HILL ET AL. [1989a], S. 174 sowie die dort angegebene Literatur. Ähnlich auch KERN [1980], Sp. 12. KOSIOL [1962] spricht in diesem Zusammenhang auch von "lokaler Synthese" (ibid., S. 235).

286 Vgl. dazu und zum folgenden DOMSCHKE [1993], Sp. 3950 ff., KERN [1980],

Veränderung bereits bestehender *Layouts* neben den üblichen Zielkriterien der Minimierung von Transport- und Lagerkosten sowie Durchlaufzeiten die mit einem Standortwechsel verbundenen Umstellungskosten von besonderer Bedeutung.

Die organisatorischen Gestaltungsalternativen Zentralisation und Dezentralisation können aber auch in ihrer "... Interpretation als allgemeines Problem der Zuordnung von Aufgaben auf Stellen ..."[287] relevant werden. Ausgehend von der Sachmittelverwendung als zentralem Thema erstreckt sich die Entscheidung dabei auf die stellenmäßige Zusammenfassung des Ressourceneinsatzes bzw. der Beibehaltung seiner Verteilung auf verschiedene organisatorische Einheiten und zwar für sämtliche Phasen der Betriebsmittelnutzung, d.h. für deren Planung, Realisation und Kontrolle. Dies ist letztlich Ausdruck der Interdependenzbeziehungen, die zwischen der Nutzung des neu erworbenen Sachmittels sowie dem Einsatz der bereits vorhandenen Ressourcen bestehen und aufgrund ihrer Homogenität als besonders zahlreich und intensiv eingestuft werden können.[288]

Neben der Nutzung materieller Potentialfaktoren kennt die betriebliche Anlagenwirtschaft als weitere sachmittelorientierte Aufgabengebiete vor allem die Anlagenerhaltung und -modernisierung sowie den Anlagenersatz.[289] Auch in diesen Tätigkeitsbereichen existieren Inter-

---

Sp. 8 ff.; KÜPPER und HELBER [1995], S. 18.

287 HILL ET AL. [1989a], S. 174.

288 Solche Interdependenzbeziehungen treten z.B. im Rahmen der Kapazitätsterminierung als Konsequenz eines erweiterten Kapzitätsangebots zu Tage (vgl. z.B. ZÄPFEL [1982], S. 236 ff.). Vgl. grundlegend zu Interdependenzen KÜPPER [1980], S. 38 ff. bzw. [1997], S. 31 ff.; LAUX und LIERMANN [1993], S. 208 ff. Ähnlich auch PICOT [1993], S. 129.

289 So z.B. bei MÄNNEL [1980] bzw. STEFFEN [1993]. Die dort ebenfalls genannte Teilaufgabe der Anlagenanordnung wurde bereits im Rahmen der innerbetrieblichen Standortwahl problematisiert. Eine gesonderte Diskussion der Handlungsfelder Anlagenbeschaffung bzw. -bau aber kann im Rahmen einer Untersuchung zum *Postmerger*-Management, welche Akquisitionen und Fusionen als Mittel zum Erwerb von Ressourcen begreift, entfallen.

dependenzen zwischen dem vor der Akquisition bzw. Fusion bereits vorhandenen Betriebsmittelbestand und den durch die Vereinigung neu hinzugekommenen materiellen Ressourcen. So kann beispielsweise die quantitative Erweiterung der Kapazitäten eine Variation des künftigen nutzungsbedingten Verschleißes bewirken und damit die im Rahmen der Instandhaltungsplanung anfallende Bestimmung von Instandhaltungszyklen verändern. Eine ähnliche Folgewirkung kann sich z.B. auch für den optimalen Ersatzzeitpunkt einzelner Aggregate ergeben.

Mittelinterdependenzen hingegen resultieren aus der Konkurrenz um begrenzte personelle Ressourcen (z.B. in der Instandhaltung) oder um knappes Kapital. In diesem Zusammenhang erscheint die Problematik eines *Free riding* besonders erwähnenswert.[290] Sind nämlich die den strategischen Faktor im Rahmen ihrer Aufgabenerfüllung betreibenden Einheiten der Akquisitions- bzw. Fusionsparteien als *Profit center* organisiert, dann besteht die Gefahr, daß jede Stelle an den ressourcenspezifischen Investitionen der anderen Stellen zu partizipieren versucht, ohne dafür selbst einen Beitrag leisten zu müssen. Für die dezentralen Einheiten existiert somit ein Anreiz, die gesamte Kapazität des Sachmittels der jeweils anderen Stellen für sich zu vereinnahmen und zugleich möglichst wenig in den Erhalt und Ausbau des 'eigenen' Sachmittels zu investieren.[291] Mangels Koordination, welche eine Internalisierung solcher externen Effekte gestattet, können die materiellen Sachmittel beider Zusammenschlußpartner auf diese Weise ihren strategischen Wert im Zeitablauf verlieren. Die auf ihnen basierenden Wettbewerbsvorteile können so erodieren.

---

290 Vgl. COLLIS und MONTGOMERY [1997], S 154.

291 Vgl. hierzu auch MILGROM und ROBERTS [1992], S. 294: "The idea [of the free-rider problem, Anm. d. Verf.] is that when many people have the right to use a single shared resource, there is an incentive for the resource to be overused and, correspondingly, when many people share the obligation to provide some resource, it will be undersupplied. When the residual returns to an asset are widely shared, no one person has a sufficient interest to bear the costs of maintaining and increasing its value."

Damit aber läßt sich das Grundproblem einer akquisitionsbedingten Akkumulation von Sachmitteln als Entscheidung zwischen der Zentralisation der Handlungsfelder Anlagennutzung, -instandhaltung, -modernisierung bzw. -ersatz in den Phasen Planung, Durchführung und Kontrolle einerseits sowie deren Dezentralisation andererseits beschreiben. Während eine Zentralisationslösung die Konsolidierung der mit den genannten Aufgaben betrauten Stellen zur Folge hat und somit in Abhängigkeit der jeweiligen kapazitativen Situation auch Anpassungen des Personalbestandes[292] nach sich ziehen kann, erfordert die Erhaltung der horizontalen Autonomie eine Implementierung *zusätzlicher* Mechanismen zur Koordination jener Tatbestände, die von den Akquisitionsparteien auch weiterhin getrennt voneinander festgelegt werden sollen.[293]

Komplettierung (reiner) Sachmittel

Fehlt hingegen bei einem der Zusammenschlußpartner das für den Gebrauch des erworbenen Sachmittels erforderliche Wissen, so beschränkt sich die Möglichkeit des Ressourcenzugriffs auf die Alternative einer *mittelbaren* Nutzung. Dies impliziert die Verteilung entsprechender Weisungs- bzw. Anordnungsrechte, die es den neuen (indirekten) Nutzern ermöglichen, den bisher mit dem Sachmitteleinsatz betrauten Stellen Anweisungen zu erteilen, um diese zum Gebrauch des Betriebsmittels im Sinne *ihrer* Aufgabenerfüllung zu veranlassen. Aus Sicht derjenigen Stelle, welche die Ressource bislang betrieb, entspricht dies einer Erweiterung des Handlungsrahmens, da sie den ihr zur Verfügung stehenden strategischen Faktor nicht mehr nur den gleichen Verwendungen wie in der Vergangenheit zuführt, sondern darüber hinaus zur Produktion für sie neuartiger Endleistungen einsetzt.

---

292 Vgl. dazu Fn. 294 auf S. 117 sowie ausführlich Kap. 4.1.2.

293 Für einen Überblick über Koordinationsinstrumente vgl. KIESER und KUBICEK [1983], S. 103 ff.; KÜPPER [1997], S. 24 f.; LAUX und LIERMANN [1993], S. 212 ff.

Da die unmittelbar nutzende Stelle jedoch bereits im Rahmen ihres ursprünglichen Aufgabenkomplexes in eine bestehende Weisungsrechtsstruktur eingebunden war, resultieren aus der Einführung neuer Anordnungsbeziehungen zwangsläufig Mehrfachunterstellungen. Diese repräsentieren letztlich Mittelinterdependenzen, welche zwischen den vorhandenen und den durch die Fusion oder Akquisition neu hinzugekommenen Instanzen im Rahmen des gemeinsamen Ressourcenzugriffs entstehen. Damit aber wird deutlich, daß sich ein *Postmerger*-Management nicht mit der Verteilung der erforderlichen Anordnungskompetenzen begnügen kann. Wie bei der Akkumulation von Betriebsmitteln als Problem der Aufgabensynthese schließt die Komplettierung von Sachmitteln als Gestaltung der Weisungsrechtsstrukturen die Einrichtung adäquater Koordinationsinstrumente mit ein. Dabei besteht das maßgebliche Entscheidungsproblem einer Sachmittelkomplettierung darin, zu bestimmen, ob die Koordination des Ressourceneinsatzes durch eine Konsolidierung der Instanzen erfolgen soll oder ob eher ein Erhalt der dezentralen Anordnungskompetenzen und die Implementierung zusätzlicher koordinierender Mechanismen in Betracht kommen.

Von dieser Fragestellung sind auch die übrigen anlagenwirtschaftlichen Teilaufgaben der Instandhaltung, der Modernisierung und des Ersatzes betroffen. So existieren Interdependenzen zwischen den auf die neu erworbene Ressource gerichteten Handlungen und denjenigen Aktivitäten, die sich auf den restlichen, bereits vorhandenen Sachmittelbestand beziehen. Diese lassen sich aufgrund der Heterogenität der Ressourcen zum einen als Mittelinterdependenzen interpretieren, welche durch die Konkurrenz um knappes Kapital entstehen. Ebenso wie bei der Akkumulation gibt es bei der Komplettierung Anreize zum *Free riding*. Diese beschränken sich allerdings auf die das Sachmittel als *komplementäre* Ressource nutzenden Einheiten. Zum anderen können Wechselwirkungen in den Bereichen Erhalt, Modernisierung und Ersatz als Folge konfligierender Anforderungen der jeweiligen Instanzen an die Ressourcenentwicklung auftreten, wenn Erweiterungs- oder Ersatzwünsche aufgrund der individuellen Ziele, die die Instanzen mit dem Ressourceneinsatz verfolgen, voneinander abweichen.

Akkumulation und Komplettierung von Produktiveinheiten

Im Gegensatz zum (reinen) Sachmitteltransfer ist der Einsatz kompletter Produktiveinheiten im Prozeß der betrieblichen Leistungserstellung ausschließlich durch die adäquate Gestaltung von Anordnungsrechten realisierbar. Der wesentliche Unterschied zwischen Akkumulation einerseits und Komplettierung andererseits manifestiert sich dabei in der zentralen Frage, auf welcher Hierarchiestufe eine solche Anbindung über Weisungsrechte erfolgen kann und soll. Für die Akkumulation als Erweiterung des Ressourcenbestandes um identische Stellen bzw. Stellenmehrheiten kann man unterstellen, daß eine direkte Anbindung auf der Ebene der zu übertragenden Produktiveinheiten selbst möglich ist, da die zur Nutzung und zum Betrieb dieser Einheiten erforderlichen Kenntnisse bei allen Zusammenschlußpartnern vorliegen.

Im Falle der Komplettierung hingegen verfügt zumindest eine der am *Merger* beteiligten Parteien nicht über dieses Know-how, so daß sich der Transfer lediglich als mittelbarer Zugriff auf die strategische Ressource gestalten läßt. Je spezifischer das zur Ausübung einer Anordnungskompetenz gegenüber einer Produktiveinheit benötigte Wissen und je stärker die Asymmetrien in der Verteilung dieses Wissens zwischen den Zusammenschlußpartnern, desto weiter verlagert sich die weisungsrechtliche Einbindung auf höhere Hierarchiestufen, im Extremfall auf die der Unternehmensleitung.

Damit aber liegt die Schlußfolgerung nahe, daß vor allem bei der Akkumulation, aber auch bei der Komplettierung organisatorischer Einheiten Redundanzen hinsichtlich der Leitungsstellen oberhalb der Produktiveinheitenebene entstehen. Anders als bei der reinen Sachmittelkomplettierung, bei der Mehrfachunterstellungen in erster Linie zu Abstimmungsbedarf zwischen den jeweiligen Instanzen führen, kann die Neuordnung der Weisungsrechte beim Transfer von Produktiveinheiten die Obsoleszenz ganzer Instanzenebenen zur Folge haben, wenn nach dem *Merger* die zur Leitung der zu übertragenden Stellen bzw. Stellenmehrheiten befähigten Aufgabenträger mehrfach vorhanden sind.[294] Das Grundproblem eines Transfers von Produktiveinheiten läßt sich demzufolge als Identifikation der adäquaten Anbindungsebene sowie als Entscheidung zwischen der Zentralisation von Weisungsrechten durch Stellenkonsolidierung oder Erhalt der dezentralen Struktur und Einrichtung entsprechender Koordinationsinstrumente formulieren. Als Einflußgrößen kommen dabei neben der bereits erwähnten Spezifität der Instanzenaufgaben potentielle Effizienzgewinne durch Größendegressionseffekte (*Economies of scale*) sowie andere, eine optimale Leitungsspanne determinierende Parameter in Betracht.[295]

Während beim reinen Betriebsmitteltransfer anlagenwirtschaftliche Tatbestände im Mittelpunkt der Analyse standen, bleiben Interdependenzbeziehungen bei der Akkumulation und Komplettierung von Produktiveinheiten nicht auf die Sachmittelperspektive beschränkt. Vielmehr erstreckt sich der Untersuchungsbereich interdependenter Tätigkeiten auf den gesamten Aufgabenkomplex der zu übertragenden Stellen bzw. Stellenmehrheiten. Koordinationsbedarf kann daher nicht nur für das Problem einer konkurrierenden Nutzung der orga-

---

294 Wie empirische Befunde belegen, ist der Abbau redundanter Leitungsstellen im Rahmen von *Mergers & Acquisitions* eher die Regel, denn die Ausnahme. So verzeichneten z.B. BENEDICT ET AL. [1997] in 80% der von ihnen untersuchten britischen Unternehmensübernahmen eine "... elimination of duplicated head office functions ..." (ibid., S. 7). Ebenso konnten WALSH [1988] bzw. [1989] sowie WALSH und ELLWOOD [1991] ein im Vergleich zur *Peer group* signifikant häufigeres Ausscheiden von Führungskräften während der ersten zwei bis fünf Jahre nach einer Akquisition oder Fusion feststellen. Ähnliche Angaben finden sich auch bei MORABITO [1989], S. 76.

295 Zur Leitungsspanne und ihren Einflußgrößen vgl. HILL ET AL. [1989a], S. 219 ff. Ähnlich auch KIESER und KUBICEK [1983], S. 154 und PICOT [1993], S. 135 f.

nisatorischen Einheiten als knappe Kapazitäten sowie für den Erhalt, die Modernisierung und den Ersatz der mit den Einheiten untrennbar verbundenen Sachmittel bestehen, sondern darüber hinaus für *alle* Tätigkeiten, welche die Stelleninhaber im Rahmen der Ressourcennutzung wahrnehmen. Auf das Beispiel einer Filiale als Produktiveinheit übertragen bedeutet dies: Die weisungsrechtliche Anbindung im Zuge einer Fusion oder Akquisition wirft unter anderem die Frage auf, wie die Aufgaben der in der Filiale beschäftigten Arbeitsträger mit den Handlungen anderer organisatorischer Einheiten in Zukunft abgestimmt werden sollen. So können sich beispielsweise Interdependenzen bei der Planung, Realisation sowie Kontrolle von Lager- und Bestellvorgängen, bei der Preis- und Sortimentsgestaltung oder auch in personalwirtschaftlichen Handlungsfeldern wie der Einstellung, Ausbildung oder Entlassung von Mitarbeitern etc. ergeben.

Akkumulation und Komplettierung unterscheiden sich hierbei durch die Intensität der zwischen den neu erworbenen Produktiveinheiten und den bereits vorhandenen organisatorischen Einheiten auftretenden Interdependenzen. Die Identität der Produktiveinheiten und damit auch die Ähnlichkeit der ihnen zurechenbaren Teilaufgaben lassen bei der Akkumulation einen weitaus größeren Koordinationsbedarf vermuten als bei der Komplettierung, bei der ein Abgleich partialisierter Tatbestände erst auf einem vergleichsweise höheren Aggregations- und Abstraktionsniveau erforderlich wird. Allerdings kann auch bei der Akkumulation nicht immer von absoluter Übereinstimmung der Aufgabenkomplexe ausgegangen werden, da zwischen den beteiligten Unternehmungen mehr oder weniger starke Abweichungen hinsichtlich der Zuordnung von Aufgaben auf sachmittelidentische Produktiveinheiten auftreten können und zwar insbesondere im Zusammenhang mit der vertikalen Abtretung von Entscheidungskompetenzen (*Delegation*). So besteht - um bei dem oben genannten Filialbeispiel zu bleiben - die Möglichkeit, daß vor der Vereinigung Entscheidungen über die kurzfristige Preisgestaltung bei einem der Zusammenschlußpartner der Filialleitung übertragen waren, während bei dem anderen grundsätzlich alle Preise zentral festglegt und den Filialen vorgegeben wurden. In einem solchen Fall gilt es nicht nur, die Frage nach der adäquaten Koordination interdependenter Entscheidungs- und Aufgabenfelder zu lösen, sondern darüber hinaus eine grundsätzliche Revision und Neugestaltung der Aufgabenverteilung in Erwägung zu ziehen und diese gegebenenfalls vorzunehmen.

Der Transfer materieller Ressourcen als Problem einer umfassenden Reorganisation der Vereinigungsparteien

Zusammenfassend läßt sich festhalten, daß die mit dem Transfer materieller Ressourcen verfolgte Zielsetzung einer Nutzung von Sachmitteln oder Produktiveinheiten umfassende Eingriffe in die bestehenden Organisationsstrukturen der Vereinigungspartner erfordert. Unabhängig vom zugrundeliegenden Transfertypus (Akkumulation oder Komplettierung) und Transfergegenstand (Sachmittel oder Produktiveinheit) besteht die zentrale Problemstellung dabei immer wieder darin, zwischen der Zentralisation von Ausführungs-, Weisungs- sowie Entscheidungskompetenzen bzw. ihrer Dezentralisation und Implementierung zusätzlicher Koordinationsinstrumente zu entscheiden. In der Folge dieser ersten Reorganisationsmaßnahmen aber ergeben sich weitere Veränderungen.[296] Insofern als die Erfüllung von Aufgaben sowie Wahrnehmung von Entscheidungs- und Anordnungsrechten eine bedarfsgemäße Informationsversorgung von Ausführungsstellen, Entscheidungsträgern und Instanzen voraussetzen, determinieren

> "... die Verteilung von Aufgaben, Weisungsbefugnissen und Entscheidungsrechten sowie die Regelung von Leitungs-

296 Für die hier angenommene Lesart des Reorganisationsbegriffes vgl. GABELE [1992] bzw. KIRSCH ET AL. [1979]. Grundlegend dazu auch LEAVITT [1965], der vier Objekte organisatorischen Wandels unterscheidet: *Tasks, Structures, Technology* und *People*.

und Koordinationsprozessen (...) die Bahnen des Informationstransports."[297]

Die zuvor diskutierten Änderungen organisatorischer Strukturvariablen bewirken daher zugleich Anpassungen bei Informations- und Kommunikationssystemen. Diese betreffen die Unternehmensrechnung der Zusammenschlußpartner als bedeutenden Generator von Führungsinformationen ebenso wie ihr Berichtswesen als Instrument zu deren Übermittlung und erstrecken sich darüber hinaus auf die infrastrukturellen Komponenten des betrieblichen Informationswesens im Sinne einer (technischen) Gestaltung der Kommunikationskanäle in den jeweiligen Leistungs- und Führungsbereichen.[298]

Doch geht es nicht allein darum, die Regeln der Beschaffung, Speicherung, Verarbeitung sowie Transmission zweckorientierten Wissens mit den Erfordernissen einer neugestalteten Organisationsstruktur in Einklang zu bringen. Modifikationen der Weisungsrechtsbeziehungen nämlich können überdies Korrekturen von Anreiz- sowie Sanktionssystemen auslösen, welche als zentrale Machtfaktoren den rein formal legitimierten Inhabern von Leitungsstellen die zur Durchsetzung ihrer Anordnungen nötige Autorität verleihen.[299] Die Revi-

---

297 PICOT [1993], S. 147. Ausführlich dazu KÜPPER [1997], S. 244 ff. Ähnlich auch HILL ET AL. [1989a], S. 136 ff.

298 Vgl. grundlegend BERTHEL [1975]; HETTICH [1981], S. 49 ff.; KÜPPER [1997], S. 105 ff.; PICOT und REICHWALD [1991] oder auch SCHWEITZER und KÜPPER [1995], S. 4 ff. Zur Transformation der Informations- und Kommunikationssysteme in der Folge von Fusionen oder Akquisitionen vgl. SHRIVASTAVA [1986], S. 68 sowie aus der Sicht praxisorientierter Literatur CLEVER [1993], S. 92 ff.; HOWELL [1970], S. 74 f. oder KUBILUS [1991]. Für einen empirischen Beleg der Bedeutung dieses Bereiches in der *Postmerger*-Phase siehe BENEDICT ET AL. [1997], S. 8.

299 Vgl. LAUX und LIERMANN [1993], S. 505 ff. Ähnlich KÜPPER [1997], S. 283 und PICOT [1993], S. 154 ff. Zur Neugestaltung des Personalführungssystems im Zuge von Unternehmensübernahmen vgl. HERMSEN [1994], S. 165 ff. bzw. 173 ff. Ähnlich auch GERPOTT [1990]; GRÜTER [1990], S. 195 ff. oder WÄCHTER [1990]. Ein zentrales Thema vor allem der angelsächsischen Literatur zum Themenbereich *Mergers & Acquisitions* bildet die Restrukturierung der Vergü-

sion der Stellenbildung und daraus resultierende Erweiterungen von Tätigkeitsbereichen wiederum bedingen neue Anforderungen hinsichtlich der Qualifikation der Stelleninhaber und schaffen auf diese Weise Bedarf nach der Durchführung geeigneter Aus- und Weiterbildungsmaßnahmen. Beziehen sich organisatorische Regelungen dagegen auf eine Verteilung von Planungs- und Kontrollaufgaben sowie -kompetenzen oder basiert die Lösung der im Rahmen der Dezentralisationsfrage relevanten Abstimmungsprobleme auf einer Koordination durch Pläne (und deren anschließende Kontrolle), so lassen sich im Zuge einer Restrukturierung der organisatorischen Eigenschaften schließlich auch Eingriffe in formale, inhaltliche und methodische Dimensionen der vorhandenen Planungs- und Kontrollsysteme nicht mehr vermeiden.[300]

Der hier skizzierte Kaskadeneffekt betrieblicher Veränderungen verdeutlicht den Umfang der von einem *Postmerger*-Management anläßlich des Transfers materieller Ressourcen zu bewältigenden Entscheidungsprobleme. Er ist Ausdruck des zwischen der Organisationsstruktur und den Managementteilsystemen Information, Personal sowie Planung und Kontrolle bestehenden Beziehungsgeflechts.[301]

---

tungssysteme (vgl. z.B. HAWN [1969]; JACOBS und SHAPIRO [1987]; KISSH [1989]; SHRIVASTAVA [1986], S. 72; STURGES [1989]; YUNKER [1983], S. 21 ff.). Dabei wird allerdings entweder explizit oder implizit von einer Angleichung vor allem der monetären Anreizstrukturen der übernommenen an die übernehmende Unternehmung ausgegangen. Eine solche undifferenzierte Nivellierung ist aus der Perspektive des hier vorgestellten ressourcenorientierten *Postmerger*-Ansatzes jedoch abzulehnen. Als Komponente der Oberflächenstrukturen der Vereinigungspartner nämlich kann die Gestaltung monetärer sowie nicht monetärer Anreizsysteme Wettbewerbsvorteile begründen. Daher kann keineswegs pauschal von der Notwendigkeit einer (noch dazu einseitigen) Anpassung der Vergütungssysteme ausgegangen werden. Zur Frage nach der Transformation bzw. dem Erhalt der Oberflächenstrukturen in der *Postmerger*-Phase vgl. ausführlich Kap. 4.3.

300 Vgl. KÜPPER [1997], S. 61 ff., S. 174 ff sowie S. 259 ff. oder auch HILL ET AL. [1989b], S. 553.

301 Zu der zugrunde gelegten Definition und Strukturierung von Managementsystemen vgl. KÜPPER [1997], S. 13 ff.

Vereinfachend wurde dabei bisher vor allem von den Konsequenzen einer Organisationsänderung als erklärende Variable für die Gestaltung der übrigen Teilsysteme als abhängige Größe ausgegangen. Da die zwischen den Managementteilsystemen existierenden Verbindungen jedoch keineswegs einseitige Abhängigkeitsverhältnisse darstellen, sondern vielmehr hochgradig interdependent sind, ergeben sich aus den oben analysierten Folgewirkungen zahlreiche Rückkopplungen in bezug auf die ursprünglich auslösenden Ereignisse, die dadurch selbst wieder Reformbedarf erfahren.[302] Die Kaskade der *Postmerger*-Änderungen wandelt sich somit zum 'Reorganisationskarussell' (vgl. Abb. 4 - 3).[303] Insofern als *Postmerger*-Management im Rahmen dieser Veränderungsprozesse mit der konzertierten Gestaltung der oben genannten Teilbereiche befaßt ist, nimmt es unter anderem Controllingaufgaben im Sinne einer Koordination zwischen, aber auch innerhalb von Managementteilsystemen wahr.[304]

4.1.2 Desinvestition als Elimination materieller Ressourcen

Während sich die Transferfrage auf die im Sinne einer Akkumulation oder Komplettierung werthaltigen strategischen Vermögensgegenstände bezieht und damit am eigentlichen Fusions- bzw. Akquisitionsmotiv ansetzt, zielt Elimination auf den Abbau der im Rahmen eines *Mergers* zwangsläufig miterworbenen wertlosen Ressourcenbestandteile. Wie in Kap. 3.1.4 bereits skizziert, läßt sich die Existenz strategisch unbrauchbarer Faktoren zum einen als Ausfluß eines *Lock-ins* interpretieren, d.h. als Folge fundamentaler Veränderungen in der Unternehmensumwelt, welche eine Aufgabe bisher verfolgter Strategien bedingen und daher die zu deren Umsetzung erforderlichen Res-

302 Zu den zwischen und innerhalb von Managementteilsystemen bestehenden Interdependenzen vgl. KÜPPER [1997], S. 20 ff.

303 Ein empirischer Beleg dafür findet sich bei KIRSCH ET AL. [1979], S. 9 ff.

304 Zur koordinationsorientierten Controlling-Konzeption vgl. KÜPPER [1988], [1994] und [1997].

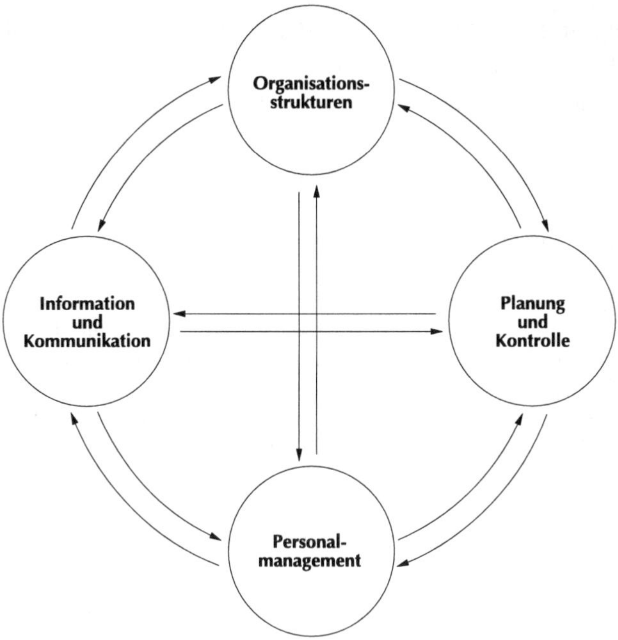

Abb. 4 - 3: Reorganisationskarussell eines Transfers materieller Ressourcen in Anlehnung an KIRSCH ET AL. [1979]

sourcen obsolet werden lassen. Zum anderen kann eine Akkumulation vor allem materieller Ressourcen nicht nur Ziel einer Akquisition, sondern auch unerwünschter Nebeneffekt sein, wenn eine Erweiterung des Sachmittelbestandes zu Überkapazitäten führt.[305] Schließlich besteht die Möglichkeit, daß Elemente des vereinnahmten Ressourcenbündels ihren strategischen Wert aufgrund einer nach der Akqui-

---

[305] Vgl. SHRIVASTAVA [1986], S. 69: "Mergers often occur between firms that have some asset continuity. This means that merging partners possess some *common* assets and some *mutually exclusive* assets. (...) The mutually exclusive assets form the basis for synergistic operations if used jointly to benefit the combined firm. Some common assets, on the other hand, become redundant and need to be redeployed." (Hervorh. i. Orig.). Zum Abbau redundanter Stellen vgl. Fn. 294 auf S. 117.

sition angestrebten Verringerung des *Corporate scopes* einbüßen.[306] In diesem Fall gilt es, die durch eine Umkehr vergangener Diversifikationsentscheidungen freiwerdenden Faktoren neuen Verwendungsalternativen zuzuführen und auf diese Weise zugleich liquide Mittel zur Finanzierung eines Teiles der Vereinigungsausgaben freizusetzen:

> "[A]n unwanted entity may have been acquired as part of an acquisition 'package', and divestment is a means of adjusting the configuration of assets to more appropriate dimensions. (...) In some circumstances such arrangements [i.e., divestment arrangements, Anm. d. Verf.] can provide an important means by which the acquisition can be funded, and indeed in some cases enable the desired parts of the purchased company to be bought at a substantial effective discount." [307]

Auf den Objektbereich materieller Ressourcen übertragen bedeutet dies, daß sowohl einzelne Sachmittel als auch komplette Produktiveinheiten (z.B. Werke) aus dem Faktorpaket herausgelöst werden müssen oder sollen. Als grundlegende Optionen derartiger im Zusammenhang mit *Mergers & Acquisitions* auftretender Desinvestitionen lassen sich die marktliche Verwertung sowie die Stillegung der betroffenen Ressourcen unterscheiden.[308] Darüber hinaus kann zwi-

---

306 Mit HOFER und SCHENDEL [1978] kann das zugrundeliegende Entscheidungsproblem mit der Frage "What set of businesses should we compete in?" (ibid., S. 15) umschrieben werden. Zur Bedeutung des *Corporate scopes*, des 'Umfanges' von Unternehmensaktivitäten, für die strategische Unternehmensführung vgl. z.B. CHANDLER [1990], COLLIS und MONTGOMERY [1997], S. 57 ff.; FAHEY und CHRISTENSEN [1986], S. 168; SCHENDEL und HOFER [1979], S. 522 f.

307 WRIGHT ET AL. [1989], S. 118 ff. So auch PORTER [1987], S. 52; SALTER und WEINHOLD [1988], S. 144, WESTON [1994], S. 273 bzw. WESTON ET AL. [1990], S. 226.

308 Zu dieser Lesart des Desinvestitionsbegriffes vgl. z.B. BRÜGGERHOFF [1992], S. 9; JANSEN [1986], S. 18 oder VORMBAUM [1990], S. 41. Im Gegensatz zur weiteren Fassung des Begriffs 'Desinvestition', die sämtliche Formen der Geldfreisetzung, d.h. auch jene aus dem betrieblichen Umsatzprozeß miteinschließt (vgl. z.B. PERRIDON und STEINER [1991], S. 390 oder WITTE [1976], Sp. 1332 ff.), soll Desinvestition für die folgenden Ausführungen auf Vorgänge der Liqui-

schen ersatzloser Elimination einerseits und Substitution, d.h. Elimination der Ressource und anschließendem Ersatz, andererseits differenziert werden. Möglichkeiten zum Faktoraustausch aber bleiben - wie bereits erwähnt - infolge der Eigenschaften strategischer Ressourcen auf die Alternativen einer zeit- und kostenintensiven internen Entwicklung oder aber eines Zukaufs über den Markt für Unternehmenskontrolle beschränkt. Da Fragen eines internen Aufbaus strategischer Ressourcenpositionen außerhalb des Untersuchungsrahmens dieser Arbeit liegen und für den Transfer extern erworbener materieller Ressourcen auf die Darstellungen in Kap. 4.1.1 verwiesen werden kann, konzentrieren sich die folgenden Ausführungen auf die Vorgänge einer marktmäßigen Verwertung oder Stillegung von Sachmitteln und Produktiveinheiten.

Die Elimination von Betriebsmitteln, welche nicht untrennbar mit Stellen bzw. Stellenmehrheiten verbunden sind, kann dabei mit dem anlagenwirtschaftlichen Entscheidungsfeld der Ausmusterung und Verwertung gleichgesetzt werden.[309] Anders als bei einfachen Gebrauchsgütern, die jederzeit wieder beschafft oder hergestellt werden können, und bei denen daher ein "... eingeschränktes Leistungsverhalten sowie stark angestiegene Betriebskosten ..."[310] als zentrale Einflußgrößen das Aussonderungskalkül determinieren, verlangt der strategische Charakter des betroffenen Sachmittels eine über die laufenden Ein- und Auszahlungen hinausgehende Analyse potentieller Austrittsbarrieren und Folgewirkungen für die Wettbewerbsfähigkeit der Unternehmung.[311] Wie das in Kap. 3.1.4 angesprochene Risiko,

---

dation von Vermögensteilen beschränkt bleiben. Für die empirische Bedeutung solcher Maßnahmen in der Folge von Fusionen und Akquisitionen vgl. CHATTERJEE [1992], S. 279: "[O]n average, restructuring is needed to create the value implicit in the takeover offer." Ähnlich auch MONTGOMERY und THOMAS [1988].

309 Vgl. MÄNNEL [1980], Sp. 67 bzw. STEFFEN [1993], Sp. 91 f.

310 STEFFEN [1993], Sp. 91.

311 Für Austrittsbarrieren vgl. CAVES und PORTER [1976]; DUHAIME und GRANT [1981], S. 306; HARRIGAN [1981] und [1982]; PORTER [1988], S. 324 ff. Ähnlich

durch verfrühte Aufgabe einer Ressourcenposition einem *Lock-out* zu unterliegen, verdeutlicht, sind hier die Konsequenzen einer Außerbetriebnahme für den künftigen Handlungsspielraum der Unternehmung von besonderer Bedeutung.[312]

Neben der Identifikation der zur Elimination bestimmten Sachmittel geht es aber auch darum, über deren beste Verwertungsalternative zu befinden, d.h. zwischen Verkauf, Vermietung und Verpachtung oder Verschrottung bzw. Abbruch zu entscheiden. Die Realisation der genannten marktlichen Verwertungsmöglichkeiten findet allerdings ihre Grenzen in den in Kap. 3.1.3 untersuchten Merkmalen strategischer Vermögensgegenstände. Namentlich die dort diskutierte Eigenschaft mangelnder Handelbarkeit (*Limited tradability*) spricht gegen eine Einzelvermarktung materieller Ressourcen, so daß sich der zur Verfügung stehende Handlungsrahmen in der Regel auf die Betriebsmittelstillegung reduziert.[313]

Im Gegensatz dazu stellt der Verkauf ganzer Produktiveinheiten (*Sell-off*) eine durchaus gängige Desinvestitionsmethode dar.[314] Dies ist insofern kaum verwunderlich, als Teilbetriebsveräußerungen (*Divestitures*) im Verlauf von Kap. 1.1 bereits als eine Erscheinungsform

---

auch YAO [1988], S. 62.

312 Vgl. hierzu das Beispiel bei GHEMAWAT [1991], S. 19 ff. Eine Möglichkeit, solche strategischen Gesichtspunkte im Rahmen eines (Des-)Investitionskalküls formalanalytisch zu erfassen, stellt die Erweiterung der Kapitalwertmethode um Realoptionen dar (vgl. hierzu BREALEY und MYERS [1996], S. 590 ff.; BRÜGGERHOFF [1992], S. 141 ff.; COPELAND ET AL. [1990], S. 343 ff. oder auch JANSSEN [1997], S. 62 ff.). Für die durchaus problematische Frage einer Abgrenzung zwischen wertlosen und werthaltigen Ressourcen vgl. auch Kap. 4.3.

313 So auch bereits PORTER [1988], der die Spezifität von Vermögensgegenständen als Ursache für die Existenz von Austrittsbarrieren diskutiert: "Spezialisierte Aktiva müssen entweder an jemanden verkauft werden, der sie im selben Geschäft einzusetzen beabsichtigt (...), oder ihr Wert sinkt so drastisch, daß sie meist verschrottet werden müssen." (ibid., S. 324 f.).

314 Vgl. WESTON [1987], S. 32 f. oder WESTON ET AL. [1990], S. 223 ff.

von *Mergers & Acquisitions* charakterisiert wurden; sie repräsentieren somit den für den zugrundeliegenden ressourcenorientierten Ansatz adäquaten marktlichen Verwertungstypus strategischer Vermögensgegenstände. Die maßgeblichen Entscheidungsfelder dieser Liquidationsart bestehen zum einen wiederum in der Bestimmung der zu eliminierenden Produktiveinheiten, zum anderen in der Wahl der geeigneten Durchführungsform. Für die Identifikation der obsoleten Einheiten kann dabei auf die oben im Rahmen der Ausmusterung von Sachmitteln diskutierten Problembereiche verwiesen werden. Einen Überblick über alternative Gestaltungsmöglichkeiten von *Sell-offs* gibt Tab. 4 - 1.

Neben den in Kap. 1.1 bereits erwähnten *Divestitures*, d.h. der Veräußerung der nicht mehr benötigten Betriebsmittel im Wege der Vermögensübertragung, bei der in der BRD gem. § 613a BGB auch die mit den Stellen verbundenen Arbeitsverhältnisse auf den Erwerber übertragen werden, kommen für rechtlich unselbständige Produktiveinheiten darüber hinaus Ausgründungen entweder als *Equity carve-outs* oder als *Spin-offs* in Betracht. Die freizusetzenden organisatorischen Einheiten werden zu diesem Zweck mit ihren Vermögensge-

SELL-OFFS *MIT* INNEN-FINANZIERUNGSWIRKUNG	**Teilbetriebsveräußerung** (Divestiture) **Equity carve-out** (Ausgründung mit anschließendem Verkauf)
SELL-OFFS *OHNE* INNEN-FINANZIERUNGSWIRKUNG	**Spin-off** (Ausgründung und anschließende Ausgabe der Anteile an Altgesellschafter ohne Gegenleistung) **Split-off** (Ausgründung und anschließende Ausgabe der Anteile an Altgesellschafter durch Anteilstausch)

Tab. 4 - 1: *Sell-off*-Alternativen und ihre Finanzierungswirkung

genständen und Stelleninhabern in neu gegründete Unternehmungen eigener Rechtspersönlichkeit eingebracht, deren Gesellschaftsanteile im Falle der *Equity carve-outs* liquidisiert, bei *Spin-offs* dagegen ohne Gegenleistung an die Eigenkapitalgeber des Mutterunternehmens ausgegeben werden. Müssen die Gesellschafter der Mutterunternehmung dagegen Kapitalanteile eintauschen, um in den Besitz der Anteile des einem *Split-off*. Der wesentliche Unterschied besteht zunächst in der Finanzierungswirkung. Im Gegensatz zu *Divestitures* oder *Equity carve-outs*, mit denen gebundenes Kapital in frei verfügbare Zahlungsmittel umgewandelt wird, das der Unternehmung zur Finanzierung der Übernahmeausgaben oder für anderweitige Verwendungen zur Verfügung steht, handelt es sich bei den beiden übrigen Gestaltungsoptionen an sich lediglich um eine Umschichtung des Vermögens der Gesellschafter. Sind die im Wege der Ausgründung entstehenden Teile in der Summe jedoch mehr wert als das ursprünglich vorhandene Ganze, so erfahren die Anteilseigner dadurch einen Vermögenszuwachs.[315] Weitere Abweichungen ergeben sich aus den verschiedenen steuerlichen Wirkungen der jeweiligen *Sell-off*-Konstruktionen, welche an dieser Stelle jedoch nicht näher vertieft werden sollen.[316]

Zu erwähnen sind darüber hinaus als besondere Durchführungsformen sogenannte *Management buy-outs* (MBOs), bei denen die abzustoßenden Produktiveinheiten zwar auch durch Teilbetriebsverkauf oder Ausgründungen an Dritte weiterveräußert werden, diese Dritten aber dem mit der Leitung der betroffenen Einheiten beauftragten Personenkreis entsprechen, sowie Belegschafts-*Buy-Outs*, bei denen eine größere Anzahl von Mitarbeitern, d.h. weisungsberechtigte Instanzeninhaber sowie Inhaber von Ausführungsstellen wesentliche Ge-

---

315 GAUGHAN [1991] bezeichnet diesen Effekt als "reverse synergy" (ibid, S. 465). Empirische Evidenz für derartige Wertsteigerungen findet sich z.B. bei SCHIPPER und SMITH [1983], HITE und OWERS [1983] sowie COPELAND ET AL. [1987].

316 Vgl. hierzu u.a. HERZIG [1993], Sp. 4460 sowie RÄDLER [1982].

schäftsanteile übernehmen. Wie *Divestitures* oder *Equity carve-outs* führen auch diese Varianten des Erwerbs von Produktiveinheiten zur Freisetzung liquider Mittel.[317] Scheidet die marktmäßige Verwertung der Produktiveinheiten jedoch aus, so kommt schließlich nur noch ihre Stillegung in Frage. Stillegung organisatorischer Einheiten bedeutet für die hier gewählte materielle Perspektive dabei Außerbetriebnahme sämtlicher untrennbar mit den Einheiten verbundener Sachmittel sowie Abbau der entsprechenden Stellen bzw. Stellenmehrheiten. Als Beispiel einer solchen im Rahmen von *Mergers & Acquisitions* durchgeführten Schließung betrieblicher Teilaktivitäten lassen sich die der Fusion zwischen KLÖCKNER und KRUPP im Jahre 1984 folgenden Restrukturierungsmaßnahmen anführen, die im wesentlichen der Reduktion (branchenweit bestehender) Überkapazitäten dienten.[318]

Da bei den Betriebsmitteln in der Regel nicht nur materielle Ressourcen von strategischer Bedeutung betroffen sind, stehen als Verwertungsoptionen neben Abbruch und Verschrottung auch Verkauf, Vermietung oder Verpachtung zur Auswahl. Ein Stellenabbau hingegen impliziert - wie auch schon bei der Abteilungskonsolidierung im Rahmen des Transfers materieller Ressourcen angedeutet - Eingriffe in den Personalbestand der Unternehmung. Die zentrale Problemstellung besteht daher in der Abwicklung betriebsbedingter Freisetzungen, d.h. in der Änderung bestehender Arbeitsverhältnisse oder in deren Beendigung.[319] Die Aufgaben eines *Postmerger*-Managements umfassen dementsprechend die damit verbundenen personalwirtschaftlichen Handlungsfelder der Planung und Realisation von Versetzungs- und Schulungsmaßnahmen oder von betriebsbedingten Kündigungen, der Gestaltung von Anreizen zur Förderung des freiwilli-

---

317 Für MBOs vgl. z.B. SCHWENKEDEL [1991] oder WRIGHT ET AL. [1989], S. 123.

318 Vgl. COOKE [1986], S. 28.

319 Zu dieser terminologischen Differenzierung von Personalfreisetzung bzw. -freistellung vgl. HENTZE [1990], S. 248 oder ZANDER [1987]. Als betriebsbedingt gelten diese Aktionen, da sie auf Betriebsänderungen i.S.v. § 111 BetrVG zurückzuführen sind.

gen Ausscheidens (vorzeitige Pensionierungen, Abfindungszahlungen, *Outplacement*-Aktivitäten etc.) bis hin zur Aufstellung von Sozialplänen.[320] Dabei gilt es, als Randbedingungen vor allem Prämissen rechtlicher Natur, gesetzliche sowie tarifvertragliche Regelungen, zu beachten.[321]

4.2 Transfer und Elimination immaterieller Ressourcen

Wie bereits im Rahmen von Kap. 3.1.2 skizziert, kann die Kategorie der immateriellen Ressourcen in die drei nicht immer ganz trennscharfen Klassen *Intellectual property rights* und sonstige Exklusivrechte, Kommunikationskonstanten sowie individuelles und organisationales Wissen unterteilt werden. Obgleich den *Intellectual property rights* und sonstigen Exklusivrechten für die ressourcenorientierte Erklärung nachhaltiger Wettbewerbsvorteile keine geringe Bedeutung zukommt, kann im Hinblick auf den Transfer und die Elimination immaterieller Vermögensgegenstände auf eine separate Analyse dieser Ressourcengattung verzichtet werden. Dies zum einen, weil sich die durch sie geschützten Rechtsgüter zum Großteil als Wissen (z.B. Patente, Urheberrechte, Betriebsgeheimnisse etc.) oder als Materialisationen betrieblicher Kommunikationskonstanten (z.B. Warenzeichen) interpretieren lassen, so daß für die Untersuchung der Transfer- bzw. Eliminationsproblematik auf die für die übrigen beiden Ressourcen-

---

320 Vgl. GAUGLER [1989]; HENTZE [1990], S. 255 ff.; WAGNER [1992]; ZANDER [1987]. Zur Planung und Durchführung von Maßnahmen zur Freisetzung von Mitarbeitern während der *Postmerger*-Phase vgl. z.B. HERMSEN [1994], S. 178 ff.; WÄCHTER [1990], S. 119 ff.

321 Als Normen des individuellen sowie kollektiven Arbeitsrechts einschlägig sind in diesem Zusammenhang insbesondere das KSchG sowie die §§ 111-113 BetrVG. Beispiele für vertragliche Bestimmungen sind die diversen branchenspezifischen Rationalisierungsschutzabkommen bzw. Tarifverträge sowie Betriebsvereinbarungen (vgl. z.B. HENTZE [1990], S. 264).

gruppen zu behandelnden Entscheidungstatbestände verwiesen werden kann. Zum anderen aber auch, weil die im Zusammenhang mit der gemeinsamen Nutzung geschützter Rechtspositionen (z.B. Monopole) auftretenden Fragestellungen primär juristischer Natur sind, die rechtliche Ausgestaltung der Integration jedoch explizit nicht Gegenstand der vorliegenden Arbeit sein soll.[322] Aus diesem Grund konzentrieren sich die nun folgenden Ausführungen auf den Transfer bzw. die Transformation oder Elimination von Kommunikationskonstanten einerseits (Kap. 4.2.1) sowie von Wissen andererseits (Kap. 4.2.2).

4.2.1 Transfer und Elimination von Kommunikationskonstanten

Betrachtet man als Beispiel einer Kommunikationskonstante den in Kap. 3.1.2 zitierten 'guten Ruf' eines Unternehmens, dann bleibt zunächst einmal nur festzuhalten, daß sich dieser der Möglichkeit eines *unmittelbaren* Transfers entzieht. Auf welche Weise sollte ein schwerlich greifbares Abstraktum wie das historisch gewachsene Image von einem Unternehmen auf ein anderes direkt übertragen werden? Einem Transfer zugänglich sind allerdings diejenigen Objekte, in denen sich das Image konkretisiert. Solche übertragbaren Identitäten sind Markennamen bzw. -zeichen, die als Herstellermarken Personen- und als Produktmarken Sachvertrauen implizieren, aber auch die über entsprechende persönliche Beziehungen zu Externen verfügenden Mitarbeiter.[323]

Der Markenbegriff ist hierbei bedeutend weiter auszulegen, als dies aus dem traditionell engen Verständnis von Marketing im Sinne eines

---

322 So besteht z.B. die Möglichkeit, daß es von der rechtlichen Konstruktion der Akquisition abhängt, ob die beabsichtigte (Mit-)Nutzung einer geschützten Rechtsposition durchführbar ist oder aber scheitert, weil der *Merger* im Hinblick auf die Rechtsposition als Umgehungstatbestand ausgelegt wird.

323 Vgl. dazu LEITHERER [1989], S. 105. Zur Bedeutung persönlicher Kontakte vgl. auch Kap. 3.1.2.

planvollen "Führen[s] der Unternehmung vom Absatzmarkt her"[324] hervorgehen würde. So darf er für die vorliegende Problemstellung nicht allein auf die Rolle des Mediators im betrieblichen Vertriebsprozeß[325] beschränkt bleiben oder nur zusätzlich auf den Beschaffungsbereich übertragen werden; er soll vielmehr gleichermaßen sämtliche Außenbeziehungen zu *Stakeholdern* umfassend alle Namen, Begriffe, Symbole und wahrnehmbaren Gestaltungsformen einschließen, auf die Produkt- bzw. Firmenimages projiziert sind.[326] Der Gegenstand eines auf den Aus-, Auf-, Ab- oder Umbau von Kommunikationskonstanten gerichteten *Postmerger*-Managements läßt sich damit schließlich als Übertragung, Transformation sowie Elimination von Marken und personellen Kontakten präzisieren.

Transfer, Transformation bzw. Elimination von Marken

Die Entscheidungsprobleme orientieren sich demgemäß zunächst einmal an markenpolitischen Handlungsalternativen. Als Optionen kommen dabei ganz im Sinne der bisher verwandten terminologischen Unterscheidung zwischen Akkumulation und Komplettierung die Weiterführung mehrerer Parallelmarken sowie die Möglichkeit einer Markenbereichserweiterung, d.h. der Übertragung einer Marke auf verschiedene Anwendungen in Betracht.[327] Darüber hinaus kann wie bei den materiellen Ressourcen zwischen der sachzielorientierten Verwendung der Marke einerseits und ihrem Erhalt, der Markenpflege, andererseits unterschieden werden.

---

324 BÖCKER [1993], Sp. 2751.

325 So z.B. bei KOTLER und BLIEMEL [1991], S. 641; LEITHERER [1989], S. 104 ff.; MEFFERT [1991], S. 409 oder NIESCHLAG ET AL. [1991], S. 184 ff.

326 Als Differenzierungskriterien zwischen verschiedenen Marken können somit nicht mehr wie sonst üblich Produktkategorien oder Marktsegmente dienen (vgl. z.B. KOTLER und BLIEMEL [1991], S. 641 ff.), vielmehr müssen allgemein Adressatenkreise, angesprochene Zielgruppen, zugrunde gelegt werden.

327 Vgl. KOTLER und BLIEMEL [1991], S. 641; LEITHERER [1989], S. 104 ff.; MEFFERT [1991], S. 409; NIESCHLAG ET AL. [1991], S. 184 ff.

Die parallele Nutzung mehrerer Marken bietet insbesondere im Absatzbereich den Vorteil, über adressatenspezifische Kommunikationskonstanten zu verfügen.[328] Auf diese Weise lassen sich beispielsweise unterschiedliche Marktsegmente erreichen. Das für den Einsatz der Marken erforderliche Know-how über die jeweils angesprochenen Verkehrskreise impliziert ebenso wie die Möglichkeit, durch Parallelmarken den unternehmensinternen Wettbewerb zu fördern, an sich eine dezentrale Lösung der Organisationsfrage. Die beim Einsatz von Parallelmarken auftretenden Kanibalisierungsrisiken, d.h. die Gefahren einer wechselseitigen Substitution der Marken untereinander, sowie die bei der Markenpflege bestehende Konkurrenz um knappes Kapital erfordern jedoch eine Koordination der Nutzung und Pflege der verschiedenen Marken.[329] Ähnliche Probleme entstehen für den Fall der Markenbereichserweiterung. Zwar genügt es an sich, um den *Goodwill* der Marke einem breiteren Spektrum an Anwendungsalternativen zuzuführen, diejenigen organisatorischen Einheiten, welche die betroffene Marke im Rahmen ihrer *Stakeholder*-Beziehungen einsetzen sollen, mit den entsprechenden Verfügungsrechten auszustatten und dadurch die notwendigen technischen Veränderungen (z.B. des Verpackungsdesigns, des Briefkopfes usw.) zu initiieren. Da sich in der Folge aber neben der angestrebten positiven Irradiationswirkung auch unerwünschte Ausstrahlungs- sowie Verwässerungseffekte einstellen können, erscheint eine Abstimmung des Markeneinsatzes unerläßlich.[330] Zudem ergeben sich für den Erhalt der Markenbekanntheit und des Markenvertrauens Probleme, die bereits im Zusammenhang mit dem Transfer materieller Ressourcen unter dem Stichwort des *Free riding* diskutiert wurden und gleichfalls nach Koordinationsregelungen verlangen.[331]

---

328 Vgl. dazu und zum folgenden v.a. KOTLER und BLIEMEL [1991], S. 652 f.

329 Zur Kannibalisierung vgl. auch TAYLOR [1986].

330 Vgl. LEITHERER [1989], S. 106. So auch COLLIS und MONTGOMERY [1997], S. 66; KOTLER und BLIEMEL [1991], S. 651 oder MONTGOMERY und WERNERFELT [1992].

331 Vgl. dazu ausführlich Kap. 4.1.1.

Neben einer beabsichtigten Akkumulation und Komplettierung von Marken zur Realisation von Wettbewerbsvorteilen können ferner Entscheidungen über solche Marken relevant werden, die zwar miterworben wurden, aus Sicht des vereinigten Unternehmens jedoch strategisch unbedeutend sind. Die entsprechenden Handlungsalternativen beziehen sich auf Tatbestände wie die Initiierung bzw. Planung, Durchführung und Überwachung von Maßnahmen zur Repositionierung oder zur Elimination von Marken.[332] Während eine Repositionierung vor allem an imagebildenden oder die Einstellungen der Zielgruppe verändernden Aktionen ansetzt, stellt sich die Eliminierung als Auswahl und Umsetzung der Alternativen Verkauf, Lizensierung oder Einstellung dar. Diese gilt es, wie in Kap. 4.1.2 für den Bereich der materiellen Ressourcen beschrieben, zu bewältigen.

Dabei können auch Desinvestitionsentscheidungen von Marken zu Teilbetriebsveräußerungen oder -stillegungen mit den entsprechenden bereits skizzierten Folgewirkungen führen, wenn die Aufgaben bestimmter Stellen bzw. Stellenmehrheiten so sehr auf eine Marke ausgerichtet sind, daß mit dem Verkauf, der Lizensierung oder der Einstellung der Marke auch die organisatorischen Einheiten ihre Existenzberechtigung als Teil des Unternehmensverbundes verlieren.[333]

Transfer persönlicher Beziehungen

Abgesehen von Marken konkretisiert sich Image auch in den über persönliche Beziehungen verfügenden Mitarbeitern, Individuen oder Gruppen, die im organisationsinternen Kommunikationssystem die Rollen von *Boundary spanners* bzw. *Gate-keepers* einnehmen.[334] Eine Nutzung ihrer persönlichen Kontakte läßt sich mittelbar, d.h. durch

---

332 Vgl. KOTLER und BLIEMEL [1991], S. 653 ff.

333 So z.B. bei einer *Profit-center*-Organisation, die sich in ihrer Struktur an Produktmarken orientiert.

334 Vgl. PICOT [1993], S. 148.

eine adäquate Modifikation der ihnen zugewiesenen Aufgabenkomplexe sowie entsprechende Einbindung in den innerbetrieblichen Informations- und Kommunikationsprozeß realisieren. Analog einer Markenbereichsausdehnung werden der Handlungsrahmen der Rollenträger erweitert und das an ihre Person gebundene Vertrauen auf diese Weise zusätzlichen Verwendungen zugeführt. Erwirbt beispielsweise die MÜNCHENER RÜCKVERSICHERUNGS-AG den US-amerikanischen Rückversicherungskonzern AMERICAN RE CORP., so können dessen Kundenbeziehungen der gesamten Unternehmensvereinigung zugänglich gemacht werden, indem Vertriebsmitarbeiter der AMERICAN RE CORP. die Vermarktung der MÜNCHENER-RÜCK-Produkte in den USA mitübernehmen.[335]

Wie bei einer Markenbereichserweiterung besteht allerdings auch hier die Gefahr, daß neben den erwünschten Abstrahlungseffekten negative Irradiationswirkungen entstehen.[336] Ähnliche Beispiele lassen sich gleichfalls für andere Außenbeziehungen konstruieren, z.B. für Hochschulkontakte, bei denen dann nicht so sehr der Absatz von Gütern und Dienstleistungen im Vordergrund steht, als vielmehr die Akquisition externen Wissens. Schließlich besteht die Möglichkeit, Beziehungen zwischen den Vereinigungspartnern zu 'transferieren', indem Mitarbeiter des jeweils anderen Unternehmens die zur Wahrnehmung der Kommunikationsrollen erforderlichen Fähigkeiten von den *Boundary spanners* bzw. *Gate-keepers* erlernen.

---

335 Vgl. dazu o.V. [1996d], S. 25: "Die MÜNCHENER RÜCK sei (...) [u.a., Anm. d. Verf.] an den (...) Beziehungen von AMERICAN RE interessiert gewesen. (...) AMERICAN RE verfüge über einen relativ festen Kundenstamm, den sich die MÜNCHENER RÜCK aus eigener Kraft nicht hätte erarbeiten können."

336 Für das gewählte Beispiel kann dies bedeuten, daß der gemeinsame Vertrieb der Produkte in den USA u.U. sinnvollerweise stets unter dem Namen von AMERICAN RE zu erfolgen hat. Dies kann als Beispiel für Ressourcenkomplementarität innerhalb der Kategorie der Kommunikationskonstanten gewertet werden und mag somit erklären, weshalb eine Einzelübertragung des Firmennamens ohne gleichzeitigen Transfer der Beziehungen sinnlos wäre.

Da sowohl die mittelbare Nutzung in Teilbereichen - nämlich bei der Weitergabe externen Wissens - als auch der Erwerb der den Kommunikationsrollen zugrundeliegenden Interaktions- und Kommunikationsmuster Formen eines Wissens- bzw. Fähigkeitentransfers innerhalb des Unternehmensverbundes darstellen, mag an dieser Stelle jedoch der Hinweis auf die Ausführungen des folgenden Abschnitts (Kap. 4.2.2) genügen.

Abschließend läßt sich daher festhalten: Auch bei der Übertragung von Kommunikationskonstanten besteht die zentrale Gestaltungsaufgabe eines *Postmerger*-Managements in der Implementierung geeigneter Koordinationsmechanismen sowie in der Veränderung der Tätigkeiten und innerbetrieblichen Informations- bzw. Kommunikationsbeziehungen bestimmter Stellen. Aufgrund der zwischen den Managementteilsystemen bestehenden Interdependenzrelationen führen diese Eingriffe in die organisatorischen Strukturvariablen wie auch schon beim Transfer materieller Ressourcen zu einer Umgestaltung der betroffenen Informations-, Planungs- und Kontroll- sowie Personalmanagementsysteme.[337] Im Mittelpunkt steht somit letztlich die konzertierte Neuordnung der genannten Teilsysteme hinsichtlich der zu übertragenden Identitäten von Kommunikationskonstanten.

Durch die Betonung des Wertes personeller Beziehungen wurde dabei außerdem die Bedeutung des Erhaltes von Mitarbeitern als Träger strategisch bedeutsamer Kommunikationsrollen deutlich. Im Gegensatz zum Untersuchungsbereich der materiellen Ressourcen, bei denen personalwirtschaftliche Fragestellungen neben der Anpassung der Qualifikationsprofile sowie Anreizsysteme auf die Themen Versetzung oder Entlassung infolge von Stellenabbau beschränkt blieben, gewinnen für das *Postmerger*-Management dadurch auch Maßnahmen zur Verringerung oder Vermeidung von Fluktuation an Gewicht.

---

337 Vgl. dazu oben Kap. 4.1.1.

sehr vage!

4.2.2 Organisationales Lernen zum Transfer von Wissen und Fähigkeiten

Bereits bei der Analyse der Akkumulation und Komplettierung materieller Ressourcen wurde deutlich, daß jeder Faktortransfer als Mittel zur Erlangung von Wettbewerbsvorteilen letztlich auf die *Nutzung* der zu übertragenden strategischen Vermögensgegenstände abstellt (vgl. Kap. 4.1.1). Gestaltungsoptionen zur Realisation eines Wissenseinsatzes wiederum orientieren sich zwangsläufig an den verschiedenen Erscheinungsformen bzw. Ausprägungen dieser Ressourcenkategorie (vgl. Tab. 4 - 2). Dabei kann der in Kap. 3.1.2 entwickelten Taxonomie immaterieller strategischer Faktoren zufolge eine erste Differenzierung der Unternehmensressource Wissen hinsichtlich der Emergenzebene in individuelles oder organisationales sowie in bezug auf die Artikulier- bzw. Kodifizierbarkeit in implizites und explizites Wissen erfolgen. Aus der Überschneidung zwischen der Gattung der *Intellectual property rights* und der Kategorie Wissen bietet sich als weiteres Klassifikationsmerkmal die Frage nach dem rechtlichen Schutz an. Schließlich besteht die Möglichkeit, hinsichtlich des Speicher- oder Träger mediums personalisiertes und unpersönliches Wissen gegen-

EMERGENZEBENE	Indivdiuell	Organisational (systemisch, kollektiv)
ARTIKULIERBARKEIT	Artikulierbar (kodifizierbar, explizit)	Implizit
RECHTSSCHUTZ	Rechtlich geschützt	Rechtlich ungeschützt
WISSENSTRÄGER/ -SPEICHER	Personalisiert	Unpersönlich

Tab. 4 - 2: Wissensdimensionen und ihre dichotomen Merkmalsausprägungen

einander abzugrenzen. Damit aber lassen sich die *Postmerger*-Management-Aufgaben Akkumulation, Komplettierung sowie Elimination für den Objektbereich des Wissens näher kennzeichnen.

Akkumulation als rein quantitative Erweiterung muß sich demnach notwendigerweise auf die Zunahme der Zahl von Trägern bzw. Speichern identischer Wissensinhalte beziehen. Der Zugriff auf einen mengenmäßig größeren Bestand an Mitarbeitern mit gleichartigen Kenntnissen und Fähigkeiten zum Zwecke der sachzielorientierten Nutzung von Wissen aber reduziert den Handlungsrahmen eines immateriellen Ressourcentransfers auf analoge aufbau- und ablauforganisatorische Fragestellungen (Anbindung über Weisungsrechtsbeziehungen sowie Fragen der Kapazitätsterminierung etc.), wie sie bereits im Zusammenhang mit der Akkumulation von Produktiveinheiten diskutiert wurden, sowie auf eine entsprechende Bewältigung des daraus resultierenden Reorganisationsbedarfs für alle übrigen Managementteilsysteme.[338] Daß darüber hinaus die Akkumulation systemischer Kompetenzen, d.h. der Erwerb organisatorischer Einheiten, deren Oberflächen- bzw. Tiefenstrukturen mit denen vorhandener Einheiten übereinstimmen, für eine Integration im Rahmen von Fusionen und Akquisitionen keine spezifische Problemstellung verkörpern, ist unmittelbar einleuchtend. Insofern soll die Frage einer Akkumulation von Wissen im folgenden auch nicht weiter vertieft werden.

Demgegenüber ergeben sich für die Komplettierung als Ausbau des Ressourcenbündels um komplementäre, d.h. inhaltlich neuartige Wissenselemente grundsätzlich zwei alternative Nutzungsmöglichkeiten. Zum einen lassen sich individuelle wie systemische Kompetenzen im Prozeß der betrieblichen Leistungserstellung *mittelbar* einsetzen, indem bestimmte Aufgabenkomplexe im Unternehmensverbund durch die entsprechenden, dazu befähigten Stellen bzw. Stellenmehrheiten der beiden Zusammenschlußpartner wahrgenommen werden.[339] Mit

---

338 Vgl. hierzu Kap. 4.1.1.

339 Entgegen anderen Auffassungen (vgl. dazu unten Fn. 349 auf S. 142) soll diese

den Inhabern dieser Stellen und den innerhalb der Organisationseinheiten bestehenden Oberflächen- und Tiefenstrukturen können auf diese Weise die individuellen und organisationalen Wissenspotentiale der jeweils anderen Partei zugänglich gemacht werden.

Ein solches Szenario ist beispielsweise für den in Kap. 3.2 skizzierten Fall eines innovationsstarken Unternehmens denkbar, welches sich durch einen *Merger* das zur Vermarktung seiner Produktentwicklungen erforderliche Vertriebs-Know-how aneignet. Prinzipiell entspricht dieses Vorgehen der aufbauorganisatorischen Fragestellung einer Abteilungs- oder Stellenspezialisierung.[340] Wie bei der Komplettierung materieller Ressourcen durch den Transfer der mit ihnen untrennbar verbundenen Produktiveinheiten bestehen die *Postmerger*-Entscheidungsprobleme einer Internalisierung der über immaterielle Wettbewerbsvorteile verfügenden Stellen in der Lösung der zwischen betrieblichen Einheiten vorhandenen Koordinationsprobleme, in der Identifikation der adäquaten weisungsrechtlichen Anbindungsebene sowie in der Anpassung aller Managementteilsysteme (vgl. Kap. 4.1.1). Mögliche Schranken findet diese Form des mittelbaren Einsatzes strategisch bedeutsamer Kenntnisse und Fähigkeiten in der begrenzten Kapazität der jeweiligen Stellen bzw. Stelleninhaber.

Wird dagegen der strategische Faktor Wissen als solcher transferiert, kann zum anderen auch eine *unmittelbare* Ressourcennutzung erreicht werden. Ein derartiger Wissensaustausch zwischen den Zusammenschlußpartnern läßt sich unter den Begriff des *organisationalen Lernens* subsumieren: Neue Kenntnisse und Fähigkeiten, individueller wie systemischer Art, werden von der einen auf die andere *Merger*-Partei

---

Art des (indirekten) Wissenstransfers nicht mit dem Begriff des organisationalen Lernens belegt werden.

340 Diese muß dabei keineswegs wie im vorliegenden Beispiel funktionaler Natur sein, sondern kann sich durchaus auch auf alle anderen Dimensionen einer Aufgabenanalyse beziehen. Zur Abteilungs- bzw. Stellenspezialisierung vgl. z.B. PICOT [1993], S. 128.

direkt übertragen, d.h. von dieser 'erlernt'.[341] Da sich die Forschung zum organisationalen Lernen im wesentlichen anhand der von ihr verfolgten epistomologischen Konzeptionen differenzieren läßt, seien die nun folgenden Ausführungen den zwei prominentesten Teilströmungen und ihrem Beitrag zur Fundierung eines Wissenstransfers im Rahmen von Fusionen und Akquisitionen gewidmet.[342] Im einzelnen geht es dabei

- um die Ausarbeitung *kognitivistischer Ansätze* sowie
- um die Präsentation einer *autopoietischen Perspektive*

organisationalen Lernens.

Bevor jedoch diese beiden Teilgebiete näher entwickelt und auf die spezifische *Postmerger*-Management-Situation übertragen werden, sei noch kurz auf das Problem der Elimination obsoleter Wissensinhalte eingegangen. Kurz deshalb, weil sich Elimination einerseits als Ver- oder Entlernern (*Unlearning*) im Sinne HEDBERGs [1981], d.h. als Aufgabe und Ersatz überkommener Interaktions- und Perzeptionsmuster interpretieren und damit *de facto* als Synonym organisationalen Lernens konzipieren läßt.[343] Dadurch aber erübrigt sich eine separate Behandlung dieses Gegenstandes. Andererseits mag der Hinweis auf die in Kap. 4.1.2 für die Elimination materieller Ressourcen thematisierten Inhalte genügen, wenn sich ein Abbau nicht benötigten Wissens aufgrund der Kongruenz von Kompetenzen und organisatorischen Ein-

---

341 Für empirische Belege über einen solchen interorganisationalen Wissensaustausch im Rahmen von *Joint ventures* vgl. z.B. HAMEL [1990] und [1991] oder LYLES [1988], im Zusammenhang mit *Mergers & Acquisitions* vgl. HASPESLAGH und JEMISON [1992].

342 Zu einer ähnlichen Systematisierung vgl. COOK und YANOW [1996], S. 431 ff. oder auch VON KROGH und ROOS [1996], S. 2 sowie VON KROGH und VICARI [1993], S. 394 f.

343 So auch WIEGAND [1996], S. 287. Ähnlich JANSSEN [1997], S. 148, Fn. 77. Vgl. dazu auch unten Fn. 366 auf S. 146. Weitere Vertreter einer solchen *Unlearning school* sind z.B. ELLE [1991], S. 20 ff. oder NYSTROM und STARBUCK [1984].

heiten in Form von Desinvestitionen, Teilbetriebsveräußerungen oder Stillegungen ganzer Abteilungen, konkretisiert.[344]

Kognitivistische Ansätze organisationalen Lernens

Ausgangspunkt kognitivistischer Konzeptionen organisationalen Lernens bildet die grundlegende Annahme, Wissenserwerb im Sinne von Erkenntnisgewinnung beziehe sich auf die mentale Repräsentation realer, d.h. objektiv gegebener Sachverhalte aus der Umwelt des erkennenden Subjekts.[345] Eine derartige Abbildungshypothese findet sich in der deutschsprachigen betriebswirtschaftlichen Forschung beispielsweise bei WITTMANN [1979], der zum einen

> "... Tatsachen, die sich durch die Mittel der Wahrnehmung ergeben, und zum anderen die Ergebnisse der Anwendung von bekannten Regeln des Schließens aus solchen Tatsachen ..."[346]

als Ursprung jeder Wissensgenerierung begreift. Insofern als geistige Abbildung für den Kognitivismus auf symbolischen Rechenvorgängen beruht, läßt sich Kognition als "... auf Regeln basierende Handhabung von Symbolen ..."[347], d.h. letztlich als Prozeß der Informationsverarbeitung beschreiben. Die Rechenvorschriften sind dabei Ausdruck der semantischen Dimension von Information und betreffen - wie oben bereits angedeutet - Regeln der Logik.[348] Kognitive

---

344 Als aktuelles Beispiel einer solchen Elimination können die ursprünglichen Pläne der KRUPP-HOESCH AG betrachtet werden, nach der beabsichtigten Übernahme der THYSSEN AG deren Telekommunikationssparte sowie andere stahlferne Unternehmensbereiche abzustoßen. Für ein ähnliches Beispiel siehe auch SHRIVASTAVA [1986], S. 69.

345 Vgl. VARELA [1992] oder VARELA ET AL. [1995], S. 65 ff. So auch AADNE ET AL. [1996], S. 11: "... knowledge can be seen as a mirror of reality." Ähnlich KLEINHANS [1989], S. 5 ff.

346 WITTMANN [1979], Sp. 2263. Vgl. auch WILD [1974], S. 119.

347 VARELA ET AL. [1995], S. 68. So auch VARELA [1992], S. 239.

348 Ibid. Zu den Ebenen der Semiotik vgl. z.B. ECO [1994].

Einheiten sind somit offen für Informationen aus ihrer Umwelt. Die kognitivistisch ausgerichtete Literatur zum organisationalen Lernen differenziert dabei hinsichtlich der Erkenntnissubjekte zwischen Individuen sowie Institutionen. Während also eine Gruppe von Autoren[349] organisationales Lernen gleichsam als das Lernen von Individuen *in* der Organisation *für* die Institution problematisiert, verwendet eine andere[350] die Vokabel 'Lernen' eher als Metapher, indem sie den Ablauf individueller Erkenntnisprozesse auf die systemische Ebene überträgt.[351] Organisationales Lernen erfaßt somit nicht nur den Erwerb kollektiver Fähigkeiten, obgleich das Attribut 'organisational' dies durchaus suggerieren mag, sondern schließt darüber hinaus die Akquisition individuellen Wissens mit ein.

Allerdings konzentrieren sich beinahe alle kognitivistischen Ansätze organisationalen Lernens ausschließlich auf den Bereich des Erfahrungslernens (*Experiential learning*), indem sie die kognitiven Einheiten, gleich, ob es sich dabei um Einzelpersonen oder Institutionen handelt, als adaptiv-rationale Entitäten charakterisieren: Lernen wird ganz im Sinne einer *Stimulus-Response*-Logik als jene Veränderungen bzw. Anpassungen des einer Handlung zugrundeliegenden Wissens

---

349 Vgl. ARGYRIS und SCHÖN [1978]; DODGSON [1993]; MARCH und OLSEN [1976] bzw. [1988]; SHRIVASTAVA [1983]. Am deutlichsten tritt dies bei SIMON [1991] hervor: "All learning takes place inside human heads; an organization learns in only two ways: (a) by the learning of its members, or (b) by ingesting new members who have knowledge that the organization didn't previously have." (ibid., S. 125).

350 Vgl. z.B. BARR ET AL. [1994]; CYERT und MARCH [1992], S. 171 ff.; LANT und MEZIAS [1992]; LEVITT und MARCH [1996]. Dabei erkennen diese rein institutionell orientierten Ansätze durchaus an, daß systemische Potentiale an sich von Individuen (den Organisationsmitgliedern) verändert bzw. verbessert werden. Doch wird organisationales Wissen als in seinem Bestand weitgehend unabhängig von Einzelpersonen betrachtet und für die Konzeptualisierung des Lernprozesses daher von den Individuen abstrahiert (vgl. z.B. LEVITT und MARCH [1996], S. 517).

351 Zu dieser Unterscheidung vgl. COOK und YANOW [1996], S. 432 ff. Ähnlich auch WIEGAND [1996], S. 182 ff.

verstanden, welche durch die Wahrnehmung von in der Vergangenheit realisierten Zielabweichungen ausgelöst werden (Lernen durch Versuch und Irrtum). Nur wenige Autoren hingegen setzen sich *expressis verbis* mit dem für die vorliegende Problemstellung eines *Post-merger*-Managements relevanten Thema des "Learning from the experience of others"[352] auseinander.[353] Dabei ist aus kognitivistischer Sicht klar, daß sich ein solches Lernen als Erfahrungsaustausch nur durch Weitergabe von Informationen gestalten läßt. Nach Auffassung der meisten Konzeptionen setzt dies jedoch voraus, daß (Er-)Kenntnisse symbolisch ausgedrückt bzw. in eine syntaktische Form übersetzt werden, um sie anderen mitteilen zu können.[354] Dadurch aber bliebe jeder Wissenstransfer zwangsläufig auf den Austausch artikulier- bzw. kodifizierbarer Wissensformen beschränkt, eine Übertragung impliziten Wissens hingegen wäre schlichtweg ausgeschlossen.

Und doch kennen die oben zitierten Ansätze des erfahrungsbasierten Lernens die Verbreitung nicht-explizierbarer Fähigkeiten. LEVITT und MARCH [1996] beispielsweise machen Routinen[355] und damit

---

352 LEVITT und MARCH [1996], S. 527.

353 Vgl. neben LEVITT und MARCH [1996] vor allem auch HUBER [1996], S. 135 ff. Während jedoch LEVITT und MARCH [1996] mit den von ihnen als Analogon aus der Epidemiologie konstruierten Wissensdiffusionsprozeß primär auf den unfreiwilligen Abfluß von Know-how an Konkurrenzunternehmungen abstellen (vgl. dazu auch ARGOTE ET AL. [1990], DUTTON und THOMAS [1984] oder ZANDER und KOGUT [1995]), betrachtet HUBER [1996] neben dieser in der Literatur unter dem Stichwort des Nachahmungslernens (*Mimetic learning*) diskutierten Form darüber hinaus den von ihm als "Grafting" (HUBER [1996], S. 136) bezeichneten Wissenstransfer im Rahmen von *Mergers & Acquisitions* sowie *Joint ventures*.

354 Vgl. KLEINHANS [1989], S. 24 ff. So implizit auch HUBER [1996], S. 141 ff.

355 LEVITT und MARCH [1996], S. 517: "Within such a [learning, Anm. d. Verf.] framework, organizations are seen as learning by encoding inferences from history into routines that guide behavior. The generic term 'routines' includes the forms, rules, procedures, conventions, strategies, and technologies around which organizations are constructed and through which they operate. It also includes the structure of beliefs, framework, paradigms, codes, cultures, and knowledge that buttress, elaborate, and contradict the formal routines."

nicht nur Oberflächen-, sondern auch Tiefenstrukturen ausdrücklich zum Gegenstand ihres Lernkonzeptes. Ebenso bezeichnen ARGYRIS und SCHÖN [1978] Prozesse des "assumption-sharing"[356] als Grundlage der Lernfähigkeit von Organisationen. Fundieren läßt sich eine solche Weitergabe impliziter Wissensinhalte mit Hilfe der kognitiven Psychologie.[357] So grenzt BANDURA [1986] im Rahmen seiner 'sozialkognitiven Theorie' des Lernens den Bereich des Erfahrungslernens (*Enactive learning*) gegen das Konzept des Beobachtungslernens (*Observational learning*) ab.[358] Letzteres gestattet es, den Erwerb neuer Fähigkeiten und Verhaltensmuster durch die Beobachtung des Verhaltens anderer und der dabei wahrgenommenen Umweltreaktionen inklusive der Anreize oder Sanktionen, die der Beobachtete infolge seines Verhaltens erhält bzw. erfährt, zu erklären. Die Weitergabe von Kognitionen als Informationsaustausch ist damit unabhängig von der Artikulierbarkeit des Wissens allein durch die Perzeption der Handlungen eines vorbildhaften Lernobjektes und den für das Modell aus seinen Aktionen resultierenden Folgen möglich.[359] Gleichwohl ist eine Explizierung der zu übertragenden Erkenntnisse dazu geeignet, den Vorgang des Transfers zu *erleichtern*:

---

356 ARGYRIS und SCHÖN [1978], S. 139 ff.

357 Für einen Überblick vgl. MANDL ET AL. [1988]. Die psychologische Kognitionsforschung unterscheidet dabei zwischen *deklarativem* und *prozeduralem* Wissen: "Declarative memory is memory that is directly accessible to conscious recollection. It can be declared. It deals with facts and data that are acquired through learning (...). In contrast, procedural memory is not accessible as specific facts, data, or time-and-place events. Procedural memory is memory that is contained within learned skills or modifiable cognitive operations." (SQUIRE [1987], S. 152; ähnlich auch MACHLUP [1980], S. 8 oder RYLE [1969], S. 30 ff.). Doch können die terminologischen Abweichungen nicht darüber hinwegtäuschen, daß das *Procedural knowledge* inhaltlich mit dem von POLANYI [1985] geprägten Begriff des impliziten Wissens übereinstimmt (vgl. dazu auch COHEN und SPROULL [1996], S. x).

358 Vgl. BANDURA [1986], S. 47 ff. bzw. 106 ff.

359 So auch NONAKA [1994], S. 19 unter dem Begriff der "Socialization" oder POLANYI [1985], S. 33 sowie WINTER [1987], S. 171.

> "Observational learning (...) is greatly *facilitated* [Hervorh. d. Verf.] if models [, i.e. observational objects, Anm. d. Verf.] verbalize their thought processes in conjunction with their action strategies."[360]

Eine autopoietische Perspektive organisationalen Lernens

Eine autopoietische Konzeption organisationalen Lernens hingegen basiert zunächst einmal auf einem von der oben skizzierten kognitivistischen Perspektive abweichenden Verständnis des Prozesses menschlicher Erkenntnis, für das allgemein der Begriff des *radikalen Konstruktivismus* geprägt wurde.[361] Danach darf Kognition nicht so sehr als naturgetreue Repräsentation der Realität, sondern muß vielmehr als systeminterne Konstruktion der exogen gegebenen Wirklichkeit betrachtet werden. Im Gegensatz zur Offenheit der Erkenntnissubjekte im Kognitivismus weisen autopoietische Entitäten dementsprechend eine sogenannte operationale Geschlossenheit auf. Zwar sind sie durchaus offen für die Aufnahme von Stimuli aus der Umwelt (sog. energetische Offenheit), doch zugleich geschlossen im Hinblick auf die informationelle Verarbeitung dieser Reize, bei der sie sich stets auf sich selbst beziehen (*Selbstreferenz*).[362] Der zweite wesentliche Unterschied resultiert aus der Interpretation des Organisations-

---

360 WOOD und BANDURA [1989], S. 363. Damit ist (symbolische) Artikulation nicht mehr notwendige Bedingung, sondern nur noch unterstützendes Hilfsmittel im Kontext eines Wissenstransfers.

361 Grundlegend dazu MATURANA und VARELA [1987]. Für einen Überblick vgl. auch PICOT ET AL. [1996], S. 83 f.

362 So z.B. VON KROGH und ROOS [1996], die diesen Dualismus unter Bezugnahme auf die Ebenen der Semiotik konkretisieren: "[T]he organization (...) is open with respect to data but closed with respect to information and knowledge." (ibid., S. 2 f.). Dabei beziehen sich VON KROGH und ROOS [1996] mit der Vokabel 'Daten' (anders als bei Verwendung des Datenbegriffes in der deutschsprachigen Literatur zur Semiotik) auf die syntaktische, nicht auf die semantische Ebene. Vgl. dazu auch die Differenzierung in der Sprachpsychologie zwischen konnotativer und denotativer Symbolbedeutung bei PICOT ET AL. [1996], S. 84.

begriffs in der modernen Systemtheorie.[363] Nahmen kognitivistische Ansätze[364] stets auf das Individuum als Organisationsmitglied - und zwar entweder als kognitive Einheit oder doch zumindestens als Agent der lernenden Institution - Bezug, so begreift die Theorie selbstreferentieller sozialer Systeme nicht mehr Personen oder technische Anlagen, sondern ausschließlich (kommunikative) Handlungen als die Letztelemente von Systemen.[365] Damit tritt das Problem der doppelten Kontingenz in den Vordergrund:

> "PARSONS geht davon aus, daß kein Handeln zustande kommen kann, wenn Alter sein Handeln davon abhängig macht, wie Ego handelt und Ego sein Verhalten an Alter anschließen will. (...) Ohne Lösung dieses Problems der *doppelten Kontingenz* [Hervorh. d. Verf.] kommt kein Handeln zustande, weil die Möglichkeit der Bestimmung fehlt."[366]

Die Bewältigung dieser Problematik, die letztlich an die Handhabung von Systemkomplexität anschließt, liegt in der Ausbildung von Erwartungsmustern (z.B. Rollenerwartungen, Werten usw.), welche die Strukturen und damit den Wissensvorrat eines sozialen Systems

---

363 Vgl. dazu und zum folgenden vor allem LUHMANN [1996].

364 Und dies sogar bei an sich handlungstheoretisch orientierten Ansätzen wie ARGYRIS und SCHÖN [1978], LEVITT und MARCH [1996] oder MARCH und OLSEN [1976] bzw. [1988]. Eine Ausnahme hierzu stellen CYERT und MARCH [1992] dar.

365 LUHMANN [1996], S. 191 ff. Dementsprechend ist die individuumszentrierte Sichtweise der Autopoiesis im radikalen Konstruktivismus auf die institutionelle Ebene zu übertragen: "[D]er Begriff der Selbstreferenz [wird, Anm. d. Verf.] (...) von seinem klassischen Standort im menschlichen Bewußtsein oder im Subjekt gelöst und auf Gegenstandsbereiche, nämlich auf reale Systeme als Gegenstand der Wissenschaft, übertragen." (ibid., S. 58).

366 Ibid., S. 149. Zur Definition von Wissen siehe ibid., S. 447: "... Erwartungen [werden, Anm. d. Verf.] als Wissen behandelt." An dieser Stelle wird auch das oben skizzierte Verhältnis zwischen Lernen als Akquisition neuer und Elimination als Verlernen obsoleter Wissensinhalte deutlich, wenn LUHMANN [1996] Vergessen als das zu Lernvorgängen gehörige "Korrektiv" (ibid., S. 448) bezeichnet.

konstituieren.[367] Für den Objektbereich organisationalen Lernens aber bedeutet dies:

> "Auf der Ebene der *Erwartungen*, nicht auf der Ebene der Handlungen, kann ein System *lernen* [Hervorh. d. Verf.], kann es Festlegungen wieder auflösen, sich äußeren oder inneren Veränderungen anpassen."[368]

Ein derartiges Lernen im Sinne von Strukturanpassung wiederum kann sich aufgrund der Selbstreferentialität nur im Wege der Selbstmodifikation, d.h. über kommunikatives Handeln vollziehen. Durch die Selbstbezogenheit geht dabei "viel 'Eigenes' in die 'Anpassung'"[369] ein, denn alle Impulse aus der Umwelt werden zunächst interpretiert bzw. intern konstruiert, bevor sie Änderungen auslösen. Aus der operationalen Geschlossenheit resultiert darüber hinaus aber auch, daß die für die kognitivistische Sichtweise maßgebliche Adaption des Systems an seine Umwelt keineswegs sämtliche Formen von Strukturänderung erfaßt. Im Rahmen der Autopoiesis nämlich besteht eine weitere Möglichkeit darin, daß das System eine Strukturänderung als Reaktion auf Probleme mit der Systemkomplexität selbst produziert. LUHMANN [1996] spricht in diesem Zusammenhang von Selbst- im Gegensatz zur Umweltanpassung:

> "*Selbstanpassung* [Hervorh. d. Verf.] bereinigt systeminterne Schwierigkeiten, die sich aus Unausgewogenheiten in der Relationierung von Elementen, also in der Reduktion interner Komplexität ergeben (die ihrerseits Folge von Umweltanpassungen sein können)."[370]

Damit und mit der Wertung von *Mergers & Acquisitions* als Maßnahmen zur (Wieder-)Herstellung des *Fits* zwischen dem eine Unter-

---

367 Vgl. ibid., S. 396 ff.

368 Ibid., S. 472.

369 Ibid., S. 479.

370 Ibid.

nehmung begründenden Ressourcenbündel und der Unternehmensumwelt (vgl. Kap. 3) wird schließlich deutlich, daß sich der in der *Postmerger*-Phase vollziehende interorganisationale Wissensaustausch als Prozeß einer solchen LUHMANNschen Selbstanpassung konzipieren läßt. Das Bemühen um Umweltangleichung in Gestalt des *Mergers* führt zu einer bewußten Erhöhung der Systemkomplexität, wenn die heterogenen Erwartungsmuster der Zusammenschlußpartner aufeinandertreffen. Um das Problem der doppelten Kontingenz auch künftig zu überwinden und nicht in Handlungsunfähigkeit zu verfallen, kommt es zwangsläufig zu Strukturänderungen im Wege einer Selbstanpassung. Die vom Wandel betroffenen Erwartungsmuster lassen sich dabei als die in Kap. 3.1.2 angesprochenen nicht artikulierbaren Grundlagen organisationaler Fähigkeiten interpretieren. Insofern bezieht sich autopoietisches Lernen auf die Ebene der Tiefenstrukturen.

Konsequenzen für das Postmerger-Management

Aus der gesamthaften Betrachtung kognitivistischer wie autopoietischer Ansätze organisationalen Lernens ergeben sich für die Problemstellung eines Wissenstransfers im Rahmen von *Mergers & Acquisitions* folglich mehrere Ansatzpunkte. Für den Gegenstand kodifizierbaren Wissens läßt sich der Aktionsrahmen eines *Postmerger*-Managements als Initiierung eines Informationsaustausches beschreiben.[371] Kodifiziertes individuelles Wissen sowie die Oberflächenstrukturen als explizierbare, weil formal legitimierte Elemente institutioneller Potentiale können durch Weitergabe entsprechender Dokumente (Handbücher, Verfahrensanweisungen, Organigramme etc.) oder durch *Face-to-face*-Kommunikation zwischen den *Merger*-Parteien übertragen wer-

[371] Insofern unterscheidet sich der Gegenstand eines *inter*organisationalen Wissenstransfers nicht wesentlich von dem eines *intra*organisationalen Wissensaustausches großer diversifizierter und international tätiger Unternehmungen. Vgl. hierzu z.B. WIEGAND [1996], S. 517. Für empirische Untersuchungen zum *intra*organisationalen Wissenstransfer vgl. ADLER [1990]; EPPLE ET AL. [1996]; TEECE [1977].

den. Was die artikulierbaren Bestandteile individueller oder organisationaler Fähigkeiten anbelangt, geht es also im wesentlichen um die Einrichtung der zur Realisation eines *Best-practice*-Austausches innerhalb der Unternehmensvereinigung erforderlichen Informations- und Kommunikationsstrukturen sowie um die Handhabung der zur Implementierung von *Best practices* erforderlichen Reorganisationsprozesse.[372]

Als maßgebliches Entscheidungsproblem eines *Postmerger*-Managements stellt sich insofern die Frage, ob und inwieweit ein solcher Transfer per Weisung anzuordnen ist oder ob lediglich Anreize zur Stimulierung freiwilliger Kommunikation zwischen den organisatorischen Einheiten der Vereinigungspartner zu schaffen sind.[373] Das Spektrum denkbarer Handlungsalternativen umfaßt somit Maßnahmen zur Adaption von Vergütungs- und Personalbeurteilungssystemen auf Basis der Bereitschaft, Wissen mit anderen Organisationsmitgliedern zu teilen, ebenso wie Aktionen zur Förderung informeller Kontakte, die Einrichtung von Wissensdatenbanken, die Durchführung von Schulungen oder Veranlassung von Personaltransfers bis hin zur Vorgabe konkreter Gestaltungsanweisungen und Lösungsvorschriften für bestimmte betriebliche Tätigkeitsgebiete (z.B. Produktionsplanung- und steuerung, Qualitätssicherung, Finanzbuchhaltung usw.).[374]

Unabhängig von der Auswahl bzw. Kombination der einzelnen *Postmerger*-Aktivitäten, besteht eine zentrale Problemstellung darin, die entsprechenden Know-how-Träger (Individuen oder organisatorische Einheiten) überhaupt zu identifizieren, um Wissensangebot und

---

372 Zur Bedeutung eines *Best-practice*-Austausches für den Auf- und Ausbau betrieblicher Kernkompetenzen vgl. CAMPBELL [1992], S. 186 sowie COLLIS und MONTGOMERY [1997], S. 155 ff.

373 Vgl. hierzu und zum folgenden CAMPBELL [1992], S. 184.

374 Ähnlich SCHÜPPEL [1996], S. 198 ff.

Wissensbedarf innerhalb der Unternehmensvereinigung koordinieren zu können. Denn

> "[o]rganizational units with potentially synergistic information are often not aware of where such information could serve, and so do not route it to these destinations. Also, units which might be able to use information synergistically do not know of its existence or whereabouts."[375]

Während jedoch Instrumente zur Analyse der Nachfrageseite in Form der Informationsbedarfsanalyse vergleichsweise gut ausgestaltet sind, scheint es an Ansätzen für die Lokalisierung der Träger von Wissen auch weiterhin zu fehlen.[376] Zwar sind die oben kurz beschriebenen Veränderungen der Anreizstrukturen dazu geeignet, mittels einer entsprechenden Gestaltung motivationaler Kontextbedingungen eine bewußt gesteuerte, planvolle Suche nach vorhandenen Potentialen durch einen selbstorganisierenden Prozeß zu substituieren. Es bleibt jedoch fraglich, ob dies angesichts individueller Präferenzstrukturen genügt, um das aus strategischer Sicht wünschenswerte Maß an interorganisationalem Wissenstransfer zu gewährleisten.

---

375 HUBER [1996], S. 142 f.

376 So beispielsweise HUBER [1996], S. 143 f.: "How those who process nonroutine information and those who need this information find each other is relatively unstudied, but deserves attention of researchers interested in organizational learning." Erste Vorschläge in diese Richtung finden sich bei SCHÜPPEL [1996], S. 192 f. Für einen Überblick zur Informationsbedarfsanalyse vgl. z.B. KÜPPER [1997], S. 134 ff. Die Ursachen dieses wissenschaftlichen Defizits sind dabei relativ leicht auszumachen: Die in der Vergangenheit vorherrschende Ausrichtung des betrieblichen Informationswesens auf quantitative und vor allem wertmäßige Inhalte nämlich erübrigt eine explizite Auseinandersetzung mit der Frage, woher zweckorientiertes Wissen gewonnen werden kann, sofern eine Unternehmung über ein funktionsfähiges Rechnungswesen verfügt. Aus der rechtlichen Verpflichtung zur Buchführung aber kann geschlossen werden, daß ein bestimmtes Mindestmaß derartiger Informationen stets gegeben und eindeutig lokalisierbar ist.

Wie in Kap. 3 deutlich wurde, basieren nachhaltige Wettbewerbsvorteile freilich nicht nur auf explizierbarem Wissen, sondern zu einem Großteil auf Kenntnissen und Fähigkeiten mit ausgeprägt implizitem Charakter, zumal ein Mangel an Artikulierbarkeit einen vergleichsweise guten Schutz vor Imitation und vor unfreiwilligem Abfluß von Know-how an die Konkurrenz bietet.[377] Im Akquisitionsfall jedoch erweist sich eben jene Eigenschaft für eine Übertragung des strategischen Faktors als hinderlich, die für den dauerhaften Erhalt der auf ihm basierenden Ressourcenposition äußerst zweckdienlich war und ist. Denn während kodifiziertes Wissen, sofern lokalisiert, mittels der oben skizzierten, an sich relativ simplen Übertragungsmechanismen weitergegeben werden kann, lassen sich implizite Wissensinhalte nur durch Beobachtungslernen und damit nur im direkten Kontakt zwischen 'Lehrer' und 'Schüler' vermitteln.[378] Als geeignete Maßnahmen eines *Postmerger*-Managements kommen daher sowohl temporäre Personaltransfers als auch eine dauerhafte räumliche Zusammenfassung der betroffenen Stelleninhaber in Betracht.[379]

Darüber hinaus gilt es, die für den Erfolg der Wissensvermittlung erforderliche Lernatmosphäre zu schaffen. Einflußgrößen lassen sich dabei aus den Subprozessen des Beobachtungslernens nach BANDURA [1986] gewinnen: Als wesentlich erscheinen danach Faktoren, die vor allem die kognitiven Qualitäten des Beobachtenden, dessen Wahrnehmungsfähigkeit sowie seine Bereitschaft, das Erlernte später auch selbst umzusetzen, steigern.[380] Für das *Postmerger*-Management heißt

---

[377] Empirische Evidenz hierzu findet sich bei ZANDER und KOGUT [1995], S. 79. Vgl. auch JANSSEN [1997], S. 147.

[378] Zugleich ist dies ein Grund dafür, daß sich Formen impliziten Wissens nur durch Unternehmensvereinigungen und nicht auf Faktormärkten im traditionellen Sinne erwerben lassen.

[379] Vgl. dazu z.B. CARLSSON und ELIASSON [1994], S. 699: "In activities dominated by tacit, incommunicable knowledge, learning requires reallocation of people, not information."

[380] Vgl. dazu und zum folgenden BANDURA [1986], S. 51 ff. sowie WOOD und BANDURA [1989], S. 362 f.

dies sicherstellen, daß für den Wissensträger und den Lernenden identische Anreiz- und Sanktionssysteme gelten und daß ein entsprechend positives *Feedback* auf veränderte Verhaltensweisen auch erfolgt.[381] Ein weiterer Parameter ist schließlich die sozio-emotionale Grundstimmung zwischen den beteiligten Personen. So verbessern positive Gefühle nicht nur die kognitiven Fähigkeiten des Beobachters.[382] Vielmehr hängt das Ergebnis des Beobachtungslernens auch davon ab, wie es um den Kooperationswillen beider Seiten bestellt ist, d.h. letztlich, ob der Lernende am Wissen seines 'Lehrers' überhaupt partizipieren möchte und ob umgekehrt der Beobachtete bereit ist, einen anderen, noch dazu neuen Mitarbeiter an seinen Kenntnissen teilhaben zu lassen.[383]

Damit aber verlagert sich der Schwerpunkt eines *Postmerger*-Managements von den oben skizzierten strukturbezogenen zu verhaltensorientierten Aktivitäten wie der Durchführung vertrauensbildender Maßnahmen oder der Gestaltung von Anreizen zur Förderung der Bereitschaft, neues Wissen zu erlernen und eigenes Know-how zu teilen, etc. Die Betonung psychologischer bzw. motivationaler Aspekte wirft zudem die Frage auf, ob strukturale Veränderungen zur Schaffung räumlicher Nähe als *Top-down*-Entscheidungen unter Umständen auch gegen den Willen betroffener Organisationsmitglieder oder nur auf freiwilliger Basis geschehen sollten.

Da sich *Observational learning* im Sinne BANDURAS [1986] allerdings lediglich auf die *intersubjektive* Vermittlung impliziten Wissens beschränkt, bleibt nach wie vor offen, wie eine kognitivistische Perspektive organisationalen Lernens den Transfer tiefenstruktureller, also impliziter *kollektiver* Fähigkeiten, erfassen will. Vor dem Hintergrund

---

381 Zur Relevanz von Rückmeldungen über den Lernerfolg für den Prozeß des Wissenserwerbs vgl. z.B. THORNDIKE [1970] oder VROOM [1964]. Vgl. auch HASPESLAGH und JEMISON [1992], S. 138.

382 Vgl. dazu WIEGAND [1996], S. 352 f.

383 So auch HASPESLAGH und JEMISON [1992], S. 138.

der Definition von Unternehmenskultur als von allen Organisationsmitgliedern geteilten, nicht artikulierbaren Wissens[384] läßt sich eine solche Übertragung auf den ersten Blick als Erwerb von Interaktions- und Perzeptionsmustern durch Beobachtungen in der Gruppe interpretieren.[385] Tatsächlich folgen Lernprozesse in Gemeinschaften nach Auffassung sozialpsychologischer Ansätze durchaus den Mustern des Beobachtungslernens.[386] Daß Beobachtung als Transfermechanismus kulturelles Lernen dabei zwangsläufig auf einen im wahrsten Sinne des Wortes 'überschaubaren' Personenkreis begrenzt, erscheint für ein auf die Übertragung kollektiver Kompetenzen ausgerichtetes *Post-merger*-Management jedoch weit weniger problematisch als dies angesichts der oben getroffenen Abgrenzung des Kulturbegriffs mit seinem Verweis auf *'alle'* Organisationsmitglieder zunächst wirken mag.[387] Denn zum einen erfordert das Verständnis des in Kap. 3 vorgestellten ressourcenorientierten Wettbewerbsparadigmas keineswegs die Existenz einer monolithischen Einheitskultur. Vielmehr sind die dort beschriebenen tiefenstrukturellen Phänomene durchaus kompatibel mit der Vorstellung, Organisationskultur stelle ein pluralistisches, aus verschiedenen Subkulturen zusammengesetztes Gebilde dar.[388] Damit aber läßt sich der Transfer impliziten kollektiven Wis-

---

384 Vgl. ARGYRIS und SCHÖN [1978], S. 16 f.; COOK und YANOW [1996], S. 439 f.; DODGSON [1993], S. 382; PAUTZKE [1989], S. 113 f.; SCHEIN [1985], S. 19 bzw. [1995], S. 21 ff. sowie SHRIVASTAVA [1983], S. 11 ff.

385 So übertragen beispielsweise GIOIA und MANZ [1985] das Konzept des *Observational learning* auf die Aneignung von *Scripts*, sog. "... consensual schemas [sic!, Anm. d. Verf.] to understand and respond to organizational situations with relatively little active information processing." (ibid., S. 529).

386 Vgl. z.B. DÄUMLING ET AL. [1974], S. 44.

387 Vgl. dazu beispielsweise die Kritik WIEGANDs [1996] am Konzept gemeinsam geteilten Wissens (ibid., S. 428).

388 Dies ergibt sich z.B. aus der in Kap. 3.1.3 entwickelten Differenzierung systemischer Fähigkeiten. So korrespondieren nicht artikulierbare *funktionale* Kompetenzen unmittelbar mit den gruppenspezifischen Handlungsmustern in den Funktionsbereichen eines Unternehmens. *Integrative* Fähigkeiten wiederum können abteilungsgebundene Einstellungen hinsichtlich abteilungsübergreifender Kooperation betreffen usw. Zu dieser Auffassung von Unternehmens-

sens als gruppengebundenes Beobachtungslernen (z.B. innerhalb von Abteilungen) konzipieren. Zum anderen gestattet ein sequentieller Erklärungsansatz darüber hinaus eine die Gruppengrenzen transzendierende Weitergabe tiefenstruktureller Elemente, wenn Interaktionen zwischen verschiedenen kulturellen Teileinheiten zur Beobachtung und sukzessiven Internalisierung bestimmter Verhaltensmuster führen.[389] *Postmerger*-Management bezieht sich dementsprechend wie bereits bei der Vermittlung nicht artikulierbaren individuellen Wissens primär auf Maßnahmen zur Schaffung direkter Kontaktmöglichkeiten.

Als viel entscheidender erweist sich dagegen die Frage, ob ein auf der informationellen Offenheit von kognitiven Einheiten beruhendes Verständnis des Wissenserwerbs dem Gegenstandsbereich *lebensweltlich* geprägter Perzeptions- und Interaktionsmuster überhaupt gerecht werden kann.[390] So ist es doch gerade ein Charakteristikum des HABERMASschen [1981] Lebensweltkonzeptes, daß die Grenzen subjektiven Denkvermögens von Sprach- und Lebensformen wie von einer Art Hintergrundwissen maßgeblich bestimmt werden.[391] Daraus aber läßt sich die direkte Verbindung zur kognitiven Geschlossenheit des radikalen Konstruktivismus und zur Selbstreferenz moderner Systemtheorie nach LUHMANN [1996] ablesen. Wie weiter oben bereits beschrieben, vollzieht sich ein auf die Tiefenstrukturen bezogenes autopoietisches Lernen im Rahmen von *Mergers & Acquisitions* danach durch Selbstanpassung infolge intentional gesteigerter Systemkomplexität. Aus diesem Grund kann auch nicht mehr von Transfer als einseitigem Vorgang der Übertragung kollektiver Fähigkeiten gesprochen werden. Selbstreferentialität und Selbstanpassung implizieren

kultur vgl. auch BLEICHER [1992], Sp. 2245 f.; MEYERSON und MARTIN [1994], S. 174 ff.; SCHREYÖGG [1992], Sp. 1531; STEINMANN und SCHREYÖGG [1990], S. 543 f.; ULRICH [1993], Sp. 4359.

389 Ähnlich WIEGAND [1996], S. 438.

390 Zu dieser Lesart von Tiefenstruktur vgl. Kap. 3.1.2.

391 Vgl. HABERMAS [1981], S. 182 ff. oder SCHÜTZ und LUCKMANN [1979], S. 29.

vielmehr die "morphogenetische"[392] Entwicklung neuer Erwartungsmuster, in die infolge der Autopoiesis stets Komponenten der bei beiden Vereinigungspartnern vorhandenen tiefenstrukturellen Paradigmen einfließen.

Der Transfer organisationaler Potentiale wandelt sich auf diese Weise zu einer evolutorischen Transformation kollektiver Fähigkeiten durch "cooperative experimentation"[393], das *Postmerger*-Management zur Gestaltung der für dieses Experiment erforderlichen Kontextbedingungen. Da selbstreferentielle Strukturänderung auf kommunikativem Handeln basiert, konkretisiert sich der Aufgabenbereich des *Postmerger*-Managements in der Schaffung von Interaktionsmöglichkeiten und entsprechenden Freiräumen, um inkonsistentem Verhalten und der daraus resultierenden Genese neuer Erwartungsmuster eine Chance zu geben:

> "Eine organisatorische Flexibilisierung durch Erweiterung von Handlungsspielräumen fördert Lernmöglichkeiten, vor allem durch die Konfrontation von Personen, die Träger umfangreichen taziten [d.h. impliziten, Anm. d. Verf.] Wissens sind."[394]

4.3 Postmerger-Management: Balanceakt zwischen Erhalt und Transformation strategischer Ressourcen

Betrachtet man die in Kap. 4.1 und 4.2 analysierten Entscheidungsprobleme eines ressourcenorientierten *Postmerger*-Managements, so zeichnet sich als zentrales Motiv deutlich ab, daß eine Realisation der

---

392 LUHMANN [1996], S. 485.

393 VICARI ET AL. [1996]. Vgl. auch VICARI [1994].

394 JANSSEN [1997], S. 181. Zum Kontaktspielraum (der Möglichkeit zur Kooperation und Kommunikation) als Dimension des Handlungsspielraums vgl. auch VON ROSENSTIEL [1992], S. 106.

mit *Mergers & Acquisitions* angestrebten Wettbewerbsvorteile stets mehr oder weniger umfassende Eingriffe in die Leistungs- und Managementsysteme der Zusammenschlußpartner erfordert. Ob Akkumulation, Komplettierung oder Elimination, ob materielle oder immaterielle Ressourcen - das Ziel, strategisch bedeutsame Faktoren im Kontext des Unternehmensverbundes sachzielorientiert zu nutzen oder obsolete Elemente des gemeinsamen Ressourcenportfolios zu beseitigen, resultiert in Veränderungen im Leistungs- bzw. im Managementbereich der *Merger*-Parteien. Interdependenzen zwischen Teilsystemen bewirken dabei, daß selbst zunächst auf bestimmte Gebiete begrenzte Restrukturierungsmaßnahmen in der Folge Anpassungen anderer Teilsysteme nach sich ziehen und daß eine Neugestaltung daher nur als konzertierte Adaption aller betroffenen Komponenten erfolgen kann (vgl. Kap. 4.1.1).

Angesichts der bisher für die Kategorie der materiellen bzw. immateriellen Ressourcen getrennt dargelegten Modifikationen stellt sich nunmehr die Frage, in welchem Verhältnis diese einzeln untersuchten *Postmerger*-Aktionen zueinander stehen. Aufgrund der Identität der Gestaltungsobjekte und der zwischen diesen existierenden Wechselwirkungen liegt die Vermutung nahe, daß Maßnahmen zur Akkumulation, Komplettierung und Elimination ebenso wie die zu transferierenden Ressourcenkategorien hochgradig interdependent sind. So führen z.B. Desinvestitionen zum Zwecke der Elimination obsoleter materieller Vermögensgegenstände in der Regel auch zu einer Aufgabe der in den stillgelegten oder veräußerten organisatorischen Einheiten vorhandenen individuellen und systemischen Potentiale. Eine Konsolidierung von Abteilungen als Lösung für die durch einen gemeinsamen Sachmitteleinsatz entstehenden Koordinationsprobleme schafft zugleich die für einen Transfer individueller wie kollektiver Kenntnisse und Fähigkeiten erforderliche räumliche Nähe usw. In Anbetracht von Ressourceneigenschaften wie Komplementarität oder Komplexität, die ausdrücklich auf die enge Verwobenheit der Elemente eines Faktorbündels und daher auf die zwischen und innerhalb von Ressourcengattungen bestehenden Interdependenzen abstellen (vgl. Kap. 3.1.3), mögen derartige Beziehungen zwischen den Entscheidungstatbeständen eines *Postmerger*-Managements auch nicht verwundern.

Für den Fall, daß solche Wechselwirkungen von *Postmerger*-Maßnahmen im Hinblick auf die zu realisierenden Wettbewerbsvorteile kompatibel sind, erscheinen sie allerdings nicht weiter beachtlich. Eine Problematisierung dieser Interdependenzen ist jedoch dann zweckmäßig und notwendig, sobald *Postmerger*-Handlungen in ein konfligierendes Verhältnis zueinander treten, wenn Maßnahmen zur Erschließung materieller Erfolgspotentiale denen zur Umsetzung immaterieller Resourcenpositionen zuwiderlaufen oder wenn Transfer und Elimination einander entgegenwirken. Eine Neugestaltung der Oberflächenstrukturen beispielsweise kann neben den erwünschten Verfahrensverbesserungen auch unbeabsichtigte und kaum beeinflußbare tiefenstrukturelle Wandlungsvorgänge auslösen und so wertvolle kulturell begründete Kompetenzen zerstören.[395] Die Zusammenfassung organisatorischer Einheiten zur Verbesserung der innerbetrieblichen Koordination kann Anpassungen des Personalbestandes und damit die Freisetzung von Wissensträgern bewirken. Eine Implementierung neuer Planungs- und Kontroll- oder Informationssysteme bei der akquirierten Unternehmung kann die sozioemotionalen Grundstimmung zwischen den Vereinigungspartnern beeinträchtigen und auf diese Weise der für den Wissenstransfer entscheidenden Lernatmosphäre abträglich sein.[396]

Die maßgebliche Ursache für derartige Zielkonflikte ist unmittelbar einleuchtend: Mit den Managementsystemen der Vereinigungspart-

---

395 So z.B. GOMEZ und MÜLLER-STEWENS [1994], S. 155: "Oberflächen- und Tiefenstruktur eines Unternehmens werden (...) für analytische Zwecke getrennt, in Wirklichkeit sind sie eng miteinander verwoben und beeinflussen sich insbesondere in ihrer Entwicklung beständig gegenseitig."

396 Vgl. dazu beispielsweise HASPESLAGH und JEMISON [1992], S. 146.

ner als Gegenstand der Eingriffe erstrecken sich die Maßnahmen des *Postmerger*-Managements auf die Fundamente organisationaler Fähigkeiten und und betreffen daher letztlich Veränderungen an wesentlichen immateriellen Bestandteilen der zu vereinigenden Ressourcenbündel. Insofern besteht sogar die Möglichkeit, daß Handlungen, die an sich einem Transfer systemischer Fähigkeiten dienen sollen, letztlich deren Basis zerstören. Jedes *Postmerger*-Management befindet sich damit in einem unvermeidlichen Dilemma: Einerseits bedarf es zur Umsetzung der Vereinigungsziele, zur Akkumulation, Komplettierung und Elimination materieller sowie immaterieller strategischer Ressourcen, der eingangs aufgezeigten Veränderungen von Oberflächen- und Tiefenstrukturen mit den entsprechenden Konsequenzen für die von den Eingriffen betroffenen Mitarbeiter. Andererseits bilden gerade diese Objekte als Wissensträger bzw. -speicher die Basis individueller sowie organisationaler Fähigkeiten und repräsentieren somit einen bedeutenden Teil eben jener strategischer Ressourcen, um deren Willen der *Merger* überhaupt stattgefunden hat. Die zum Transfer und zur Elimination erforderlichen Maßnahmen bergen folglich das Risiko, eben jene Grundlagen zu verändern und zu vernichten, auf denen ein Großteil der strategisch wertvollen Ressourcen beruht. Zu einem ähnlichen Ergebnis gelangen auch HASPESLAGH und JEMISON [1992] im Rahmen ihrer empirischen Untersuchung des Integrationsgeschehens:

> "[E]ines der Paradoxe bei Akquisitionen [liegt, Anm. d. Verf.] darin, daß der Versuch eines Fähigkeiten-Transfers selbst zur Zerstörung der zu übertragenden Fähigkeiten führen kann."[397]

Das zentrale Entscheidungsproblem eines *Postmerger*-Managements manifestiert sich auf diese Weise im Konflikt zwischen Erhalt und Transformation von Oberflächen- und Tiefenstrukturen. Während sich formale Regeln und Programme durchaus mechanistisch gestalten las-

---

397 Ibid., S. 170. Ähnlich JEMISON und SITKIN [1986], S. 159.

sen, können Tiefenstrukturen als organisch gewachsene Lebenswelten weder einfach per Dekret verändert noch *ad hoc* angepaßt werden.[398] Wie die Ausführungen zum autopoietischen Lernen verdeutlichten, entstehen derartige kollektive Erwartungsmuster in einem - unter Umständen zeitintensiven - sozialen Lernprozeß. Nichts desto weniger beeinflußt eine Veränderung der Oberflächenstrukturen die Entwicklung von Interaktions- und Perzeptionsmustern, entfalten *Postmerger*-Maßnahmen immer auch tiefenstrukturelle Konsequenzen. Die Komplexität der zwischen den strategischen Ressourcen bestehenden Interdependenzen sowie die mangelnde direkte Beoabachtbarkeit tiefenstruktureller Phänomene lassen daher Bemühungen um eine *kulturbewahrende* Transformation der formal legitimierten organisatorischen Routinen als schlecht strukturiertes Problem erscheinen. In der *Postmerger*-Situation kommt erschwerend hinzu, daß das Käuferunternehmen die Folgen derartiger transfer- bzw. eliminationsbedingter Eingriffe für die übrigen immateriellen Potentiale des Kaufobjektes besonders schwer abschätzen kann.

Fehlt es nämlich Externen - wie bereits dargelegt - an Kenntnissen über die Zusammenhänge zwischen den Unternehmensressourcen aufgrund der Komplexität der Ursache-Wirkungs-Beziehungen, so muß jedes *Postmerger*-Management, das dem Konzept der Organisationsplanung folgend neue, "... als optimal erachtete [organisatorische, Anm. d. Verf.] Gestaltungsalternative[n] ..."[399] *verordnet*, zwangsläufig scheitern. *Causal ambiguity* wirkt insofern nicht nur prohibitiv im Hinblick auf die Imitationsbemühungen der Konkurrenz, sondern auch in bezug auf eine technokratisch-autoritäre Festlegung der im Rahmen des *Postmerger*-Managements erforderlichen Transformationsmaßnahmen.[400]

---

398 Vgl. hierzu und zum folgenden z.B. auch SCHEIN [1995].

399 PICOT [1993], S. 167. Zu dieser Lesart des Begriffs 'Organisationsplanung' als Antonym zur Organisationsentwicklung bzw. zur Selbstorganisation vgl. neben PICOT [1993], S. 167 ff. auch DRUMM [1992].

400 Ähnlich BERGH [1995] für die Auswirkungen von *Sell-offs* auf die Entwicklung

Die Schwierigkeit einer Evolution der Ressourcenbasis durch gestaltende Eingriffe bei gleichzeitiger Notwendigkeit des Erhaltes wertvoller Elemente in Oberflächen- und Tiefenstrukturen mag damit als Erklärungsansatz für die eingangs zitierte empirische Beobachtung einer hohen Mißerfolgsquote bei Akquisitionen und Fusionen dienen. Der Erfolg eines *Postmerger*-Managements hängt folglich davon ab, ob es gelingt, das zur Realisation von Wettbewerbsvorteilen notwendige mit dem im Hinblick auf die Bewahrung von Kernkompetenzen zulässigen Maß an strukturändernden Aktionen zu vereinen. Wie aber läßt sich diese komplexe Aufgabe bewältigen?

HASPESLAGH und JEMISON [1992] versuchen das hier aufgezeigte Entscheidungsproblem zu lösen, indem sie auf der Grundlage ihrer empirischen Forschungsergebnisse eine Klassifikation der von ihnen analysierten Integrationsprozesse vornehmen.[401] Anhand der 'Merkmale' Interaktions- und Autonomiebedarf entwickeln sie vier verschiedene Integrationsmethoden: Holding, Absorption, Erhaltung sowie Symbiose (vgl. Abb. 4 - 4).[402] Die von ihnen erarbeitete Konzeption jedoch vermag kaum zu überzeugen. Zum einen erscheint die Existenz sogenannter 'automatischer' Fusionsvorteile, auf denen nach HASPESLAGH und JEMISON [1992] die Wertschöpfung von Holdingakquisitionen beruht und zu deren Erschließung keinerlei Eingriffe erforderlich sein sollen, mehr als fraglich.[403] Die hierunter subsumierten Synergieeffekte aus der Internalisierung der marktlichen Kapitalal-

des Ressourcenportfolios. So auch VON KROGH ET AL. [1996], S.138 ff.

401 Vgl. dazu und zum folgenden HASPESLAGH und JEMISON [1992], S. 165 ff.

402 Wörtlich sprechen HASPESLAGH und JEMISON [1992] zwar vom Bedarf an 'strategischer Interdependenz' und nicht von Interaktionsbedarf. Wie ihre Ausführungen zu diesem Thema jedoch zeigen, handelt es sich dabei um die Frage nach der Notwendigkeit einer Konsolidierung bzw. Koordination von Tätigkeitsfeldern der Zusammenschlußpartner, weshalb u.E. treffender der Begriff 'Interaktion' verwandt werden sollte: "Diese Interdependenzen weichen die 'Grenzen' zur Zielgesellschaft auf, jene unsichtbare Linie, die sie vom Erwerber trennt." (ibid., S. 167).

403 Ibid., S. 168 bzw. 175.

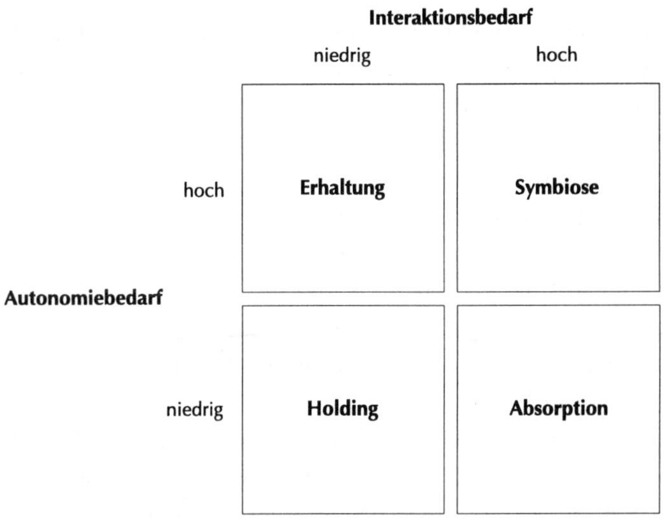

Abb. 4 - 4: Typologie der Integrationsansätze nach HASPESLAGH und JEMISON [1992]

lozierungsfunktion sowie aus dem Transfer sogenannter allgemeiner (im Gegensatz zu branchenspezifischen) Management-Fähigkeiten[404] nämlich lassen sich keineswegs ohne jegliche Eingriffe in die Oberflächenstrukturen der Vereinigungspartner verwirklichen.[405] Zum anderen postulieren HASPESLAGH und JEMISON [1992] für Erhaltungsak-

---

[404] Zum Begriff der *General* oder *generic management capabilities* vgl. auch WESTON ET AL. [1990], S. 90 f. Grundlegend zur terminologischen Differenzierung zwischen *Specific* und *General knowledge* vgl. JENSEN und MECKLING [1992], S. 251 f.

[405] Dies konzedieren HASPESLAGH und JEMISON [1992] sogar selbst, wenn sie den Transfer allgemeiner Management-Fähigkeiten beschreiben, welcher für sie Bereiche wie die strategische Planung, die Finanzplanung, das Controlling oder das Personalmanagement umfaßt. Dabei stellen sie fest: "Dies [der Transfer, Anm. d. Verf.] kann erfolgen durch subtile Hilfestellung, durch direktes Engagement oder durch die zwangsweise Einführung von Systemen. Der Transfer von allgemeinen Management-Fähigkeiten macht vor allem vertikale Interaktion zwischen den Führungsebenen im übernommenen und im akquirierten Unternehmen notwendig." (ibid., S. 134, Hervorh. weggelassen).

quisitionen einen Wertzuwachs durch die "Förderung der Zielgesellschaft"[406] sowie durch einen Know-how-Transfer vom Akquisitionsobjekt auf die erwerbende Unternehmung. Da sich eine Förderung - so HASPESLAGH und JEMISON [1992] - unter anderem durch Übertragung allgemeiner Management-Fähigkeiten vollzieht, darf schließlich der bilaterale Austausch von Wissen und Fähigkeiten als zentrale Zielsetzung von Erhaltungsakquisitionen aufgefaßt werden. Interorganisationaler Wissenstransfer wiederum ist, wie in Kap. 4.2.2 ausführlich dargestellt, *nicht* ohne Veränderungen von Oberflächen- und Tiefenstrukturen möglich.[407] Genau darauf basierte ja auch das von HASPESLAGH und JEMISON [1992] selbst beschriebene, oben zitierte Paradoxon. Damit aber läßt sich eine Abgrenzung zu den sogenannten symbiotischen Akquisitionen, als deren Kennzeichen der Konflikt zwischen Evolution und Erhalt strategischer Fähigkeiten betrachtet werden kann, nicht länger aufrechterhalten. All diese konzeptionellen Unschärfen mögen allerdings nicht weiter verwundern angesichts der Tatsache, daß die von HASPESLAGH und JEMISON [1992] verwendeten Differenzierungskriterien Autonomie und Interaktion eher Ausprägungen ein und desselben Merkmals als vielmehr unterschiedliche Merkmalstypen darstellen.[408]

Eine adäquate Strukturierung der *Postmerger*-Management-Problematik hingegen erfordert eine Rekursion auf die für die Notwendigkeit einer Erhaltung von Oberflächen- und Tiefenstrukturen verantwortliche Einflußgröße, die Relevanz individuellen sowie organisa-

---

406 Ibid., S. 177.

407 Ibid., S. 247: "Diese Förderung ist ein Prozeß, der vom Erwerber Fingerspitzengefühl erfordert. Mit Hilfe von Ressourcen und vor allem allgemeinen Management-Fähigkeiten muß er dem Übernahmeobjekt zu einer besseren und rascheren Entwicklung verhelfen, als dies andernfalls möglich gewesen wäre." Darüber hinaus diskutiert bereits JEMISON [1988] Interkation als Determinante eines *Postmerger*-Transfers strategischer Fähigkeiten (vgl. ibid., S. 201 ff.).

408 Insofern reduziert sich die Vier-Felder-Matrix wieder auf die zwei Dimensionen Erhalt und Transformation.

tionalen Wissens für die mit dem *Merger* angestrebten Ziele. Aus dieser läßt sich ein erster Ansatzpunkt zur Lösung des *Postmerger*-Dilemmas herleiten: Steht nämlich nicht der Erwerb strategischer Fähigkeiten im Mittelpunkt des Vereinigungsgeschehens, geht es also nicht so sehr um den Transfer individuellen sowie systemischen Wissens, sondern eher um die Erschließung von Erfolgspotentialen durch die Internalisierung materieller und sonstiger immaterieller Vermögensgegenstände (d.h. exklusive Fähigkeiten und Kenntnissen), dann verlieren Eingriffe in Oberflächen- und Tiefenstrukturen als Gefährdungspotential für den Akquisitionserfolg an Bedeutung. In allen Fällen, in denen es gelingt, Unternehmensvereinigungen zu isolieren, die ausschließlich auf den Erwerb materieller bzw. nicht oberflächen- oder tiefenstrukturell begründeter immaterieller Ressourcen gerichtet sind, darf somit der Gegenstand eines *Postmerger*-Managements auf eine technokratische Gestaltung des Leistungs- und Managementsystems gemäß den in Kap. 4.1 und 4.2 analysierten Aufgabeninhalten eingegrenzt werden. Auf diese Weise lassen sich z.B. Sanierungsakquisitionen erklären, bei denen die übernehmende Unternehmung versucht, durch die Implementierung neuer Systeme und Durchsetzung von Prozeßverbesserungen die Ertragskraft des Akquisitionsobjektes wiederherzustellen.[409] Ebenso besteht beim Erwerb von Konkurrenzunternehmungen die Möglichkeit, daß der Käufer über äquivalente Fähigkeiten und Kenntnisse bereits in ausreichendem Maße verfügt und daher primär an den materiellen Ressourcen bzw. denjenigen immateriellen Faktoren der übernommenen Unternehmung interessiert ist, welche nicht von spezifischen organisationalen Fähigkeiten abhängen.

Einschränkend muß allerdings akzeptiert werden, daß es sich bei solchen Differenzierungen immer nur um plausible Hypothesen han-

---

409 Ein Überblick über solche leistungswirtschaftlichen Sanierungsmaßnahmen finden sich z.B. bei WAGENHOFER [1993]. Für einen empirischen Beleg dieser Hypothese siehe BENEDICT ET AL. [1997], S. 9 ff.

deln kann. Denn mit Komplementarität und Spezifität als Eigenschaften der Elemente eines Ressourcenbündels erscheinen Zweifel berechtigt, ob eine solche Trennung häufig überhaupt sinnvoll vorgenommen werden kann.[410] Schließlich war das Motiv, ein Paket strategischer Faktoren *in toto* zu erwerben, in Kap. 3.2 als eine der Hauptursachen für die Wahl von *Mergers & Acquisitions* als Wachstumsalternative identifiziert worden. *Causal ambiguity* dürfte darüber hinaus Versuche, wertlose und werthaltige Ressourcen *eindeutig* zu separieren, erschweren. Über die Bedeutung des Fähigkeitentransfers für den Akquisitionserfolg kann daher nur im Einzelfall situativ entschieden werden.

Nicht sehr hilfreich

An dieser Stelle wird deutlich, daß sich die in der Forschung zum Themenkreis *Mergers & Acquisitions* in der Vergangenheit entweder pauschal oder mit Hinweis auf den leistungswirtschaftlichen Zusammenhang der Vereinigungspartner analysierte Frage nach dem optimalen Integrationsgrad nicht allgemeingültig beantworten läßt.[411] Zwar beruhen Ansätze, die eine kausale Beziehung zwischen dem leistungswirtschaftlichen Akquisitionstypus (der Einteilung in horizontale, vertikale, konzentrische sowie konglomerate Transaktionen) und dem Integrationsgrad unterstellen, explizit oder zumindest implizit auf der Annahme, Produkt-Markt-Verwandtschaft könne als Indiz für die Identität bzw. Diversität des bei den Vereinigungspartnern vorhandenen Wissens gelten. Doch handelt es sich dabei stets um Plausibilitätsüberlegungen, die sich verhältnismäßig einfach falsifizieren lassen. So z.B. dann, wenn eine Unternehmung im Rahmen eines ho-

---

410 So kann selbst ein sanierungsbedürftiges Unternehmen bereichsspezifische individuelle oder auch organisationale Fähigkeiten besitzen, deren Erhalt aus Sicht eines Chancen-Managements als notwendigem Bestandteil einer Sanierung mehr als zweckmäßig ist.

411 Für Untersuchungen zum optimalen Integrationsgrad vgl. u.a. ANSOFF ET AL. [1971], S. 97 f.; EICHINGER [1971], S. 344 ff.; HERMSEN [1994], S. 37 ff.; MÖLLER [1983], S. 244 ff.; PAPROTTKA [1996], S. 133 ff. bzw. 203 ff.; SCHEITER [1988], S. 122 ff.

rizontalen *Mergers* ein Konkurrenzunternehmen erwirbt, mit dem Ziel, das eigene Ressourcenportfolio um dessen überlegene Fähigkeiten zu erweitern. Umgekehrt können bestimmte Oberflächen-, aber auch Tiefenstrukturen für ganz verschiedene strategische Geschäftsfelder geeignet sein, ihr Transfer daher auch zu konglomeraten Akquisitionen führen.[412]

Weiterhin ungeklärt bleibt damit allerdings, wie ein *Postmerger*-Management gestaltet werden kann, falls der Transfer strategisch bedeutsamer Fähigkeiten für die mit dem *Merger* angestrebten Realisation von Wettbewerbsvorteilen gleichbedeutend oder sogar vorrangig ist. Denn in diesen Fällen gilt es nach wie vor, das für die Übertragung der Ressourcen notwendige mit dem im Hinblick auf die Bewahrung der Kernkompetenzen zulässigen Maß an strukturändernden Aktionen zu vereinen. Dieser Fragestellung sei daher der nun folgende Abschnitt gewidmet. Wie sich dabei zeigen wird, können erste Anhaltspunkte zur Lösung dieses Problems aus der weiter oben postulierten Absage an ein *Postmerger*-Management als Fremdorganisation im Sinne einer ausschließlich autoritären Durchsetzung von Reorganisationsmaßnahmen gewonnen werden.

---

412 Dies ist unter anderem die Ursache für die durch einen Wissenstransfer erzielbaren *Economies of scope*.

Kapitel 5: Gestaltungsansätze eines ressourcenorientierten Postmerger-Managements

5.1 Postmerger-Management als geplante Evolution sozio-technischer Systeme

Wie bereits veranschaulicht, läßt sich der in Kap. 4.3 problematisierte Konflikt zwischen Erhalt und Transformation der die Vereinigungspartner konstituierenden Faktorbündel darauf zurückführen, daß die zwischen den Oberflächen- und Tiefenstrukturen einer Organisation bestehenden Kausalzusammenhänge komplex sind. Eine Festlegung der akquisitionsbedingten Veränderungen an formal legitimierten organisatorischen Regeln und Programmen erweist sich wegen der vielschichtigen Konsequenzen solcher Transformationen für die lebensweltlich geprägten Interaktions- und Perzeptionsmuster als schlecht strukturiertes Problem. Das *Postmerger*-Dilemma ist somit Ausdruck der Grenzen einer holistischen Organisationsplanung im Sinne einer *top-down*-verordneten Gestaltung der betrieblichen Organisation bzw. ihrer Managementteilsysteme. Es repräsentiert letztlich die zentrale Fragestellung der in der Soziologie um den Wandel sozialer Systeme geführten Diskussion, ob sich Systemveränderungen als voluntaristisch, d.h. als durch menschliche Willensakte steuerbar, darstellen lassen oder aber im Sinne eines kollektivistischen Entwicklungsverständnisses jeglicher intentionalen Einflußnahme entziehen.[413]

Für Unternehmungen als organisierte, formal strukturierte soziotechnische Systeme jedoch erscheinen diese beiden soziologischen Extrempositionen in ihrer Radikaliät ungeeignet, der betrieblichen Realität von Reorganisationsmaßnahmen gerecht zu werden. So sind Oberflächenstrukturen einer willentlichen Gestaltung durchaus zugänglich und beeinflussen aufgrund der zwischen den Unternehmensressourcen bestehenden Interdependenzrelationen - wie bereits skizziert - auch die Entwicklung von Tiefenstrukturen. Gleichwohl läßt sich letztere nicht vollständig beherrschen, sind lebensweltlich geprägte Erwartungsmuster nicht technokratisch formbar. Dies aber spricht für die Sichtweise eines 'gemäßigten Voluntarismus' nach KIRSCH ET AL. [1979] als Synthese zwischen einer synoptischen Totalplanung organisatorischen Wandels einerseits und der planlosen Proliferation von Organisationen andererseits:

> "Soziale Systeme, vor allem Organisationen, sind grundsätzlich durch Willensakte veränderbar. Für einen gemäßigten Voluntaristen bleibt jedoch die Frage offen, wie viel man unter Einsatz welcher Mittel durch Willensakte bewältigen kann. Die Aussage, daß grundsätzlich alles durch Willensakte veränderbar ist, impliziert nicht, daß jeder willentliche Änderungsversuch automatisch gelingt."[414]

---

413 Vgl. dazu und zum folgenden KIRSCH [1991], S. 271 und [1992], S. 346 ff. bzw. KIRSCH ET AL. [1979], S. 231 ff. Zur Einteilung in voluntaristische sowie kollektivistische Konzeptionen sozialen Wandels vgl. grundlegend ETZIONI [1968]. In ähnlicher Weise spricht LUHMANN [1996] von teleologischer im Gegensatz zur morphogenetischen Systemanpassung (vgl. ibid., S. 485 ff.).

414 KIRSCH ET AL. [1979], S. 232 f. Ähnlich MALIK und PROBST [1981], S. 122 bzw. [1984], S. 105.

Auf der Grundlage dieser Idee erarbeiten KIRSCH ET AL. [1979] das Konzept einer *geplanten Evolution*, welche sie aus ETZIONIs [1968] Ansatz des *Mixed scanning* herleiten und mit Hilfe von ROSOVEs [1967] "concept of planned evolution"[415] konkretisieren.[416] Die Vorgehensweise des *Mixed scanning* steht dabei für eine hierarchische Strukturierung des Reorganisationsproblems: Auf einer Makroebene gilt es zunächst, eine umfassende konzeptionelle Gesamtsicht der Unternehmensentwicklung zu entwerfen, welche dann als Rahmen für die *en detail* zu realisierenden Einzelmaßnahmen dient.[417] Eine solche vertikale Dekomposition komplexer Entscheidungsprobleme kennt die betriebswirtschaftliche Forschung auch aus anderen Bereichen wie beispielsweise der Hierarchischen Produktionsplanung.[418] Im Zusammenhang mit der Veränderung von Organisationen repräsentiert sie einen Kompromiß zwischen Konstruktion und Evolution, zwischen Holismus und Inkrementalismus. Denn während die konzeptionelle Gesamtsicht in Übereinstimmung mit ROSOVE [1967] auf deduktivem Wege gewonnen werden kann, vollzieht sich die zu ihrer Umsetzung erforderliche Abfolge inkrementeller Gestaltungsschritte nicht nur unter den Prämissen des auf diesem Wege entwickelten gedanklichen Modells; sie findet vielmehr auch unter Beachtung bereits realisierter Modifikationen sowie vor allem unter Bezugnahme auf bestehende Systemstrukturen statt, trägt also gleichsam selbstreferentielle Züge.

---

415 ROSOVE [1967], S. 91.

416 Vgl. KIRSCH ET AL. [1979], S. 317 ff. Grundlegend dazu siehe ETZIONI [1968], S. 282 ff. bzw. ROSOVE [1967], S. 80 ff.

417 Vgl. dazu ETZIONI [1968], S. 283: "Actors whose decision-making is based on a mixed-scanning strategy differentiate contextuating (or fundamental) decisions from bit (or item) decisions. Contextuating decisions are made through an exploration of the main alternatives seen by the actor in view of his conception of his goals, but - unlike what comprehensive rationality would indicate - details and specifications are omitted (...) Bit-decisions are made 'incrementally' but within the contexts set by fundamental decisions (and reviews)."

418 Zur Konzeption der Hierarchischen Produktionsplanung vgl. z.B. HAX und MEAL [1975]. Zur Bildung von Partialproblemen durch vertikale Zerlegung vgl. allgemein MESAROVIC ET AL. [1970], S. 35.

Da mit jedem Entwicklungsschritt das Modell der konzeptionellen Gesamtsicht darüber hinaus immer mehr an Konturen gewinnt, erfährt dieses im Verlauf des Reorganisationsprozesses gegebenenfalls selbst Anpassungsbedarf:[419]

> "Auf einer sehr hohen Ebene der Betrachtungsweise wird eine konzeptionelle Gesamtsicht für das gesamte zu entwickelnde System erstellt. Diese Gesamtsicht ist die Basis für die Dekomposition des Gesamtsystems in Subsysteme, die dann in einer Folge von Iterationen sukzessive detailliert, entworfen, realisiert und getestet werden. Dabei wird für die konzeptionelle Gesamtsicht eine weitgehend 'deduktive' Strategie angestrebt, während die Entwicklungsprozesse der einzelnen Iterationen 'induktiv' orientiert sind. Mit jeder Iteration werden neue Erkenntnisse gewonnen und irreversible Daten gesetzt, die in der Regel eine Anpassung der konzeptionellen Gesamtsicht erfordern."[420]

Überträgt man den Gedankengang der geplanten Evolution auf den vorliegenden Gegenstandsbereich der Ressourcentransformation im Rahmen von Fusionen und Akquisitionen, so präsentiert sich *Postmerger*-Management schließlich als Synthese der Komplemente Fremd- und Selbstorganisation.[421] Wie in Kap. 3 gezeigt, bilden die aus einer

---

419 Vgl. KIRSCH ET AL. [1979], S. 319 ff. bzw. KIRSCH [1991], S. 330 ff.

420 KIRSCH ET AL. [1979], S. 321. Eine ähnlich hierarchisierte Konzeption organisationalen Wandels findet sich auch bei LEDFORD und MOHRMAN [1993]: "The change process begins with the development of a foundation for change. (...) These activities develop theoretical understanding (...) of alternative ways of organizing. (...) Changes are then designed an implemented in an iterative manner. (...) This strategy for change is appropriate in guiding large-scale change where all contingencies and relationships cannot be known in advance ..." (ibid., S. 146 f.).

421 Spricht man von der 'Selbst- bzw. Fremdorganisation einer Organisation', so impliziert dies eine Verwendung des Terminus 'Organisation' in zweifacher Weise und zwar zum einen als Tätigkeit des Organisierens, zum anderen im institutionellen Sinne als Synonym für den Begriff des organisierten Sozialsystems (vgl. dazu z.B. KIRSCH [1992], S. 269). In gleicher Weise verhält es sich auch mit der Vokabel 'Reorganisation'. Daß sich Fremd- und Selbstorganisation weniger konfliktär, als vielmehr komplementär zueinander verhalten,

vergleichenden Analyse zwischen exogenen und endogenen Erfolgsfaktoren generierten Hypothesen über die anzustrebende Entwicklung der Unternehmensressourcen das auslösende Moment für Vereinigungsaktivitäten. Potentielle *Misfits* zwischen System (Ressourcenbündel) und Umwelt führen aufgrund der besonderen Eigenschaften strategisch bedeutsamer Faktoren zur Notwendigkeit einer Akkumulation oder Komplettierung strategischer Vermögensgegenstände durch *Mergers & Acquisitions*. Dies aber entspricht dem Vorgehen einer Organisationsplanung als "ganzheitlich-rationalem Entwurf"[422] eines in bezug auf die zu realisierenden Wettbewerbsoptionen optimalen Ressourcenportfolios. Die Annahmen über die anzustrebende Konstellation des Faktorbündels spiegeln dabei die konzeptionelle Gesamtsicht einer mit Hilfe von Fusionen oder Akquisitionen zu bewältigenden Unternehmensentwicklung wider. Sie setzen die Rahmenbedingungen für die nach Abschluß der *Merger*-Transaktion erforderlichen Handlungen zum Transfer bzw. zur Elimination. Als Ergebnis von Kap. 4.3 kann jedoch festgehalten werden, daß sich diese Handlungen in ihrer Gesamtheit einem synoptischen Planungskalkül entziehen. Aus diesem Grund stellt sich die Umsetzung von Transfer- und Eliminationsmaßnahmen für eine geplante Evolution nicht - wie in der Literatur[423] zum Themenkreis *Mergers & Acquisitions* oftmals

---

siehe dazu KIESER [1994], S. 218 ff. sowie KIRSCH [1992], S. 277 oder ZU KNYPHAUSEN [1991], S. 52 bzw. ZU KNYPHAUSEN-AUFSESS [1995], S. 341 ff.

422 PICOT [1993], S. 169.

423 Vgl. hierzu auch die Kritik bei DEISER [1994] an der "homogenisation of accounting, planning and incentive systems": "In order to realise the expected value quickly and efficiently, so the hypothesis goes, structures, functions and responsibilities have to be reorganised and unified as fast as possible." (ibid., S. 362). Als Extremfall einer solchen egalisierenden Transformationsperspektive kann das von REINEKE [1989] entworfene Konzept der Akkultration von Auslandsakquisitionen betrachtet werden, das eine möglichst weitgehende kulturelle Anpassung der übernommenen an die übernehmende Unternehmung propagiert (vgl. ibid., S. 55). Für weitere Beispiele einer Konzeption von *Postmerger*-Management als Problem einer holistischen Organisationsplanung siehe u.a. CLEVER [1993]; DE NOBLE ET AL. [1988]; GERPOTT [1993], S. 135.

diskutiert - als *Top-down*-Implementierung einer von einem Planungsstab konstruierten organisatorischen Gestaltungsalternative dar; sie nimmt vielmehr die Form einer Sequenz aufeinanderfolgender, von Selbstorganisation geprägter Episoden des Wandels an (vgl. Abb. 5 - 1).[424]

Die Lösung der in Kap. 4 thematisierten Entscheidungsprobleme wird somit an die von ihren Auswirkungen betroffenen Mitarbeiter delegiert. Diese erhalten die Möglichkeit zur Selbststrukturierung - zur Selbstbestimmung formaler Organisationsstrukturen und zur Genese neuer Erwartungsmuster - sowie zur Selbstkoordination, d.h. zur Selbststeuerung von Kooperationsprozessen im Unternehmensverbund

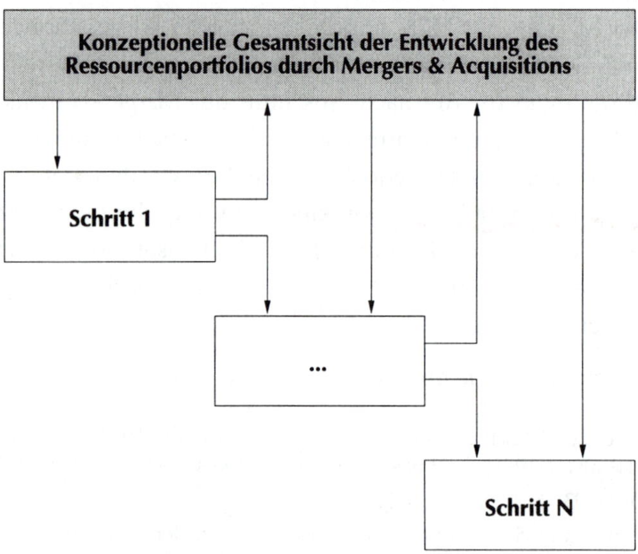

Abb. 5 - 1: Postmerger-Management als geplante Evolution in Anlehnung an KIRSCH ET AL. [1979]

424 So spricht KIRSCH [1991] von der konzeptionellen Gesamtsicht als prozeduralem Rahmen, in dem sich die Organisationsmitglieder "... selbst entfalten können." (vgl. ibid., S. 340 f.).

(z.B. im Rahmen des interorganisationalen Wissensaustausches).[425] Eine solche Übertragung der Gestaltungsaufgaben an die Mitglieder der Organisationen beider *Merger*-Parteien schließt sich stringent an die in Kap. 3.1.3 postulierte halb-strenge Ausprägung von *Causal ambiguity* an, welche von der Annahme ausgeht, daß unternehmensinterne Personenkreise über (implizites) Wissen hinsichtlich der in bestimmten Teilbereichen existierenden Interdependenzbeziehungen verfügen.[426] Gleichwohl besteht trotz oder gerade wegen dieser Delegation für ein *Postmerger*-Management weiterhin die Notwendigkeit einer zielorientierten Steuerung. Denn zum einen gilt es, durch Vermittlung der konzeptionellen Gesamtsicht den selbstorganisierenden Prozessen einen normativen Orientierungsrahmen vorzugeben, damit diese sich überhaupt im Sinne der mit der Unternehmensvereinigung verfolgten Wettbewerbsziele entfalten können.[427] Zum anderen erfordert die Offenheit, die Unbestimmtheit der konzeptionellen Gesamtsicht Regulative, um einem eventuellen Mißbrauch der dadurch eröffneten Interpretationsspielräume entgegenzuwirken. Insofern lassen sich die Selbstorganisationsepisoden als *top-down*-induziert interpretieren.

Postmerger-Management als geplante Evolution impliziert demgemäß die Definition von "Arenen"[428], innerhalb derer Selbstorganisation stattfinden kann und soll. Der Aufgabenschwerpunkt verlagert

---

[425] Vgl. dazu v.a. PROBST [1987], S. 113 ff. Zur Unterscheidung zwischen Selbststrukturierung und Selbstkoordination im Zusammenhang mit Selbstorganisation vgl. KIESER [1994], S. 218 f.

[426] Vgl. hierzu sowie zur strengen Form von *Causal ambiguity* und den Gründen für ihre Ablehnung ausführlich Fn. 221 auf S. 57. Vgl. im Zusammenhang mit *Mergers & Acquisitions* dazu auch JEMISON [1988], S. 208.

[427] Vgl. hierzu und zum folgenden KIRSCH [1991], S. 361 bzw. KIRSCH ET AL. [1979], S. 322. Ebenso hält KASPER [1990] für Selbstorganisationsprozesse fest: "Selbstorganisierende Prozesse haben kein Ziel und kein Ende. Sie verlaufen evolutionär. Der Prozeß nimmt kaum einen harmonischen Verlauf und weist deshalb nicht *eo ipso* Fortschrittscharakter auf." (ibid., S. 339).

[428] ZU KNYPHAUSEN [1991], S. 52 bzw. ZU KNYPHAUSEN-AUFSESS [1995], S. 343.

sich somit von den auf die betroffenen Unternehmungsmitglieder zu übertragenden Detailentscheidungen hin zur Wahrnehmung einer Katalysatorfunktion.[429] Diese umfaßt Maßnahmen, die an den kontextuellen Bedingungen von Selbstorganisation ansetzen, Maßnahmen, welche die Produktion und Reduktion von Systemkomplexität[430] sowie eine Kanalisierung selbstreferentieller Anpassungsvorgänge gestatten. *Postmerger*-Management

> "... muß sich daher (...) unter Verzicht auf ein 'aktivistisches' Eingreifen in die innere Funktion der Unternehmung darauf beschränken, günstige Voraussetzungen zu kultivieren und als Katalysator die Selbstentfaltung bestimmter wünschbarer Ergebnisse und Eigenschaften zu unterstützen."[431]

5.2 Ansatzpunkte zur Operationalisierung einer geplanten Evolution im Rahmen eines Postmerger-Managements

Mit der Absage an eine ganzheitlich-rationale Festlegung der gestaltenden Eingriffe zur Ressourcentransformation reduziert sich der zentrale (gegenüber dem zu delegierenden) Aufgabenbereich eines *Postmerger*-Managements auf jene Handlungen, welche die *Prämissen* einer planvollen, zielgerichteten Abfolge selbstorganisierender Prozesse betreffen. Dabei geht es zum einen um die Schaffung von Arenen des

---

429 PROBST [1987] spricht in diesem Zusammenhang von der Metafunktion der Unternehmensleitung als "Facilisator" (ibid., S. 117).

430 Wie bereits im Zusammenhang mit der Konzeption autopoietischen Lernens in Kap. 4.2.2 erläutert, bedarf es zur Genese neuer Strukturvarianten zunächst einer Steigerung der Systemkomplexität, die dann in einen Prozeß der Selbstanpassung mündet. Vgl. hierzu auch KIESER [1994], S. 205 sowie PROBST [1987], S. 113.

431 MALIK und PROBST [1981], S. 132 oder auch MALIK und PROBST [1984], S. 113.

Wandels, um die Definition von Foren, in denen durch Interaktion Varietät zunächst produziert werden kann, um dann im Wege der Selbstanpassung reduziert zu werden und so die Genese neuer Strukturmuster zu ermöglichen. Zum anderen bezieht sich die Gestaltung der Rahmenbedingung auf die Vermittlung der konzeptionellen Gesamtsicht, d.h. letztlich auf die Promotion der mit der Unternehmensvereinigung angestrebten Veränderungen des Ressourcenportfolios.

Strukturelle Trägheit als zentrales Problem der geplanten Evolution im Rahmen eines Postmerger-Managements

Auf die Initiierung und Kanalisierung von Selbstorganisation gerichtet setzen derartige *Postmerger*-Maßnahmen konsequenterweise zunächst einmal an den Beharrungskräften des *Status Quo* an, da die Überwindung struktureller Trägheit (*Inertia*) als Grundvoraussetzung dafür betrachtet werden darf, daß organisatorischer Wandel - vor allem in Form von Selbstorganisation - überhaupt stattfindet. Denn obgleich man in der Forschung zum *Strategic* bzw. *Organizational Change* gelegentlich auf das Postulat einer vollständigen Anpassungsfähigkeit und beliebigen Formbarkeit von Unternehmungen trifft[432], muß nicht nur in Anbetracht empirischer Befunde davon ausgegangen werden, daß organisatorische Trägheitsmomente Unternehmenstransformationen verzögern oder sogar verhindern können.[433] Eine tendenzielle Ausrichtung an den gegebenen Verhältnissen resultiert darüber hinaus aus der Konzeptualisierung einer Unternehmung als au-

---

432 So gilt beispielsweise für MARCH [1981]: "Organizations are continually changing, routinely, easily and responsively ..." (ibid., S. 563). Ähnlich geht auch FLECK [1995] davon aus, daß dynamische Fähigkeiten selbstverständlicher Bestandteil betrieblicher Ressourcenbündel sind (vgl. ibid., S. 65).

433 Zur Kritik an dieser Annahme vollkommener Anpassungsfähigkeit von Unternehmungen an Änderungen in ihrer Umwelt siehe RUMELT [1995], S. 103. Ähnlich auch GHEMAWAT, S. 23. Vgl. grundlegend auch HANNAN und FREEMAN [1977] bzw. [1984]. Für empirische Belege zur strukturellen Trägheit siehe z.B. BUCHKO [1994] oder HAMBRICK ET AL. [1993].

topoeitisches Sozialsystem, das sich in seiner Selbstbezogenheit zwangsläufig am aktuellen, historisch gewachsenen Stand der Dinge orientiert.[434]

Erste Möglichkeiten zur Deduktion konkreter Gestaltungsansätze für eine geplante Evolution während der *Postmerger*-Phase ergeben sich dementsprechend aus der Beschäftigung mit den Determinanten struktureller Trägheit. So diskutiert in der deutschsprachigen betriebswirtschaftlichen Forschung WITTE [1973] Willens- bzw. Fähigkeitsbarrieren als maßgebliche Hemmnisse betrieblicher Innovationsprozesse.[435] RUMELT [1995] wiederum identifiziert fünf verschiedene Ursachen organisatorischer Trägheit: Neben einer verzerrten Wahrnehmung und mangelnder Motivation macht er fehlende Problemlösungskompetenz, unternehmenspolitische Hindernisse und Handlungsblockaden für die Existenz von *Inertia* verantwortlich.[436] Bei gesamthafter Betrachtung der beiden Ansätze wird deutlich, daß sich die Bestimmungsgrößen struktureller Trägheit schließlich auf drei für *Postmerger*-Transformationen relevante Kategorien verdichten lassen, welche im folgenden kurz beleuchtet werden sollen:[437]

- **Wahrnehmungsbarrieren**

Daß am Beginn einer jeden Reorganisation zunächst einmal die Wahrnehmung des Veränderungsbedarfes stehen muß, ist un-

---

434 Siehe dazu Kap. 4.2.2.

435 Vgl. WITTE [1973], S. 5 ff. bzw. [1988], S. 151. Ähnlich bereits WITTE [1971], S. 394 ff. Der Begriff der Innovation bleibt dabei nicht auf den Gegenstand der Einführung neuer Produkte begrenzt, sondern umfaßt mit der Erfindung und Nutzung neuer Verfahren in der Produktion (im weitesten Sinne) zugleich die Neugestaltung organisatorischer Strukturvariable (vgl. dazu WITTE [1973], S. 2).

436 Vgl. RUMELT [1995], S. 105 ff.

437 Vgl. zum folgenden RUMELT [1995], S. 105 ff. und WITTE [1973], S. 5 ff. bzw. [1988], S. 151. Für eine ähnliche Diskussion sog. "Facilitating conditions (...) necessary for the transfer of strategic capabilities to take place ..." vgl. JEMISON [1988], S. 205 ff. Ebenso auch HASPESLAGH und JEMISON [1992], S. 134 ff. bzw. [1994].

mittelbar einleuchtend. Die Einsicht in die Notwendigkeit einer Restrukturierung des Portfolios strategischer Unternehmensressourcen jedoch kann aus verschiedenen Gründen gestört sein. Sind z.B. die Organisationsmitglieder an der Unternehmensbasis aufgrund des Charakters operativer Geschäftstätigkeit gewohnt, vornehmlich in kurzfristigen Kategorien zu denken, so kann sich dies als Hindernis für eine Reflexion der langfristigen Unternehmensentwicklung erweisen und daher die Perzeption eines *Misfits* zwischen System und Umwelt verzögern.[438]

Neben einer verzerrten Interpretation des bestehenden System-Umwelt-Verhältnisses als genereller Barriere organisatorischer Transformation kommt in der spezifischen Situation des *Postmerger*-Wandels erschwerend hinzu, daß die mit den Selbststrukturierungs- bzw. Selbstkoordinationsaufgaben zu betrauenden Personenkreise die Stärken und Schwächen der Faktorkonstellation des jeweils anderen Vereinigungspartners nicht kennen. Auf diese Weise aber besteht die Gefahr, daß die selbstorganisierenden Prozesse eines Ressourcentransfers sogar dann, wenn der Komplettierungs*bedarf* des eigenen Ressourcenportfolios wahrgenommen wird, am Unwissen über die durch den *Merger* eröffneten Komplettierungs*chancen* scheitern.

- **Fähigkeitsbarrieren**

Das Wissen um den Zwang zur Anpassung des Ressourcenbündels und um Möglichkeiten zum Transfer materieller bzw. immaterieller Faktoren im Rahmen des Unternehmensverbundes ge-

---

[438] Zur These, daß Unternehmungen Umweltveränderungen aufgrund der Perzeptionsmuster ihrer Mitarbeiter nur verzerrt wahrnehmen, vgl. z.B. ALDRICH [1979], S. 196: "Organizational forms may be insulated against environmental pressures because of (...) shared beliefs and values that selectively screen out potential disruptive external events." RUMELT [1995] spricht in diesem Zusammenhang unter Bezugnahme auf JANIS [1972] von "groupthink" (vgl. dazu RUMELT [1995], S. 108).

nügt freilich nicht, um die zur Realisation der Vereinigungsziele erforderlichen Wandlungsvorgänge erfolgreich auszulösen. Vielmehr setzen Selbstkoordination oder Selbststrukturierung zugleich voraus, daß die betroffenen Unternehmensangehörigen über die entsprechende Selbstorganisationskapazität verfügen.[439] Trägheitsmomente können daher sowohl aus einer unzureichenden Ausstattung der Organisationsmitglieder mit transformationsspezifischem Know-how, mit Kenntnissen über Methoden und Techniken eines *Change*-Managements, resultieren als auch aus einem Mangel an Handlungsspielräumen erwachsen. Die Existenz von Freiräumen für selbstgesteuerte Veränderungsprozesse ist hierbei nicht nur eine Frage der Verteilung von Handlungsrechten an Stelleninhaber, sondern auch ein Problem des *Organizational slack*, der Verfügbarkeit von Überschußkapazitäten und finanziellen Reserven, welche Interaktionsinitiativen und kooperative Experimente überhaupt erst gestatten.[440]

- **Willensbarrieren**

Motivational begründete Widerstände gegen Unternehmenstransformationen lassen sich sowohl auf psychologische Ursachen als auch auf opportunistisches Verhalten zurückführen. So kann ein Festhalten am *Status Quo* der Angst der betroffenen Personenkreise vor dem unsicheren Ausgang der Reorganisationsmaßnahmen entspringen:

---

439 Vgl. hierzu auch KASPER [1990], S. 391.

440 Vgl. hierzu die Definition von *Organizational slack* bei COHEN ET AL. [1972], S. 12; CYERT und MARCH [1992], S. 41 ff. bzw. MARCH [1988], S. 7. Ähnlich spricht JEMISON [1988] vom *Organizational slack* als "maneuvering room" (ibid., S. 212) für beide *Merger*-Parteien. So auch HASPESLAGH und JEMISON [1992], S. 140 f. bzw. [1994], S. 456 ff. Daß *Resource buffers* auch eine Ursache für die verzögerte Anpassung von Unternehmungen an Umweltveränderungen sein können, vgl. dazu ZU KNYPHAUSEN-AUFSESS [1995], S. 158 f. Zu dieser dialektischen Wirkung von *Organizational slack* im Zusammenhang mit dem Transfer interorganisationalen Wissens bei *Joint ventures* vgl. HAMEL [1990], S. 77 bzw. [1991], S. 97.

> "Der gegenwärtige sozio-technische Zustand ist bekannt und vertraut: Sowohl Chance als auch Risiko sind für alle betroffenen Personen kalkulierbar. Innovationen [Neuerungen im weitesten Sinne, Anm. d. Verf.] verändern diesen Zustand. Es ist in der Regel ungewiß, wie der neue Zustand beschaffen sein wird, welche Vor- und Nachteile mit ihm verbunden sein werden."[441]

Angesichts der in Kap. 4 angesprochenen, empirisch gesehen häufig auftretenden Konsequenzen eines Transfers sowie einer Elimination strategischer Ressourcen für den Personalbestand kommt der Sorge um den eigenen Arbeitsplatz im Rahmen von *Mergers & Acquisitions* eine nicht unerhebliche Bedeutung zu.[442] Mit Oberflächen- und Tiefenstrukturen als Gegenstand der Veränderungen wird zudem die bisher gültige, historisch verankerte betriebliche Praxis in Frage gestellt. Habitualisierte Verhaltensweisen aber werden in der Regel nur ungern und widerstrebend aufgegeben.[443] Ebenso kann es an der nötigen Bereitschaft zur in-

---

441 WITTE [1973], S. 6.

442 Ein empirischer Beleg für derartige Zukunftsängste von Mitarbeitern in der Folge von Fusionen und Akquisitionen findet sich bei BUONO ET AL. [1985], S. 490. Vgl. dazu auch JEMISON [1988], der als Beispiel für Willensbarrieren beim Fähigkeitstransfer die Aussage eines Betroffenen zum Klima in der *Postmerger*-Phase wiedergibt: "I believe that among some of my colleagues there was fear that if we helped them learn how to make money in EFT [electronic funds transfer, Anm. d. Verf.] that they would end up with our jobs because they had a reputation for being fast learners and effective implementers." (ibid., S. 211). Ähnlich SHRIVASTAVA [1986], S. 72. Zur Häufigkeit eines Stellen- bzw. Personalabbaus vgl. z.B. BENEDICT ET AL. [1997], die bei einem Drittel der von ihnen analysierten britischen Akquisitionen bzw. Fusionen Freisetzungen bereits während der ersten neunzig Tage nach Abwicklung der Transaktion verzeichnen konnten (ibid., S. 8). Siehe dazu auch Fn. 294 auf S. 83 dieser Arbeit. /117

443 Vgl. z.B. RUMELT [1995] unter dem Stichwort 'politische Blockaden': "[I]ndividuals and departments are taken to have strong emotional or value attachments to products, policies, or ways of doing things. (...) [T]he more one does a task the more one sees value in that activity." (ibid., S. 112 f.). Und weiter in der Kategorie 'Handlungsblockaden': "Finally, the various routines that make up the process take on the *force of habit*. [Hervorh. d. Verf.] (...) [T]he

terorganisationalen Kooperation deshalb fehlen, weil das Aufdecken von Verbesserungspotentialen bezüglich der individuellen sowie organisationalen Fähigkeiten einem Eingeständnis eigener Schwächen und Versäumnisse gleichkommt. Furcht vor etwaigen Sanktionen bisher unentdeckter bzw. stillschweigend hingenommener Defizite und der innere Widerstand gegen die Inanspruchnahme fremder Hilfe - möglicherweise sogar der Unterstützung ehemaliger Wettbewerber - begründen in der *Postmerger*-Situation folglich starke motivationale Barrieren, die einem selbstorganisierten Transfer strategischer Fähigkeiten entgegenwirken können.[444] Eine solche Blockadehaltung gegenüber dem Ressourcenaustausch innerhalb des Unternehmensverbundes ist jedoch nicht nur seitens der 'empfangenden' Einheiten zu erwarten. Bereichsegoismen senken darüber hinaus die Bereitschaft, die eigenen strategischen Faktoren mit den bisher unternehmensfremden Organisationsmitgliedern des neuen Partners zu teilen, zumal diese die Möglichkeit erhalten, als *Free rider* an Wettbewerbsvorteilen zu partizipieren, in deren Auf- und Ausbau sie selbst in der Vergangenheit nicht investieren mußten.[445] Eine letzte Willensbarriere läßt sich schließlich auf die durch die gestaltenden Eingriffe in die Oberflächenstrukturen entstehenden operativen Verlustbeiträge erklären. Im Gegensatz zu der bereits thematisierten Problemstellung des *Organizational slacks* geht es hierbei jedoch nicht um die grundlegende Frage der finanziel-

---

habitual patterns of work have an inertial force that can be much stronger than any practical incentives." (ibid., S. 114).

444 So diskutieren beispielsweise HAMEL [1990], S. 81 f. sowie [1991], S. 96 f. unter dem Stichwort "arrogance" die Überschätzung der eigenen Fähigkeiten als potentielle Ursache mangelnder Lernbereitschaft im Rahmen von strategischen Allianzen.

445 JEMISON [1988] z.B. zitiert den Mitarbeiter eines an einem *Merger* beteiligten Unternehmens wie folgt: "I had spent the past several years developing one of the best design teams in the industry and it took a long time for me to be willing to share my secrets with a former competitor." (ibid., S. 211).

len Durchführbarkeit, sondern vielmehr um die unmittelbare Wirkung eines selbstorganisierenden Wandels auf die für die betroffenen Bereichsverantwortlichen geltenden Vergütungs- bzw. Erfolgsbeurteilungsysteme. Auf kurzfristige Erfolgsmaßstäbe ausgerichtete Anreizstrukturen aber können so die Bereitschaft zur Unternehmenstransformation hemmen.[446]

Konsequenzen für die Gestaltung des Postmerger-Managements

Bezieht sich *Postmerger*-Management - wie eingangs dargestellt - in seiner Eigenschaft als Initiator und Katalysator selbstorganisierender Transformationsprozesse zunächst einmal auf die Realisation fremdorganisatorischer Maßnahmen zur Überwindung struktureller Trägheit, dann lassen sich aufgrund der hier vorgestellten Klassifikation von Barrieren organisatorischen Wandels nunmehr die ersten konkreten Gestaltungshinweise ableiten. Ganz im Sinne des Konzeptes einer geplanten Evolution setzen fremdorganisatorische *Postmerger*-Handlungen zur Gestaltung der für eine Selbstkoordination sowie Selbststrukturierung erforderlichen Rahmenbedingungen zunächst einmal an den bei den Mitarbeitern der Vereinigungsparteien vorhandenen Wahrnehmungs-, Fähigkeits- sowie Willensbarrieren an. Aus der Bedeutung motivationaler Hemmnisse resultiert die Forderung nach einer adäquaten Neuordnung der Anreiz- und Sanktionssysteme. Bereits WITTE [1973] folgert in Zusammenhang mit dem von ihm diskutierten Willensbarrieren:

> "Zur Überwindung der beharrenden (...) Kräfte bedarf es einer gezielten Korrektur des Anreizsystems: Es werden denjenigen Personen Vorteile eingeräumt, die ihren Widerstand gegen die Innovation aufgeben, und es werden Nachteile für diejenigen Personen angekündigt, die an ihrem Widerstand festhalten."[447]

---

[446] Vgl. hierzu JANSSEN [1997], S. 178 bzw. RUMELT [1995], S. 108.

[447] WITTE [1973], S. 7. Ähnlich HAMEL [1990], S. 83. Für einen kurzen Überblick

In der Situation des *Postmerger*-Transfers erscheint dabei die positive Würdigung kooperativen Engagements zwischen den Verbundpartnern, die Wertschätzung einer aktiven Nachfrage ebenso wie die Anerkennung des Angebotes, strategische Ressourcen mit *Merger*-Partnern zu teilen oder zwischen diesen zu transferieren, von besonderer Bedeutung.[448] Daß Bereitschaft zu Veränderung und Zusammenarbeit als normenkonformes Verhalten gewertet wird und erwünscht ist, läßt sich zudem durch Verbreitung entsprechender Führungsgrundsätze und Leitvorstellungen kommunizieren. Zur Überwindung von Fähigkeitsbarrieren hingegen, die auf einem Mangel an Handlungsspielräumen beruhen, bedingt eine geplante *Postmerger*-Evolution die Eröffnung benötigter Freiräume. Zu diesem Zweck sind Stelleninhaber mit Handlungs- und Initiativrechten auszustatten, muß Unternehmensbereichen in der *Postmerger*-Phase der erforderliche kapazitative sowie finanzielle Aktionsrahmen gewährt werden.[449]

Dagegen verlangt der Abbau wissensbasierter Fähigkeitsbarrieren die Durchführung von Aus- und Fortbildungsmaßnahmen zur Qualifikation der Unternehmungsmitglieder. Die Schulungsinhalte selbst umfassen dabei verschiedene reorganisations- sowie ressourcentransferrelevante Problembereiche. Neben allgemeinen Kenntnissen über die Gestaltungsalternativen eines Austausches bzw. einer gemeinsamen Nutzung materieller sowie immaterieller Vermögensgegenstände innerhalb der Unternehmensvereinigung gehören dazu auch The-

---

über monetäre sowie nicht monetäre Komponenten betrieblicher Motivationssysteme vgl. KÜPPER [1997], S. 193.

448 So wurde z.B. auf die Möglichkeit einer Stimulierung freiwilligen Wissenstransfers zwischen den organisatorischen Einheiten der Vereinigungsparteien durch Anpassung der Entgelt- und Personalbeurteilungssysteme im Rahmen von Kap. 4.2.2 hingewiesen.

449 Vgl. hierzu die Ausführungen zur experimentellen Kooperation im Rahmen des autopoietischen Lernkonzeptes zum Transfer strategischer Fähigkeiten in Kap. 4.2.2. Zur Bedeutung der Gewährung von "... additional resources after the acquisition ..." vgl. auch HASPESLAGH und JEMISON [1992], S. 140 f. bzw. [1994], S. 456 ff. sowie JEMISON [1988], S. 213 f.

menbereiche wie das methodische Vorgehen bei der Veränderung von Oberflächenstrukturen und Techniken zur Konflikthandhabung oder Streßbewältigung.[450]

Geht es darum, bei den Organisationsmitgliedern der Vereinigungspartner das zur Auslösung selbstorganisierender Prozesse erforderliche Bewußtsein für die Notwendigkeit einer Restrukturierung der betroffenen Ressourcenbündel zu schaffen, so kommt als geeignete Maßnahme die Kommunikation der konzeptionellen Gesamtsicht in Betracht.[451] Schließlich repräsentiert sie die im Vorfeld der Akquisition oder Fusion bei den am *Merger* beteiligten Unternehmungen analysierten System-Umwelt-*Misfits*. Sie erfaßt ferner die für eine Vereinigungsentscheidung maßgeblichen Hypothesen darüber, wie die Mängel der Ressourcenportfolios durch eine akquisitionsbedingte Akkumulation, Komplettierung bzw. Elimination zu beseitigen seien. Eine Vermittlung der mit dem *Merger* angestrebten strategischen Ziele setzt daher nicht nur an der Wahrnehmung des Veränderungsbedarfes an, sondern beinhaltet zugleich Hinweise auf Kooperationspotentiale im Unternehmensverbund.

Durch das Aufzeigen von Chancen zum Auf-, Aus- sowie Umbau strategischer Ressourcen im Rahmen des *Mergers* läßt sich zugleich die Richtung der Selbstorganisation beeinflussen. Auf diese Weise

---

450 Empirische Ergebnisse zur Bedeutung derartiger Trainingsmaßnahmen in der *Postmerger*-Phase finden sich z.B. bei GERPOTT [1993], S. 379 ff. Für Befunde zur Wirkung von Fusionen und Akquisitionen auf die Arbeitszufriedenheit und den von den betroffenen Mitarbeitern empfundenen Streß vgl. SCHWEIGER und DE NISI [1991], S. 123.

451 Für ein Modell zur Analyse der Wirkungsweise kommunikativer Maßnahmen im Rahmen von Prozessen des *Organizational change* vgl. ARMENAKIS ET AL. [1993]. Zur Mitarbeiterkommunikation bei *Mergers & Acquisitions* vgl. BUONO und BOWDITCH [1989], S. 196 ff.; DE NOBLE ET AL. [1988], S. 84; GERPOTT [1993], S. 141 ff.; HERMSEN [1994], S. 146 ff.; MORABITO [1989], S. 76; SCHWEIGER und DE NISI [1991]; SHRIVASTAVA [1986], S. 72; STURGES [1989]. Daß die Vermittlung der strategischen Zielsetzung an die betroffenen Mitarbeiter eine entscheidende Voraussetzung für den Transfer von Fähigkeiten im Rahmen von *Joint ventures* darstellt, vgl. dazu HAMEL [1991], S. 91.

kann die Kommunikation der Vereinigungsmotive nicht nur zum Abbau von Wahrnehmungsbarrieren, sondern auch zu der geforderten Kanalisierung der Transformationsvorgänge beitragen. Da kommunikative Maßnahmen allerdings in ihrer Wirkung von der zwischen Sender und Empfänger bestehenden sozio-emotionalen Beziehung mitbestimmt werden, mag Kommunikation ihre Grenzen als Katalysator- und Steuerungsmechanismus in eventuellen Akzeptanz- und Glaubwürdigkeitsproblemen finden.[452] Dies umso mehr, als in der spezifischen Situation einer Fusion oder Akquisition der Adressatenkreis unter anderem ehemals unternehmensexterne Personen umfaßt, welchen den Mitteilungen bisher fremder Leitungsorgane - vor allem aufgrund der im Zusammenhang mit den motivationalen Barrieren organisatorischen Wandels bereits beschriebenen Ängste und Einstellungen - nur selten ohne Skepsis gegenüberstehen dürften.

Aus diesem Grund gewinnen für die geplante Evolution neben den diskutierten strukturalen Ausgangs- und Rahmenbedingungen selbstorganisierender Prozesse darüber hinaus personelle Aspekte an Bedeutung. Die Forderung nach der Existenz personalisierter Unterstützung und Steuerung ergibt sich bereits aus dem von WITTE [1973] als Organisationsmodell zur Förderung von Innovationen identifizierten Gespann aus Macht- und Fachpromotor.[453] Dementsprechend postulieren KIRSCH ET AL. [1979]:

> "Die konzeptionelle Gesamtsicht braucht (...) in aller Regel Promotoren, die genügend Macht und Überzeugungskraft besitzen, sie bei den Einzelschritten auch durchzusetzen. (...) Je effizienter die Promotion der konzeptionellen Gesamtsicht bei den einzelnen Reorganisationsepisoden ist, desto eher kann man davon sprechen, daß die Folge der ein-

---

[452] Zur Bedeutung sozio-emotionaler Aspekte zwischen den Kommunikationspartnern für die Übermittlung von Informationen vgl. z.B. WATZLAWICK ET AL. [1990], S. 53 ff. bzw. 79 ff.

[453] Vgl. dazu WITTE [1973], S. 14 ff. sowie [1988], S. 152 oder auch. WITTE [1988], S. 151 ff.

zelnen Reorganisationsepisoden tatsächlich durch diese konzeptionelle Gesamtsicht gesteuert und damit letztlich auch koordiniert ist."[454]

Während also den Machtpromotoren in der *Postmerger*-Phase die Aufgabe zukommt, den Vereinigungszielen bei der Umsetzung der jeweiligen Transformationsschritte entsprechendes Gewicht zu verleihen, sind die Fachpromotoren kraft ihres Expertenwissens für die inhaltliche Bewältigung der um die konzeptionelle Gesamtsicht im Rahmen der einzelnen Episoden entstehenden Debatten zuständig. Da Macht nicht immer hierarchisch begründet und formal legitimiert sein muß, sondern auch charismatischen Charakter[455] besitzen kann, erscheint es durch den Einsatz eines Promotorengespanns einerseits durchaus möglich, der konzeptionellen Gesamtsicht im Wege der Kommunikation und damit auch ohne Ausübung von Sanktionsgewalt Geltung zu verschaffen.[456] Andererseits setzt jeder Versuch, eine hierzu geeignete Promotorenkoalition bewußt zu bilden, voraus, daß sich Mitarbeiter, welche über die erforderlichen Fähigkeiten und Eigenschaften verfügen, innerhalb der Organisationen der am *Merger* beteiligten Unternehmungen lokalisieren und für die konzeptionelle Gesamtsicht gewinnen lassen.[457]

---

454 KIRSCH ET AL. [1979], S. 322 f. So auch KIRSCH [1991], S. 350 ff.

455 Vgl. WITTE [1973], S. 17 oder auch PICOT [1993], S. 155. Zur Bedeutung eines charismatischen Führungsstils im Rahmen von Unternehmenstransformationen vgl. KRÜGER [1994], S. 220 ff. Ähnlich WUNDERER [1994], S. 236 ff.

456 So diskutieren beispielsweise ARMENAKIS ET AL. [1993] den Einfluß unternehmensinterner Meinungsführer auf Veränderungsprozesse: "In particular, the influence of opinion leaders on others' sentiments can be powerful in affecting those others' readiness for change. Identifying and recognizing the influence of opinion leaders in the organization may enable the change agent to more effectively design them into the readiness intervention." (ibid., S. 687).

457 OTTAWAY [1983] spricht von solchen Mitarbeitern im Rahmen seines Systematisierungsversuches verschiedener *Change-agent*-Rollen als "... early adopters (...) [, als, Anm. d. Verf.] advocates of change in the organization ..." (ibid., S. 385).

Insofern als jede Kanalisierung der selbstorganisierenden Vorgänge in der *Postmerger*-Phase somit letztlich eine Frage der Identifikation der betroffenen Unternehmensangehörigen mit den Zielinhalten der Fusion bzw. Akquisition, d.h. ein Problem des *Commitments* zu der mit der Unternehmensvereinigung angestrebten Entwicklung des Faktorbündels darstellt, impliziert die Konzeptualisierung von *Postmerger*-Management als geplante Evolution eine Einbindung operativer Führungskräfte in den Prozeß der System-Umwelt-Analyse ebenso wie ihre Beteiligung am Entwurf geeigneter akquisitionsbezogener Problemlösungsansätze.[458] So wurde bereits in Kap. 1.2 darauf hingewiesen, daß bestimmte, auf ein erfolgreiches *Postmerger*-Management bezogene Maßnahmen als Begleiterscheinungen bereits in früheren Stadien des Vereinigungsgeschehens anfallen können. Gleichwohl mögen der erfolgreichen Umsetzung einer solchen Partizipation der mit den Transformationsaufgaben zu betrauenden Organisationsmitglieder an den Entscheidungsproblemen der *Premerger*- bzw. *Merger*-Phase *in praxi* verschiedene Argumente entgegenstehen: Zum einen kann Geheimhaltungsbedarf - z.B. um durch mitbietende Konkurrenzunternehmungen die Kaufpreisverhandlungen nicht zu erschweren - gegen die Erweiterung des beteiligten Personenkreises und folglich gegen eine Einbeziehung operativer Hierarchieebenen sprechen. Zum anderen lassen sich vor dem eigentlichen Abschluß der Transaktion bestenfalls die eigenen Mitarbeiter in den Entscheidungsprozeß integrieren. Ob die einer Fusion bzw. Akquisition zu-

---

458 So z.B. CHECKLAND [1984] zur Genese eines Modells als Grundlage selbstorganisierender Transformationsprozesse: "... model building (...) is best done by - or at least with - the actors in the problem situation ..." (ibid., S. 99). Vgl. dazu auch KIRSCH [1991], S. 354. Zur Einbindung von Mitarbeitern der operativen Führungsebene bei *Mergers-&-Acquisitions*-Entscheidungen vgl. beispielsweise JEMISON [1988], S. 208; JEMISON und SITIKIN [1986], S. 147 ff.; SHRIVASTAVA [1986], S. 72.

grundeliegende ressourcenorientierte Zielsetzung von den Unternehmensmitgliedern beider Seiten getragen wird, hängt daher auch davon ab, inwieweit die Vereinigungspartner in ihren konzeptionellen Gesamtsichten übereinstimmen.

Schlußbetrachtung

Die hier vorgestellte ressourcenorientierte Perspektive eines *Postmerger*-Managements unterscheidet sich in mehreren Aspekten von den meisten der bisher erschienenen Beiträge zur Diskussion um die Gestaltung des letzten Abschnittes im Prozeß von Unternehmensvereinigungen. Zunächst einmal ist die gesamte Analyse des *Postmerger*-Geschehens konsequent an den einer Fusion oder Akquisition zugrundeliegenden Zielsetzungen ausgerichtet. So begann die Argumentation in Kap. 1 zwar mit der keineswegs neuen Feststellung, die *Postmerger*-Phase lasse sich als diejenige Entwicklungsstufe eines Unternehmenszusammenschlusses kennzeichnen, welche der Realisation der mit dem *Merger* verfolgten strategischen Ziele diene.

Doch während der Großteil aller Arbeiten zu diesem Themenbereich trotz einer solchen Interpretation der basalen Aufgabenstellung eines *Postmerger*-Managements auf die stringente Ableitung zentraler Entscheidungsprobleme sowie adäquater Gestaltungsansätze aus den jeweils identifizierten Vereinigungsmotiven verzichtet, gelang es der vorliegenden Untersuchung, die Handlungsfelder des *Postmerger*-Managements aufgrund der mit dem Zusammenschluß angestrebten Wettbewerbsziele zu bestimmen und inhaltlich zu konkretisieren.

Dies nicht zuletzt deshalb, weil in Kap. 2 gezeigt werden konnte, daß traditionelle Erklärungsansätze sowohl konzeptionell orientierter als auch empirisch-induktiver Analysen zum Thema *Mergers & Acquisitions* in ihrer Betrachtung und Darstellung genereller Wachstumsmotive nicht dazu geeignet sind, die spezifische Problemstellung einer *Postmerger*-Situation theoretisch zu fundieren. Insofern erforderte die hier verfolgte Forschungskonzeption eine abweichende Behandlung der Frage nach den Vereinigungszielen. In Kap. 3 galt es daher, eine umfassende Grundlage zu schaffen, mit deren Hilfe sich die Wahl externer Expansionsalternativen im Gegensatz zur internen Entwicklung von Wettbewerbspositionen begründen ließ.

Die zuvor erarbeitete Kennzeichnung von Unternehmenszusammenschlüssen als strategische Option legte dabei eine Auseinandersetzung mit dem Forschungsfeld der strategischen Unternehmensführung nahe. Zu diesem Zweck wurde der Argumentationslogik der *Resource-based View* folgend ein Bezugsrahmen zur Analyse von Wettbewerbsvorteilen vorgestellt. Die charakteristischen Eigenschaften der im Mittelpunkt dieses Ansatzes stehenden, zwischen Unternehmungen asymmetrisch verteilten Ressourcen ermöglichten es schließlich, die Entscheidung für den Aufbau einer Wettbewerbsposition durch *Mergers & Acquisitions* statt durch internes Wachstum zu erklären. Es wurde gezeigt, daß sich der betriebliche Handlungsspielraum auf die Realisation von Akquisitionen oder Fusionen reduziert, wenn die zur Umsetzung bestimmter Strategien erforderlichen Vermögensgegenstände und Fähigkeiten weder einzeln auf traditionellen Faktormärkten erworben noch in irgendeiner Weise imitiert werden können. Damit aber traten die Akkumulation bzw. Komplettierung strategischer Ressourcen sowie deren Elimination als Hauptmotive von Unternehmensvereinigungen hervor. *Postmerger*-Management wurde auf diese Weise Teil einer planvollen Gestaltung der die *Merger*-Parteien konstituierenden Faktorbündel.

Aus den Implikationen einer solchen ressourcenorientierten Sichtweise von Unternehmenszusammenschlüssen ließen sich weitere Unterschiede zwischen den Ergebnissen der vorliegenden Untersuchung und den Aussagen zahlreicher früherer Arbeiten ablesen. So konnte die Diversität der an einem *Merger* beteiligten Unternehmen nicht länger als unerwünschter, die Integrationsbemühungen in der *Postmerger*-Phase erschwerender Nebeneffekt verstanden werden. Im Falle der Komplettierung von Ressourcenportfolios war sie vielmehr auslösendes Moment für Fusionen und Akquisitionen. Die Logik eines an den Unternehmensressourcen ansetzenden *Merger*-Verständnisses stellte somit zugleich die bisher dominante Lesart von Integration als organisatorische Internalisierung in Frage, welche sich nicht nur in der umgangssprachlichen Metapher des 'Schluckens' für den Erwerb einer zumeist kleineren durch eine größere Unternehmung etabliert hat, sondern darüber hinaus gleichsam als Paradigma den wissenschaftlichen Diskurs beherrscht. Ein der Realisation der Vereinigungsziele verpflichtetes *Postmerger*-Management durfte sich daher *per se* weder um eine Angleichung der übernommenen an die übernehmende Unternehmung noch um eine pauschale Egalisierung beider Unternehmungen in all ihren Funktionsbereichen bemühen. Der Aufgabenbereich eines solchen *Postmerger*-Managements war indes um Aktionen zur Bewahrung von Heterogenität zu erweitern, sofern eine Kombination divergierender Vermögensgegenstände und Kompetenzen dazu geeignet war, Wettbewerbsvorteile zu begründen.

Aus diesem Grund mußte im Rahmen von Kap. 4 von der allgemeingültigen Beantwortung der Frage nach dem optimalen Integrationsgrad Abstand genommen werden. Die differenzierte Sichtweise des ressourcenorientierten Ansatzes plädierte stattdessen für eine situationsspezifische und zweckadäquate Anpassung der *Postmerger*-Maßnahmen, die von umfassenden gestaltenden Eingriffen (z.B. bei Sanierungsakquisitionen) bis hin zum kompletten Erhalt des erworbenen Unternehmens reichen konnten. Dennoch machten die zuvor analysierten Entscheidungsprobleme des Transfers bzw. der Transformation materieller sowie immaterieller Ressourcenbestandteile klar, daß sich die mit einem *Merger* angestrebte gemeinsame Ressourcennutzung im Unternehmensverbund ohne entsprechende organisatorische Wandlungsvorgänge nicht realisieren ließe. Die zentrale Problemstellung eines *Postmerger*-Managements bestand damit letztlich in der Bewältigung der komplexen Aufgabe, das für die Übertragung und den Umbau der Unternehmensressourcen notwendige mit dem im Hinblick auf den Erhalt unterschiedlicher Ressourcenpositionen zulässigen Maß an strukturändernden Aktionen zu vereinen.

Durch die Eigenschaften strategisch bedeutsamer Faktoren verschärft ließ sich der Konflikt zwischen Erhalt und Transformation als Ausdruck der Grenzen eines technokratischen Entwurfs, einer rationalen Totalplanung, der durch den *Merger* verbundenen sozio-technischen Systeme interpretieren. Ein Lösungsansatz für dieses Dilemma konnte in Kap. 5 mit der Gestaltung des *Postmerger*-Managements als geplante Evolution, d.h. als Synthese aus Fremd- und Selbstorganisation gefunden werden. Das Spektrum zentral wahrzunehmender *Postmerger*-Maßnahmen reduzierte sich daher auf Handlungen zur Initiierung, Unterstützung sowie Kanalisierung der für die Realisation der Vereinigungsziele erforderlichen selbstorganisierenden Gestaltungsschritte.

Damit aber schließt sich der Kreis der ressourcenorientierten Argumentationslogik: Der Erfolg eines auf die Akkumulation, Komplettierung sowie Elimination strategischer Vermögensgegenstände und Fähigkeiten gerichteten *Postmerger*-Managements erscheint mit der Schaffung der Rahmenbedingungen für die zu delegierenden Wandlungsaufgaben letztendlich selbst als eine Angelegenheit dynamischer Potentiale. Die empirisch nachgewiesene Erfolgsvarianz von *Mergers & Acquisitions* wird so zum Ergebnis jener für die *Resource-based View* charakteristischen Unterschiede betrieblicher Ressourcenportfolios.

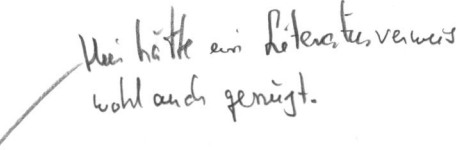

Hier hätte ein Literaturverweis wohl auch genügt.

Anhang: Rangvarianzanalyse nach FRIEDMAN

Der FRIEDMANsche Rangtest gestattet die Überprüfung der Signifikanz rangmäßiger Abweichungen zwischen zu vergleichenden Untersuchungseinheiten, wenn zur Merkmalserhebung verschiedene Testreihen (sog. Blöcke) durchgeführt werden.[459]

Die zu analysierenden Rangdifferenzen lassen sich durch

(1.1) $$\sum_{j=1}^{k} (\overline{R}_{.j} - \overline{R})^2$$

oder mit Hilfe der äquivalenten Größe

(1.2) $$V = \left[\frac{12}{r \cdot k \cdot (k+1)} \cdot \sum_{j=1}^{k} R_{.j}^2 \right] - 3 \cdot r \cdot (k+1)$$

[459] Vgl. hierzu und zum folgenden PFANZAGL [1978], S. 162 ff. oder im Original FRIEDMAN [1937], S. 678 ff.

mit r: Anzahl der Blöcke (Testreihen),

k: Anzahl der zu vergleichenden Untersuchungseinheiten,

j: Index der zu vergleichenden Untersuchungseinheiten ($j = 1, 2, ..., k$),

i: Index der Blöcke ($i = 1, 2, ..., r$),

R_{ij}: Rangziffer der Untersuchungseinheit j je Block i,

$R_{.j}$: Summe der Rangziffern über alle Blöcke i $\forall$ $j = 1, 2, ..., k$,

$R_{i.}$: Summe der Rangziffern über alle Untersuchungseinheiten j $\forall$ $i = 1, 2, ..., r$,

$\overline{R}_{.j}$: Mittelwert aller $R_{.j}$,

$\overline{R}$: Mittelwert aller $R_{..}$

messen.

Für $k > 4$ ist V annähernd χ^2-verteilt mit (k-1) Freiheitsgraden. Getestet wird die Hypothese H_0, daß sich die einzelnen Untersuchungseinheiten *nicht* voneinander unterscheiden. H_0 ist dabei abzulehnen, wenn gilt:

(1.3) $$V \geq F_n^{-1}(x)$$

mit $F_n^{-1}(x)$: Fraktil der χ^2-Verteilung mit n Freiheitsgraden.

Die benötigten Fraktile der χ^2-Verteilung lassen sich mit Hilfe von Tab. A - 1 bestimmen. Betrachtet man für den vorliegenden Fall der Zusammenfassung von Ergebnissen verschiedener empirischer Studien zu den Zielen von Unternehmensvereinigungen die abgefragten Zielkategorien als Untersuchungseinheiten und die einzelnen Forschungsarbeiten als Blöcke im oben definierten Sinne, so lassen sich die Rangdifferenzen zwischen den Zielen mit Hilfe des FRIEDMANschen Rangtests auf ihre Signifikanz hin prüfen. Die Ausgangsdaten für den Test der neun Zielgruppen sind in Tab. A - 2 wiedergegeben.

Das Signifikanzniveau sei auf α = 0,5% festgesetzt. Mit $k = 9$ und $r = 10$ ergibt sich für die Testgröße V gemäß Glg. (1.2):

$$V = 47{,}87.$$

Wegen $\alpha = 1 - F_n(x)$ erhält man aus Tab. A - 1 für $F_8^{-1}(x)$ den Wert 22,0. Nach Glg. (1.3) ist die Nullhypothese damit abzulehnen, d.h. der rangmäßige Unterschied zwischen allen neun Zielkategorien kann mit einer zugelassenen Irrtumswahrscheinlichkeit von α = 0,5% als statistisch gesichert betrachtet werden.

n / $F_n(x)$	***0,95***	***0,975***	***0,99***	***0,995***
1	3,84	5,02	6,63	7,88
2	5,99	7,38	9,21	10,6
3	7,81	9,35	11,3	12,8
4	9,49	11,1	13,3	14,9
5	11,1	12,8	15,1	16,7
6	12,6	14,4	16,8	18,5
7	14,1	16,0	18,5	20,3
8	15,5	17,5	20,1	**22,0**
9	16,9	19,0	21,7	23,6
10	18,3	20,5	23,2	25,2

Tab. A - 1: Fraktile der χ^2-Verteilung mit *n* Freiheitsgraden nach RÜGER [1991]

Studie/Zielkategorie	*(1)*	*(2)*	*(3)*	*(4)*	*(5)*	*(6)*	*(7)*	*(8)*	*(9)*
ANSOFF ET AL. [1971]	5,0	2,0	7,5	7,5	7,5	3,0	1,0	7,5	4,0
BAMBERGER [1994]	9,0	6,5	6,5	3,5	5,0	1,0	3,5	8,0	2,0
GIMPEL-ISKE [1973]	7,0	1,0	7,0	7,0	7,0	3,0	2,0	7,0	4,0
INGHAM ET AL. [1992]	7,5	2,0	5,0	3,0	4,0	1,0	7,5	7,5	7,5
KAUFMANN [1990]	8,0	2,0	5,0	8,0	6,0	3,0	1,0	8,0	4,0
LINDGREN und SPANBERG [1981]	7,0	4,0	7,0	7,0	7,0	2,0	1,0	7,0	3,0
MÖLLER [1983]	7,0	3,0	7,0	7,0	7,0	2,0	1,0	7,0	4,0
REIßNER [1992]	5,0	3,5	8,0	6,0	8,0	2,0	1,0	8,0	3,5
TOUCHE ROSS & CO. [o.J.]	5,5	2,0	4,0	8,0	5,5	3,0	1,0	8,0	8,0
WALTER und BARNEY [1990]	6,5	3,0	6,5	6,5	6,5	2,0	1,0	6,5	6,5
R_j	**67,5**	**29,0**	**63,5**	**63,5**	**63,5**	**22,0**	**20,0**	**74,5**	**46,5**

Tab. A - 2: Übersicht über die Rangziffern der Zielkategorien (mit (1) Transaktionskosten, (2) Economies of scale bzw. scope, (3) Ineffiziente Leitung, (4) Risikodiversifikation, (5) Spekulation, (6) Marktmacht, (7) Markteintritt bzw. Wachstum, (8) Steuervorteile, (9) Erwerb von Know-how)

Literaturverzeichnis

Aadne, J. H., G. von Krogh und J. Roos [1996]: *Representationism: The Traditional Approach to Cooperative Strategies*, in: *Managing Knowledge: Perspectives on Cooperation and Competition*, hrsg. v. G. von Krogh und J. Roos, London et al. 1996, S. 9-31.

Adler, P. S. [1990]: *Shared Learning*, in: Man. Sc., 8 (36) 1990, S. 938-957.

Alchian, A. A. [1950]: *Uncertainty, Evolution and Economic Theory*, in: J Pol. E, 2 (58) 1950, S. 211-222.

Aldrich, H. [1979]: *Organizations and Environments*, Englewood Cliffs (N.J.) 1979.

Amel, D. und L. Froeb [1991]: *Do Firms Differ Much?*, in: JIE, 3 (39) 1991, S. 323-331.

Amihud, Y. und B. Lev [1981]: *Risk Reduction as a Managerial Motive for Conglomerate Mergers*, in : BJE, 2 (12) 1981, S. 605-617.

Amit, R. und P. J. H. Schoemaker [1993]: *Strategic Assets and Organizational Rent*, in: SMJ, 1 (14) 1993, S. 33-46.

Andrews, K. R. [1971]: *The Concept of Corporate Strategy*, Homewood (Ill.), 1971.

Ansoff, I. H. [1987]: *The Emerging Paradigm of Strategic Behavior*, in: SMJ, 6 (8) 1987, S. 501-516.

Ansoff, I. H., R. G. Brandenburg, F. E. Portner und R. Radosevich [1971]: *Acquisition Behavior of U.S. Manufacturing Firms, 1946-1965*, Nashville, 1971.

Argote, L., S. L. Beckman und D. Epple [1990]: *The Persistence and Transfer of Learning in Industrial Settings*, in: Man. Sc., 2 (36) 1990, S. 140-154.

Argyris, C. und D. A. Schön [1978]: *Organizational Learning: A Theory of Action Perspective*, Reading (Mass.) 1978.

Armenakis, A. A., S. G. Harris und K. W. Mossholder [1993]: *Creating Readiness for Organizational Change*, in: HR, 6 (46) 1993, S. 681-704.

Asquith, P. [1983]: *Merger Bids, Uncertainty, and Stockholder Returns*, in: JFE, 1 (11) 1983, S. 51-83.

Asquith, P., R. F. Bruner und D. W. Mullins, Jr. [1983]: *The Gains to Bidding Firms from Merger*, in: JFE, 1 (11) 1983, S. 121-139.

Auerbach, A. J. und D. Reishus [1988]: *Taxes and Merger Decision*, in: *Knights, Raiders, and Targets: The Impact of the Hostile Takeover*, hrsg. v. J. C. Coffee, Jr., L. Lowenstein und S. Rose-Ackermann, New York (N.Y.) und Oxford 1988, S. 300-313.

Badaracco, J. L., Jr. [1991]: *The Knowledge Link: How Firms Compete through Strategic Alliances*, Boston (Mass.) 1991.

Baetge, J. (Hrsg.) [1991]: *Akquisition und Unternehmensbewertung: 7. Münsterisches Tagesgespräch am 3. Juni 1991*, Düsseldorf 1991.

Bain, J. S. [1956]: *Barriers to New Competition*, Cambridge (Mass.) 1956.

Bain, J. S. [1968]: *Industrial Organization*, 2. Aufl., New York (N.Y.) und London 1968.

Bakker, H., W. Jones und M. Nichols [1994]: *Using Core Competences to Develop New Business*, in: LRP , 6 (27) 1994, S. 13-27.

Balakrishnan, S. [1988]: *The Prognostics of Diversifying Acquisitions*, in: SMJ, 2 (9) 1988, S. 185-196.

Ballwieser, W. [1990]: *Unternehmensbewertung und Komplexitätsreduktion*, 3. Aufl., Wiesbaden 1990.

Bamberger, B. [1994]: *Der Erfolg von Unternehmensakquisitionen in Deutschland - Eine theoretische und empirische Untersuchung*, Bergisch Gladbach et al. 1994.

Bandura, A. [1986]: *Social Foundations of Thought and Action: A Social Cognitive Theory*, Englewood Cliffs (N.J.) 1986.

Barnatt, C. und P. Wong [1992]: *Acquisition Activity and Organizational Structure*, in: JGM, 3 (17) 1992, S. 1-15.

Barney, J. B. [1986a]: *Strategic Factor Markets: Expectations, Luck, and Business Strategy*, in: Man. Sc., 10 (32) 1986, S. 1231-1241.

Barney, J. B. [1986b]: *Organizational Culture: Can It Be a Source of Sustained Competitive Advantage?*, in: AMR, 3 (11) 1986, S. 656-665.

Barney, J. B. [1986c]: *Types of Competition and the Theory of Strategy: Toward an Integrative Framework*, in: AMR, 4 (11) 1986, S. 791-800.

Barney, J. B. [1988]: *Returns to Bidding Firms in Mergers and Acquisitions: Reconsidering the Relatedness Hypothesis*, in: SMJ, Spec. Iss. (9) 1988, S. 71-78.

Barney, J. B. [1989]: *Asset Stocks and Sustained Competitive Advantage: A Comment*, in: Man. Sc., 12 (35) 1989, S. 1511-1513.

Barney, J. B. [1991]: *Firm Resources and Sustained Competitive Advantage*, in: JM, 1 (17) 1991, S. 99-120.

Barr, P. S., J. L. Stimpert und A. S. Huff [1994]: *Cognitive Change, Strategic Action, and Organizational Renewal*, in: *Management of Change and Innovation*, hrsg. v. B.-A. Vedin, Aldershot et al. 1994, S. 127-148.

Baumol, W. J. [1959]: *Business Behavior, Value and Growth*, New York (N.Y.) 1959.

Baumol, W. J. [1965]: *The Stock Market and Economic Efficiency*, New York (N.Y.) 1965.

Baumol, W. J., J. C. Panzar und R. D. Willig [1982]: *Contestable Markets and the Theory of Industry Structure*, San Diego (Cal.). 1982.

Beattie, D. L. [1980]: *Conglomerate Diversification and Performance*, in: Appl. Econ., 4 (12) 1980, S. 251-273.

Beck, P. [1996]: *Unternehmensbewertung bei Akquisitionen: Methoden, Anwendungen, Probleme*, Wiesbaden 1996.

Benedict, E., B. Savill, D. Angwin und C. Crossley-Cooke [1997]: *The First Ninety Days: A Joint Research Project by Ernst & Young and Warwick Business School into the First Ninety Days Following an Acquisition*, London 1997.

Bergh, D. D. [1995]: *Size and Relatedness of Units Sold: An Agency Theory and Resource-Based Perspective*, in: SMJ, 3 (16) 1995, S. 221-239.

Berle, A. A., Jr. und G. C. Means [1934]: *The Modern Corporation and Private Property*, New York (N.Y.) 1934.

Berthel, J. [1975]: *Betriebliche Informationssysteme*, Stuttgart 1975.

Biergans, E. [1990]: *Einkommenssteuer und Steuerbilanz: Systematischer Kommentar*, 5. Aufl., München 1990.

Biggadike, R. [1979]: *The Risky Business of Diversification*, in: HBR, 3 (57) 1979, S. 103-111.

Black, J. A. und K. B. Boal [1994]: *Strategic Resources: Traits, Configurations and Paths to Sustainable Competitive Advantage*, in: SMJ, Spec. Iss. (15) 1994, S. 131-148.

Blackburn, V. und J. R. Lang [1989]: *Toward Market/Ownership Constrained Theory of Merger Behavior*, in: JM, 1 (15) 1989, S. 77-88.

Bleeke, J. A., J. Isono, D. Ernst und D. D. Weinberg [1990]: *The Shape of Cross-Border M&A*, in: The McKinsey Quarterly, 2 (o.Jg.) 1990, S. 15-26.

Bleicher, K. [1992]: *Unternehmungskultur*, in: HWP, hrsg. v. E. Gaugler und W. Weber, 2. Aufl., Stuttgart 1992, Sp. 2241-2252.

Bleicher, K. [1993]: *Führung*, in: HWB, hrsg. v. W. Wittmann et al., Bd. 3, 5. Aufl., Stuttgart 1993, Sp. 1270-1284.

Bonora, E. A. und O. Revang [1993]: *A Framework for Analysing the Storage and Protection of Knowledge in Organizations: Strategic Implications and Structural Arrangements*, in: *Implementing Strategic Processes: Change, Learning, and Co-operation*, hrsg. v. P. Lorange, B. Chakravarthy, J. Roos, A. Van de Ven, London 1993, S. 190-213.

Bortz, J. [1984]: *Lehrbuch der empirische Sozialforschung: Für Sozialwissenschaftler*, Berlin et al. 1984.

Boulding, K. [1966]: *The Economics of Knowledge and the Knowledge of Economics*, in: AER, 2 (56) 1966, S. 1-13.

Böcker, F. [1993]: *Marketing-Planung und -Kontrolle*, in: HWB, hsrg. v. W. Wittmann et al., Bd. 2, 5. Aufl., Stuttgart 1993, Sp. 2751-2769.

Böventer, E. von, J. Beutel, G. Illing, H. J. John, R. Koll und R. Matzka [1991]: *Einführung in die Mikroökonomie*, 7. Aufl., München und Wien 1991.

Bradley, M., A. Desai und E. H. Kim [1983]: *The Rationale Behind Interfirm Tender Offers: Information or Synergy*, in: JFE, 1 (11) 1983, S. 182-206.

Brealey, R. A. und S. C. Myers [1996]: *Principles of Corporate Finance*, 5. Aufl., New York (N.Y.) et al. 1996.

Brüggerhoff, J. [1992]: *Management von Desinvestitionen*, Wiesbaden 1992.

Bruhn, E.-E. [1965]: *Die Bedeutung der Potentialfaktoren für die Unternehmenspolitik*, Berlin 1965.

Bruner, R. F. [1988]: *The Use of Excess Cash and Debt Capacity as a Motive for Merger*, in: JFQA, 2 (23) 1988, S. 199-217.

Buchko, A. A. [1994]: *Barriers to Strategice Transformation: Interorganizational Networks and Institutional Forces*, in: *Advances in Strategic Management*, Vol. 10B, hrsg. v. P. Shrivastava, A. Huff und J. Dutton, Greenwich (Conn.) und London 1994, S. 81-106.

Bühner, R. [1990a]: *Erfolg von Unternehmenszusammenschlüssen in der Bundesrepublik Deutschland*, Stuttgart 1990.

Bühner, R. [1990b]: *Unternehmenszusammenschlüsse, Ergebnisse empirischer Analysen*, Stuttgart 1990.

Bühner, R. und H.-J. Spindler [1986]: *Synergieerwartungen bei Unternehmenszusammenschlüssen*, in: DB, 12 (39) 1986, S. 601-606.

Buono, A. F. und J. L. Bowditch [1989]: *The Human Side of Mergers and Acquisitions*, San Francisco und London 1989.

Buono, A. F., J. L. Bowditch und J. W. Lewis, III [1985]: *When Cultures Collide: The Anatomy of a Merger*, in: HR, 5 (38) 1985, S. 477-500.

Busse von Colbe, W. (Hrsg.) [1992]: *Unternehmensakquisition und Unternehmensbewertung: Grundlagen und Fallstudien*, Stuttgart 1992.

Buzzell, R. D. [1983]: *Is Vertical Integration Profitable?*, in: HBR, 1 (61) 1983, S. 92-102.

Buzzell, R. D. und B. T. Gale [1989]: *Das PIMS-Programm*, Wiesbaden 1989.

Campbell, A. [1992]: *Building Core Skills*, in: *Strategic Synergy*, hrsg. v. A. Campbell und K. S. Luchs, Oxford et a. 1992, S. 173-197.

Carlsson, B. und G. Eliasson [1994]: *The Nature and Importance of Economic Competence*, in: Ind. Corp. Chge., 3 (3) 1994, S. 687-711.

Castanias, R. P. und C. E. Helfat [1991]: *Managerial Resources and Rents*, in: JM, 1 (17) 1991, S. 155-171.

Caves, R. E. [1980]: *Industrial Organization, Corporate Strategy and Structure*, in: J E Lit., (18) 1980, S. 64-92.

Caves, R. und M. E. Porter [1976]: *Barriers to Exit*, in: *Essays on Industrial Organization in Honor of Joe S. Bain*, hrsg. v. R. T. Masson und P. D. Qualls, Cambridge (Mass.) 1976, S. 39-69.

Caves, R. und M. E. Porter [1977]: *From Entry Barriers to Mobility Barriers*, in: QJE, 2 (91) 1977, S. 241-262.

Chandler, A. D. [1990]: *Scale and Scope: The Dynamics of Industrial Capitalism*, Cambridge (Mass.) 1990.

Chatterjee, S. [1986]: *Types of Synergy and Economic Value: The Impact of Acquisitions on Merging and Rival Firms*, in: SMJ, 2 (7) 1986, S. 119-139.

Chatterjee, S. [1990]: *Excess Resources, Utilization Costs and Mode of Entry*, in: AMJ, 4 (33) 1990, S. 780-800.

Chatterjee, S. [1992]: *Source of Value in Takeovers: Synergy or Restructuring - Implications for Target and Bidder Firms*, in: SMJ, 4 (13) 1992, S. 267-286.

Chatterjee, S. und M. Lubatkin [1990]: *Corporate Mergers, Stockholder Diversification, and Changes in Systematic Risk*, in: SMJ, 4 (11) 1990, S. 255-268.

Chatterjee, S., M. H. Lubatkin, D. M. Schweiger und Y. Weber [1992]: *Cultural Differences and Shareholder Value in Related Mergers: Linking Equity and Human Capital*, in: SMJ, 5 (13) 1992, S. 319-334.

Checkland, P. B. [1984]: *Systems Thinking in Management: The Development of Soft Systems Methodology and Its Implications for Social Science*, in: *Self-Organization and Management of Social Systems: Insights, Promises, Doubts, and Questions*, hrsg. v. H. Ulrich, Berlin et al. 1984, S. 94-104.

Choi, D. und G. C. Philippatos [1983]: *An Examination of Merger Synergism*, in: JoFR, 3 (6) 1983, S. 239-256.

Clarke, C. J. [1987]: *Acquisitions - Techniques for Measuring Strategic Fit*, in: LRP, 3 (20) 1987, S. 12-18.

Clever, H. [1993]: *Post-Merger-Management*, Stuttgart et al. 1993.

Coenenberg, A. G. [1991]: *Jahresabschluß und Jahresabschlußanalyse: Betriebswirtschaftliche, handels- und steuerrechtliche Grundlagen*, 12. Aufl., Landsberg a. L. 1991.

Coenenberg, A. G. und M. T. Sautter [1988]: *Strategische und finanzielle Bewertung von Unternehmensakquisitionen*, in: DBW, 6 (48) 1988, S. 691-710.

Cohen, M. D., J. G. March und J. P. Olsen [1972]: *A Garbage Can Model of Organizational Choice*, in: ASQ, 1 (17) 1972, S. 1-25.

Cohen, M. D. und L. S. Sproull [1996]: *Introduction*, in: *Organizational Learning*, hrsg. v. M. D. Cohen und L. S. Sproull, Thousand Oaks et al. 1996, S. ix-xv.

Colby, L. [1989]: *Post-Merger Management*, New York (N.Y.) 1989.

Collis, D. J. [1994]: *Research Note: How Valuable are Organizational Capabilities?*, in: SMJ, Spec. Iss. (15) 1994, S. 143-152.

Collis, D. J. und C. A. Montgomery [1995]: *Competing on Resources: Strategy in the 1990s*, in: HBR, 4 (73) 1995, S. 118-128.

Collis, D. J. und C. A. Montgomery [1997]: *Corporate Strategy: Resources and the Scope of the Firm*, Chicago (Ill.) et al. 1997.

Conner, K. R. [1991]: *A Historical Comparison of Resource-Based Theory and Five Schools of Thought Within Industrial Organization Economics: Do We Have a New Theory of the Firm?*, in: JM, 1 (17) 1991, S. 121-154.

Cook, S. D. N. und D. Yanow [1996]: *Culture and Organizational Learning*, in: *Organizational Learning*, hrsg. v. M. D. Cohen und L. S. Sproull, Thousand Oaks et al. 1996, S. 430-459.

Cooke, T. E. [1986]: *Mergers and Acquisitions*, Oxford et al. 1986.

Copeland, T., T. Koller und J. Murrin [1990]: *Valuation: Measuring and Managing the Value of Companies*, New York (N.Y.) et al 1990.

Copeland, T. E., E. F. Lemgruber und D. Mayers [1987]: *Corporate Spin-offs: Multiple Announcement and Ex-Date Abnormal Performance*, in: *Modern Finance and Industrial Economics*, hrsg. v. T. E. Copeland, New York (N.Y.) 1987, S. 114-137.

Cubbin, J. und P. Gerosky [1987]: *The Convergence of Profits in the Long Run: Inter-Firm and Inter-Industry Comparisons*, in: JIE, 4 (35) 1987, S. 427-442.

Cyert, R. M. und J. G. March [1992]: *A Behavioral Theory of the Firm*, 2. Aufl., Cambridge (Mass.) 1992.

Dahm, H. [1982]: *Der Akquisitionsprozeß: Erfahrungen bei Planung und Verwirklichung unternehmerischer Wachstumsstrategien*, in: *Handbuch der Unternehmensakquisition*, hrsg. v. A. J. Rädler und R. Pöllath, Frankfurt a. M. 1982, S. 11-37.

Datta, D. K. [1991]: *Organizational Fit and Acquisition Performance: Effects of Post-Acquisition Integration*, in: SMJ, 4 (12) 1991, S. 281-297.

Datta, D. K., G. E. Pinches und V. K. Narayanan [1992]: *Factors Influencing Wealth Creation from Mergers and Acquisitions: A Meta-Analysis*, in: SMJ, 1 (13) 1992, S. 67-84.

Däumling, A. M., J. Fengler, L. Nellessen und A. Svensson [1974]: *Angewandte Gruppendynamik: Selbsterfahrung, Forschungsergebnisse, Trainingsmodelle*, Stuttgart 1974.

Deiser, R. [1994]: *Post-Acquisition Management: A Process of Strategic and Organizational Learning*, in: *The Management of Corporate Acquisitions: International Perspectives*, hrsg. v. G. von Krogh, A. Sinatra und H. Singh, Basingstoke et al. 1994, S. 359-390.

Demsetz, H. [1983]: *The Structure of Ownership and the Theory of the Firm*, in: JLE, 2 (26) 1983, S. 375-390.

Dierickx, I. und K. Cool [1989]: *Asset Stock Accumulation and the Sustainability of Competitive Advantage*, in: Man. Sc., 12 (35) 1989, S. 1504-1511.

Dirrigl, H. [1990]: *Synergieeffekte beim Unternehmenszusammenschluß und Bestimmung des Umtauschverhältnisses*, in: DB, 4 (43) 1990, S. 185-192.

Dodgson, M. [1993]: *Organizational Learning: A Review of Some Literatures*, in: ORS, 3 (14) 1993, S. 375-394.

Domschke, W. [1993]: *Innerbetriebliche Standortplanung*, in: HWB, hsrg. v. W. Wittmann et al., Bd. 3, 5. Aufl., Stuttgart 1993, Sp. 3950-3962.

Dornis, P. [1982]: *Akquisitionspolitik*, in: *Handbuch der Unternehmensakquisition*, hrsg. v. A. J. Rädler und R. Pöllath, Frankfurt a. M. 1982, S. 39-94.

Drayton, C. I., C. Emerson und J. P. Griswold [1966]: *Mergers and Acquisitions*, 4. Aufl., London und New York (N.Y.) 1966.

Duhaime, I. M. und J. H. Grant [1981]: *Factors Influencing Divestment Decision-Making: Evidence from a Field Study*, in: SMJ, (5) 1984, S. 301-318.

Dutton, J. M. und A. Thomas [1984]: *Treating Progress Functions as a Managerial Opportunity*, in: AMR, 1 (9) 1984, S. 218-225.

Eco, U. [1994]: *Einführung in die Semiotik*, 8. Aufl., München 1994.

Ehrensberger, S. [1993]: *Synergieorientierte Unternehmensintegration*, Wiesbaden 1993.

Eichinger, F. [1971]: *Unternehmenswachstum durch Fusion als organisatorischer Konfliktprozeß*, Diss., München 1971.

Elle, H.-D. [1991]: *Unternehmensentwicklung: Ansätze zu einer aufgeklärt-konstruktivistischen ökonomischen Theorie und Politik der Entwicklung von Unternehmen*, Stuttgart 1991.

Epple, D., L. Argote und R. Devadas [1996]: *Organizational Learning Curves: A Method for Investigating Intra-Plant Transfer of Knowledge Acquired Through Learning by Doing*, in: *Organizational Learning*, hrsg. v. M. D. Cohen und L. S. Sproull, Thousand Oaks et al. 1996, S. 83-100.

Etzioni, A. [1968]: *The Active Society: A Theory of Societal and Political Processes*, London und New York (N.Y.) 1968.

Fahey, L. und H. K. Christensen [1986]: *Evaluating the Research on Strategy Content*, in: JMR, 2 (12) 1986, S. 167-183.

Fama, E. F. [1980]: *Agency Problems and the Theory of the Firm*, in: J Pol. E, 2 (88) 1980, S. 288-307.

Fiol, C. M. [1991]: *Managing Culture as a Competitive Resource: An Identity-Based View of Sustainable Competitive Advantage*, in: JM, 1 (17) 1991, S. 191-211.

Firth, M. [1978]: *Synergism in Mergers: Some British Results*, in: JF, 2 (33) 1978, S. 670-672.

Fleck, A. [1995]: *Hybride Wettbewerbsstrategien*, Wiesbaden 1995.

Foss, N. J. und B. Eriksen [1995]: *Competitive Advantage and Industry Capabilities*, in: *Resource-Based and Evolutionary Theories of the Firm: Towards a Synthesis*, hrsg. v. C. A. Montgomery, Boston (Mass.) et al. 1995, S. 43-69.

Fowler, K. L. und D. R. Schmidt [1989]: *Determinants of Tender Offer Post-Acquisition Financial Performance*, in: SMJ, 4 (10) 1989, S. 339-350.

Fransman, M. [1994]: *Information, Knowledge, Vision and Theories of the Firm*, in: Ind. Corp. Chge., 3 (3) 1994, S. 713-757.

Freund, W. [1991]: *Die Integration übernommener Unternehmen: Fragen, Probleme und Folgen*, in: DBW, 4 (51) 1991, S. 491-498.

Fricke, R. und G. Treinies [1985]: *Einführung in die Metaanalyse*, Bern et al. 1985.

Friedman, M. [1937]: *The Use of Ranks to Avoid the Assumption of Normality Implicit in the Analysis of Variance*, in: JASA, 6 (32) 1937, S. 675-701.

Gabele, E. [1992]: *Reorganisation*, in: HWO hrsg. v. E. Frese, 3. Aufl., Stuttgart 1992, Sp. 2196-2211.

Gaughan, P. A. [1991]: *Mergers and Acquisitions*, New York (N.Y.) 1991.

Gaugler, E. [1989]: *Personalplanung*, in: HWPlan, hrsg. v. N. Szyperski, Stuttgart 1989, Sp. 1350-1362.

Gerpott, T. J. [1990]: *Strategieadäquates Personalmanagement bei der Integration internationaler Akquisitionen*, in: BFuP, 5 (42) 1990, S. 414-432.

Gerpott, T. J. [1991]: *Bleiben oder Gehen? Erklärungen der Verbleibensquote von Top Managern nach Unternehmensakquisitionen*, in: ZfB, 1 (61) 1991, S. 5-32.

Gerpott, T. J. [1993]: *Integrationsgestaltung und Erfolg von Unternehmenszusammenschlüssen*, Stuttgart 1993.

Ghemawat, P. [1986]: *Sustainable Advantage*, in: HBR, 5 (64) 1986, S. 53-58.

Ghemawat, P. [1991]: *Commitment: The Dynamic of Strategy*, New York (N.Y.) et al. 1991.

Gilbert, R. J. [1989]: *Mobility Barriers and the Value of Incumbency*, in: *Handbook of Industrial Organization*, Bd. 1, hrsg. v. R. Schmalensee und R. D. Willig, Amsterdam 1989, S. 475-535.

Gilbert, R. J. und R. G. Harris [1981]: *Investment Decisions with Economies of Scale and Learning*, in: AER, 5 (71) 1981, S. 172-177.

Gimpel-Iske, E. [1973]: *Untersuchung der Vorteilhaftigkeit von Unternehmenszusammenschlüssen*, Bonn 1973.

Gioia, D. A. und C. C. Manz [1985]: *Linking Cognitions and Behavior: A Script Processing Interpretation of Vicarious Learning*, in: AMR, 3 (10) 1985, S. 527-539.

Glismann, H. H. und E.-J. Horn [1992]: *Tarifäre und nicht-tarifäre Handelshemmnisse*, in: *Exportnation Deutschland*, hrsg. v. E. Dichtl und O. Issing, 2. Aufl., München 1992, S. 49-70.

Goldman, S. L., R. N. Nagel und K. Preiss [1995]: *Agile Competitors and Virtual Organizations*, New York (N.Y.) et al. 1995.

Gomez, P. und B. Weber [1989]: *Akquisitionsstrategie: Wertsteigerung durch Übernahme von Unternehmungen*, Stuttgart 1989.

Gomez, P. und G. Müller-Stewens [1994]: *Corporate Transformation: Zum Management fundamentalen Wandels großer Unternehmen*, in: *Unternehmerischer Wandel: Konzepte zur organisatorischen Erneuerung*, hrsg. v. P. Gomez, D. Hahn, G. Müller-Stewens und R. Wunderer, Wiesbaden 1994, S. 135-198.

Gort, M. [1969]: *An Economic Disturbance Theory of Mergers*, in: QJE, 4 (83) 1969, S. 624-642.

Grafer, H. R. und P. M. Baldasaro [1987]: *Effective Due Diligence*, in: *The Mergers and Acquisitions Handbook*, hrsg. v. M. L. Rock, New York (N.Y.) et al. 1987, S. 271-280.

Grant, R. [1988]: *Research Notes and Communications - On "Dominant Logic", Relatedness and the Link between Diversity and Performance*, in: SMJ, 6 (9) 1988, S. 639-642.

Grant, R. B. [1991]: *A Resource-Based Theory of Competitive Advantage: Implications for Strategy Formulation*, in: CMR, (3) 33 1991, S. 114-135.

Grimm, A. [1987]: *Motive konglomerater Zusammenschlüsse. Analyse der theoretischen Erklärungsansätze und Fallstudie großer Zusammenschlüsse in den USA*, Göttingen 1987.

Grochla, E. [1966]: *Automation und Organisation*, Wiesbaden 1966.

Grochla, E. [1972]: *Unternehmungsorganisation: Neue Ansätze und Konzeptionen*, Reinbek b. Hamburg 1972.

Grossman, S. J. und O. D. Hart [1981]: *The Allocation Role of Takeover Bids in Situations of Asymmetric Information*, in: JF, 2 (36) 1981, S. 253-270.

Grüter, H. [1990]: *Unternehmensakquisitionen - Bausteine eines Integrationsmanagements*, Bern und Stuttgart 1990.

Habermas, J. [1981]: *Theorie des Kommunikativen Handelns: Zur Kritik der funktionalistischen Vernunft*, Bd. 2, Frankfurt a. M. 1981.

Hall, R. [1991]: *The Contribution of Intangible Resources to Business Success*, in: JGM, 4 (16) 1991, S. 41-52.

Hall, R. [1992]: *The Strategic Analysis of Intangible Resources*, in: SMJ, 2 (13) 1992, S. 135-144.

Hall, R. [1993]: *A Framework Linking Intangible Resources and Capabilities to Sustainable Competitive Advantage*, in: SMJ, 8 (14) 1993, S. 607-618.

Hambrick, D. C., M. A. Geletkanycz und J. W. Frederickson [1993]: *Top Executive Commitment to the Status Quo: Some Tests of its Determinants*, in: SMJ, 6 (14) 1993, S. 401-418.

Hamel, G. [1990]: *Competitive Collaboration: Learning, Power and Dependence in International Strategic Alliances*, Diss., Michigan, 1990.

Hamel, G. [1991]: *Competition for Competence and Inter-Partner Learning within International Strategic Alliances*, in: SMJ, Spec. Iss. (12) 1991, S. 83-103.

Hamel, G. und C. K. Prahalad [1993]: *Strategy as Stretch and Leverage*, in: HBR, 2 (71) 1993, S. 75-84.

Hannan, M. T. und J. Freeman [1977]:*The Population Ecology of Organizations*, in: AJS, 8 (82) 1977, S. 929-964.

Hannan, M. T. und J. Freeman [1984]: *Structural Inertia and Organizational Change*, in: ASR, 1 (49) 1984, S. 149-164.

Hansen, G. S. und B. Wernerfelt [1989]: *Determinants of Firm Performance: The Relative Importance of Economic and Organizational Factors*, in: SMJ, 5 (10) 1989, S. 399-411.

Harrigan, K. R. [1982]: *Exit Decisions in Mature Industries*, in: AMJ, 4 (25) 1982, S. 707-732.

Harrigan, K. R. [1981]: *Deterrents to Divestiture*, in: AMJ, 2 (24) 1981, S. 306-323.

Harrison, J. S., M. A. Hitt und R. D. Ireland [1991]: *Synergies and Post-Acquisition Performance: Differences versus Similarities in Resource Allocations*, in: JM, 1 (17) 1991, S. 173-190.

Harvey, J. L. [1969]: *Planning for Postmerger Integration*, in: *Management Guides to Mergers and Acquisitions*, hrsg. v. J. L. Harvey und A. Newgarden, New York (N.Y.) et al. 1969, S. 246-253.

Hase, S. [1996]: *Integration akquirierter Unternehmen: Planung, Konzeption, Bewertung und Kontrolle*, Berlin 1996.

Hasenpflug, H. [1977]: *Nicht-tarifäre Handelshemmnisse. Formen, Wirkungen und wirtschaftspolitische Bedeutung*, Hamburg 1977.

Haspeslagh, P. C. und D. B. Jemison [1987]: *Acquisitions - Myths and Reality*, in: SMR, 2 (28) 1987, S. 53-58.

Haspeslagh, P. C. und D. B. Jemison [1992]: *Akquisitionsmanagement: Wertschöpfung durch strategische Neuausrichtung des Unternehmens*, Frankfurt a. M. und New York (N.Y.) 1992.

Haspeslagh, P. C. und D. B. Jemison [1994]: *Acquisition Integration: Creating the Atmosphere for Value Creation*, in: *The Management of Corporate Acquisitions: International Perspectives*, hrsg. v. G. von Krogh, A. Sinatra und H. Singh, Basingstoke et al. 1994, S. 448-479.

Haugen, R. A. und T. C. Langetieg [1975]: *An Empirical Test for Synergism in Merger*, in: JF, 4 (30) 1975, S. 1003-1014.

Hawn, J. L. [1969]: *Mergers and Fringe Benefits*, in: *Management Guides to Mergers and Acquisitions*, hrsg. v. J. L. Harvey und A. Newgarden, New York (N.Y.) et al. 1969, S. 219-225.

Hax, A. C. und H. C. Meal [1975]: *Hierarchical Integration of Production Planning and Scheduling*, in: *Studies in Management Sciences: Logistics*, Vol. 1, hrsg. v. M. A. Geisler, Amsterdam et al. 1975, S. 53-69.

Hayes, R. H. und G. P. Pisano [1994]: *Beyond World Class: The New Manufacturing Strategy*, in: HBR, 1 (72) 1994, S. 77-86.

Hedberg, B. [1981]: *How Organizations Learn und Unlearn*, in: *Handbook of Organizational Design: Adapting Organizations to Their Environments*, Vol. 1., hrsg. v. P. C. Nystrom und W. H. Starbuck, New York (N.Y.) 1981, S. 3-37.

Hedlund, G. [1994]: *A Model of Knowledge Management and the N-form Corporation*, in: SMJ, Spec. Iss. (15) 1994, S. 73-90.

Hedlund, G. und I. Nonaka [1993]: *Models of Knowledge Management in the West and Japan*, in: *Implementing Strategic Processes: Change, Learning, and Co-operation*, hrsg. v. P. Lorange, B. Chakravarthy, J. Roos, A. Van de Ven, London 1993, S. 117-144.

Hempel, C. G. und P. Oppenheim [1948]: *Studies in the Logic of Explanation*, in: Philosophy of Science, (9) 1948, S. 135-175.

Henderson, B. D. [1984]: *Die Erfahrungskurve in der Unternehmensstrategie*, 2. Aufl., Frankfurt a. M. und New York (N.Y.) 1984.

Henderson, R. und I. Cockburn [1994]: *Measuring Competence? Exploring Firm Effects in Pharmaceutical Research*, in: SMJ, Spec. Iss. (15) 1994, S. 63-84.

Hennart, J.-F. und Y.-R. Park [1993]: *Greenfield vs. Acquisition: The Strategy of Japanese Investors in the United States*, in: Man. Sc., 9 (39) 1993, S. 1054-1070.

Hentze, J. [1990]: *Personalwirtschaftslehre*, Bd. 2, 4. Aufl., Bern und Stuttgart 1990.

Henzel, F. [1928]: *Der Beschäftigungsgrad*, in: ZfB, 6 (5) 1928, S. 721-745.

Herman, E. S. und L. Lowenstein [1988]: *The Efficiency Effects of Hostile Takeovers*, in: *Knights, Raiders, and Targets: The Impact of the Hostile Takeover*, hrsg. v. J. C. Coffee, Jr., L. Lowenstein und S. Rose-Ackermann, New York (N.Y.) und Oxford 1988, S. 211-240.

Hermsen, C. [1994]: *Mergers & Acquisitions: Integrationsmanagement von Akquisitionsobjekten - dargestellt anhand der Aufgabe des Personalmanagements*, Hallstadt 1994.

Herzig, N. [1993]: *Unternehmenszusammenschlüsse und Besteuerung*, in: HWB, hsrg. v. W. Wittmann et al., Bd. 3, 5. Aufl., Stuttgart 1993, Sp. 4449-4462.

Herzig, N. und O. Hoetzel [1990]: *Steuerorientierte Gestaltungsinstrumente beim Unternehmenskauf: Phasenschema und Grundmodelle*, in: DBW, 4 (50) 1990, S. 513-524.

Hettich, G. O. [1981]: *Struktur, Funktion und Effizienz betrieblicher Informationssysteme*, Tübingen 1981.

Higgins, R. C. und L. D. Schall [1975]: *Corporate Bankruptcy and Conglomerate Merger*, in: JF, 1 (30) 1975, S. 93-113.

Hill, W., R. Fehlbaum und P. Ulrich [1989a]: *Organisationslehre: Ziele, Instrumente und Bedingungen der Organisation sozialer Systeme*, Bd. 1, 4. Aufl., Bern und Stuttgart 1989.

Hill, W., R. Fehlbaum und P. Ulrich [1989b]: *Organisationslehre: Ziele, Instrumente und Bedingungen der Organisation sozialer Systeme*, Bd. 2, 4. Aufl., Bern und Stuttgart 1989.

Hite, G. und J. E. Owers [1983]: *Security Price Reactions around Corporate Spin-off Announcements*, in: JFE, 4 (11) 1983, S. 409-436.

Hitt, M. A. und R. D. Ireland [1985]: *Corporate Distinctive Competence, Strategy, Industry and Performance*, in: SMJ, 3 (6) 1985, S. 273-293.

Hitt, M. A., R. E. Hoskisson und R. D. Ireland [1990]: *Mergers and Acquisitions and Managerial Commitment to Innovation in M-Form Firms*, in: SMJ, Spec. Iss. (11) 1990, S. 29-47.

Hofer, C. W. und D. Schendel [1978]: *Strategy Formulation: Analytical Concepts*, St. Paul (Minn.) 1978.

Howell, R. A. [1970]: *Plan to Integrate Your Acquisitions*, in: HBR, 6 (48) 1970, S. 66-76.

Huber, G. P. [1996]: *Organizational Learning: The Contributing Process and the Literatures*, in: *Organizational Learning*, hrsg. v. M. D. Cohen und L. S. Sproull, Thousand Oaks et al. 1996, S. 124-162.

Hughes, A., D. C. Mueller und A. Singh [1980]: *Hypotheses about Mergers*, in: *The Determinants and Effects of Mergers: An International Comparison*, hrsg. v. D. C. Mueller, Cambridge (Mass.) und Königstein/Ts. 1980, S. 27-66.

Hujer, M. und R. Schröter [1996]: *Die Franzosen kommen: Rückblick auf Firmen-Akquisitionen mit deutscher Beteiligung*, in: SZ, 298 (52) 1996, S. 28.

Humpert, F. W. [1985]: *Unternehmensakquisition: Erfahrungen beim Kauf von Unternehmen*, in: DBW, 1 (45) 1985, S. 30-41.

Hunt, J. W. [1990]: *Changing Pattern of Acquisition Behaviour in Takeovers and the Consequences for Acquisition Processes*, in: SMJ, 1 (11) 1990, S. 69-77.

Ingham, H., I. Kran und A. Lovestam [1992]: *Mergers and Profitability: A Managerial Success Story?*, in: JMS, 2 (29) 1992, S. 195-208.

Jacobsen, R. T. [1988]: *The Persistence of Abnormal Returns*, in: SMJ, 5 (9) 1988, S. 415-430.

Jansen, A. [1986]: *Desinvestitionen: Ursachen, Probleme und Gestaltungsmöglichkeiten*, Frankfurt a. M. et al. 1986.

Janssen, H. [1995]: *Unternehmensführung, Gegenstand*, in: *Grundbegriffe des Controlling*, hrsg. v. H.-U. Küpper und J. Weber, Stuttgart 1995, S. 325-326.

Janssen, H. [1997]: *Flexibilitätsmanagement: Theoretische Fundierung und Gestaltungsmöglichkeiten*, Stuttgart 1997.

Janis, I. L. [1972]: *Victims of Groupthink: A Psychological Study of Foreign-Policy Decisions and Fiascoes*, Boston (Mass.) 1972.

Jemison, D. [1988]: *Value Creation and Acquisition Integration: The Role of Strategic Capability Transfer*, in: *Corporate Reorganization Through Mergers, Acquisitions, and Leveraged Buyouts: Advances in the Study of Entrepreneurship, Innovation, and Economic Growth*, Supplement 1, hrsg. v. G. Libecap, Greenwich (Conn.) und London 1988, S. 191-218.

Jemison, D. B. und S. B. Sitkin [1986]: *Corporate Acquisitions: A Process Perspective*, in: AMR, 1 (11) 1986, S. 145-163.

Jensen, M. C. [1986a]: *Agency Costs of Free Cash-Flow, Corporate Finance, and Takeovers*, in: AER, 5 (76) 1986, S. 323-329.

Jensen, M. C. [1986b]: *The Takeover Controversy: Analysis and Evidence*, in: Midland Corporate Finance Journal, 2 (4) 1986, S. 6-27.

Jensen, M. C. [1988]: *The Takeover Controversy: Analysis and Evidence*, in: *Knights, Raiders, and Targets: The Impact of the Hostile Takeover*, hrsg. v. J. C. Coffee, Jr., L. Lowenstein und S. Rose-Ackermann, New York (N.Y.) und Oxford 1988, S. 314-354.

Jensen, M. C. [1989]: *Eclipse of the Public Corporation*, in: HBR, 5 (67) 1989, S. 61-74.

Jensen, M. C. und W. H. Meckling [1976]: *Theory of the Firm: Managerial Behavior, Agency Costs and Ownership Structure*, in: JFE, 3 (3) 1976, S. 305-360.

Jensen, M. C. und W. H. Meckling [1992]: *Specific and General Knowledge, and Organizational Structure*, in: *Contract Economics*, hrsg. v. Werin und Wijkander, Oxford et al. 1992.

Jensen, M. C. und R. S. Ruback [1983]: *The Market for Corporate Control - The Scientific Evidence*, in: JFE, 1 (11) 1983, S. 5-50.

Kaligin, T. [1995]: *Unternehmenskauf: Grundsatzfragen und Strategien für eine optimale steuerliche Gestaltung*, Heidelberg 1995.

Kasper, H. [1990]: *Die Handhabung des Neuen in organisierten Sozialsystemen*, Berlin et al. 1990.

Kaufmann, T. [1990]: *Kauf und Verkauf von Unternehmungen: Eine Analyse kritischer Erfolgsfaktoren*, Bamberg 1990.

Keeley, R. und J. Roure [1990]: *Management, Strategy, and Industry Structure as Influences on the Success of New Firms*, in: Man. Sc., 10 (36) 1990, S. 1256-1267.

Kern, W. [1980]: *Räumliche Aspekte der Ablauforganisation*, in: HWO, hrsg. v. E. Grochla, 2. Aufl., Stuttgart 1980, Sp. 8-21.

Kieser, A. [1994]: *Fremdorganisation, Selbstorganisation und evolutionäres Management*, in: ZfbF, 3 (46) 1994, S. 199-228.

Kieser, A. und H. Kubicek [1983]: *Organisation*, 2. Aufl., Berlin und New York (N.Y.) 1983.

Kim, E. H. und J. J. McConnell [1977]: *Corporate Mergers and the Coinsurance of Corporate Debt*, in: JF, 2 (32) 1977, S. 349-365.

Kirsch, W. [1991]: *Unternehmenspolitik und strategische Unternehmensführung*, 2. Aufl., München 1991.

Kirsch, W. [1992]: *Kommunikatives Handeln, Autopoesie, Rationalität: Sondierung zu einer evolutionären Führungslehre*, München 1992.

Kirsch, W. [1993]: *Strategische Unternehmensführung*, in: HWB, hsrg. v. W. Wittmann et al., Bd. 3, 5. Aufl., Stuttgart 1993, Sp. 4094-4111.

Kirsch, W., W. M. Esser und E. Gabele [1979]: *Das Management des geplanten Wandels von Organisationen*, Stuttgart 1979.

Kirsch, W., P. Roventa und W. Trux [1983]: *Wider den Haarschneideautomaten: Ein Plädoyer für mehr "Individualität" bei der Strategischen Unternehmensführung*, in: *Bausteine eines strategischen Managements*, hrsg. v. W. Kirsch und P. Roventa, Berlin und New York (N.Y.) 1983, S. 17-41.

Kissh, C. S. [1989]: *Successful Benefits Conversion During Mergers*, in: PEJ, 6 (68) 1989, S. 108-115.

Kitching, J. [1967]: *Why do Mergers Miscarry?*, in: HBR, 6 (45) 1967, S. 84-101.

Kitching, J. [1974]: *Winning and Losing with European Acquisitions*, in: HBR, 2 (52) 1974, S. 124-136.

Klein, B., R. G. Crawford und A. A. Alchian [1978]: *Vertical Integration, Appropriable Rents and the Competitive Contracting Process*, in: JLE, 2 (21) 1978, S. 297-326.

Klein, J. A., G. M. Edge und T. Kass [1991]: *Skill-Based Competition*, in: JGM, 4 (16) 1991, S. 1-15.

Kleinhans, A. M. [1989]: *Wissensverarbeitung im Management: Möglichkeiten und Grenzen wissensbasierter Managementunterstützungs-, Planungs- und Simulationssysteme*, Frankfurt a. M. et al. 1989.

Klunzinger, E. [1990]: *Grundzüge des Gesellschaftsrechts*, 6. Aufl., München 1990.

Knyphausen, D. zu [1991]: *Selbstorganisation und Führung*, in: DU, (45) 1991, S. 47-64.

Knyphausen, D. zu [1993]: *Why are Firms Different? - Der Ressourcenorientierte Ansatz im Mittelpunkt einer aktuellen Kontroverse im Strategischen Management*, in: DBW, 6 (53) 1993, S. 771-792.

Knyphausen-Aufseß, D. zu [1995]: *Theorie der strategischen Unternehmensführung: State of the Art und neue Perspektiven*, Wiesbaden 1995.

Kogeler, R. [1992]: *Synergiemanagement im Akquisitions- und Integrationsprozeß von Unternehmungen: Eine empirische Untersuchung anhand branchenübergreifender Fallstudien*, München 1992.

Kogut, B. [1985]: *Designing Global Strategies: Comparative and Competitive Value-Added Chains*, in: SMR, 4 (26) 1985, S. 15-28.

Kogut, B. [1991]: *Joint Ventures and the Option to Expand and Acquire*, in: Man. Sc., (37) 1991, S. 19-33.

Kogut, B. und U. Zander [1992]: *Knowledge of the Firm, Combinative Capabilities, and the Replication of Technology*, in: Org. Sc., 3 (3) 1992, S. 383-397.

Kosiol, E. [1962]: *Organisation der Unternehmung*, Wiesbaden 1962.

Kotler, P. und F. Bliemel [1991]: *Marketing-Management: Analyse, Planung, Umsetzung und Steuerung*, 7. Aufl., Stuttgart 1991.

Krogh, G. von und J. Roos [1996]: *Introduction*, in: *Managing Knowledge: Perspectives on Cooperation and Competition*, hrsg. v. G. von Krogh und J. Roos, London et al. 1996, S. 1-6.

Krogh, G. von, J. Roos und T. Hærem [1996]: *Restructuring: Avoiding the Phantom Limb Effect*, in: *Managing Knowledge: Perspectives on Cooperation and Competition*, hrsg. v. G. von Krogh und J. Roos, London et al. 1996, S. 137-154.

Krogh, G. von und S. Vicari [1993]: *An Autopoiesis Approach to Experimental Strategic Learning*, in: *Implementing Strategic Processes: Change, Learning, and Cooperation*, hrsg. v. P. Lorange, B. Chakravarthy, J. Roos, A. Van de Ven, London 1993, S. 394-410.

Krüger, W. [1988]: *Management von Akquisitionsprojekten: Probleme, Erfolgsfaktoren und Aufgaben bei der Durchführung von Unternehmenszusammenschlüssen*, in: ZfO, 6 (57) 1988, S. 371-377.

Krüger, W. [1994]: *Transformations-Management: Grundlagen, Strategien, Anforderungen*, in: *Unternehmerischer Wandel: Konzepte zur organisatorischen Erneuerung*, hrsg. v. P. Gomez, D. Hahn, G. Müller-Stewens und R. Wunderer, Wiesbaden 1994, S. 199-228.

Krystek, U. [1992]: *Unternehmungskultur und Akquisition*, in: ZfB, 5 (62) 1992, S. 539-565.

Kubilus, N. J. [1991]: *Mergers and Acquisitions: Their Impact on the ISDepartment*, in: JoISM, 2 (8) 1991, S. 54-61.

Küpper, H.-U. [1974]: *Grundlagen einer Theorie der betrieblichen Mitbestimmung*, Berlin 1974.

Küpper, H.-U. [1980]: *Interdependenzen zwischen Produktionstheorie und der Organisation des Produktionsprozesses*, Berlin 1980.

Küpper, H.-U. [1988]: *Koordination und Interdependenzen als Bausteine einer theoretischen Fundierung des Controlling*, in: *Betriebswirtschaftliche Steuerung- und Kontrollprobleme*, hrsg. v. W. Lücke, Wiesbaden 1988, S. 163-183.

Küpper, H.-U. [1994]: *Industrielles Controlling*, in: *Industriebetriebslehre*, hrsg. v. M. Schweitzer, 2. Aufl., München 1994, S. 849-959.

Küpper, H.-U. [1997]: *Controlling: Konzeptionen, Aufgaben und Instrumente*, 2. Aufl., Stuttgart 1997.

Küpper, H.-U. und S. Helber [1995]: *Ablauforganisation in Produktion und Logistik*, 2. Aufl., Stuttgart 1995.

Kusewitt, J. B., Jr. [1985]: *An Exploratory Study of Strategic Factors Relating to Performance*, in: SMJ, 2 (6) 1985, S. 151-169.

Küting, K.-H. [1993]: *Fusion*, in: HWB, hsrg. v. W. Wittmann et al., Bd. 3, 5. Aufl., Stuttgart 1993, Sp. 1341-1353.

Lant, T. K. und S. J. Mezias [1992]: *An Organizational Learning Model of Convergence and Reorientation*, in: Org. Sc., 1 (3) 1992, S. 47-71.

Laux, H und F. Liermann [1993]: *Grundlagen der Organisation: Die Steuerung von Entscheidungen als Grundproblem der Betriebswirtschaftslehre*, 3. Aufl., Berlin et al. 1993.

Learned, E., C. Christensen, K. R. Andrews und W. Guth [1965]: *Business Policy: Text and Cases*, Homewood (Ill.) 1965.

Leavitt, H. J. [1965]: *Applied Organizational Change in Industry: Structural, Technological, and Humanistic Approaches*, in: *Handbook of Organizations*, hrsg. v. J. D. March, Chicago, Ill. 1965, S. 1144-1170.

Ledford, G. E., Jr. und S. A. Mohrman [1993]: *Self-Design for High Involvment: A Large-Scale Organizational Change*, in: HR, 6 (46) 1993, S. 143-173.

Lehmann, H. [1980]: *Integration*, in: HWO, hrsg. v. E. Grochla, 2. Aufl., Stuttgart 1980, Sp. 976-984.

Leitherer, E. [1989]: *Betriebliche Marktlehre*, 3. Aufl., Stuttgart 1989.

Leonard-Barton, D. [1994]: *Core-Capabilities and Core Rigidities: A Paradox in Managing New Product Development*, in: *Management of Change and Innovation*, hsrg. v. B.-A. Vedin, Aldershot et al. 1994, S. 255-269.

Levitt, B. und J. G. March [1996]: *Organizational Learning*, in: *Organizational Learning*, hrsg. v. M. D. Cohen und L. S. Sproull, Thousand Oaks et al. 1996, S. 516-540.

Levy, H. und M. Sarnat [1970]: *Diversification, Portfolio Analysis and the Uneasy Case for Conglomerate Mergers*, in: JF, 3 (25) 1970, S. 795-802.

Lewellen, W. G. [1971]: *A Pure Financial Rationale for the Conglomerate Merger*, in: JF, 2 (26) 1971, S. 521-537.

Lieberman, M. B. [1987a]: *Excess Capacity as a Barrier to Entry: An Empirical Appraisal*, in: JIE, 6 (35) 1987, S. 607-627.

Lieberman, M. B. [1987b]: *The Learning Curve, Diffusion and Competitive Strategy*, in: SMJ, 5 (8) 1987, S. 441-452.

Lieberman, M. B. [1989]: *The Learning Curve, Technological Barriers to Entry, and Competitive Survival in the Chemical Processing Industries*, in: SMJ, 5 (10) 1989, S. 431-447.

Liefmann, R. [1930]: *Die Unternehmungen und ihre Zusammenschlüsse: Kartelle, Konzerne und Trusts*, Bd. 2, 8. Aufl., Stuttgart 1930.

Lindgren, U. [1982]: *Foreign Acquisitions - Management of the Integration Process*, Diss., Stockholm 1982.

Lindgren, U. und K. Spanberg [1981]: *Corporate Acquisitions and Divestments: The Strategic Decision-making Process*, in: Int. Studies of Man. & Org., 2 (11) 1981, S. 24-47.

Lippman, S. A. und R. P. Rumelt [1982]: *Uncertain Imitability: An Analysis of Interfirm Differences in Efficiency Under Competition*, in: BJE, 2 (13) 1982, S. 418-438.

Lorange, P., E. Kotlarchuk und H. Singh [1987]: *Corporate Acquisitions: A Strategic Perspective*, in: *The Mergers and Acquisitions Handbook*, hrsg. v. M. L. Rock, New York (N.Y.) et al. 1987, S. 3-13.

Love, J. H. und J. Scouller [1990]: *Growth by Acquisition: The Lessons of Experience*, in: JGM, 3 (15) 1990, S. 4-19.

Lubatkin, M. [1983]: *Mergers and the Performance of the Acquiring Firm*, in: AMR, 2 (8) 1983, S. 218-225.

Lubatkin, M. [1987]: *Merger Strategies and Stockholder Value*, in: SMJ, 1 (8) 1987, S. 39-53.

Lubatkin, M. und H. M. O'Neill [1987]: *Merger Strategies and Capital Market Risk*, in: AMJ, 4 (30) 1987, S. 665-684.

Luhmann, N. [1996]: *Soziale Systeme: Grundriß einer allgemeinen Theorie*, 6. Aufl., Frankfurt a. M. 1996.

Lyles, M. A. [1988]: *Learning Among Joint Venture Sophisticated Firms*, in: MIR, Spec. Iss. (28) 1988, S. 85-98.

Mace, M. und G. Montgomery [1964]: *Management Problems of Corporate Acquisitions*, 4. Aufl., Boston (Mass.) 1964.

Machlup, F. [1980]: *Knowledge: Its Creation, Distribution, and Economic Significance, Knowledge and Knowledge Production*, Vol. 1, Princeton (N.J.) 1980.

Madura, J., G. M. Vasconcellos und R. J. Kish [1991]: *A Valuation Model for International Acquisitions*, in: Man. Dec., 4 (29) 1991, S. 31-38.

Mahoney, J. T. und J. R. Pandian [1992]: *The Resource-Based View Within the Conversation of Strategic Management*, in: SMJ, 5 (13) 1992, S. 363-380.

Malik, F. und G. J. B. Probst [1981]: *Evolutionäres Management*, in: DU, (35) 1981, S. 122-140.

Malik, F. und G. J. B. Probst [1984]: *Evolutionary Management*, in: *Self-Organization and Management of Social Systems: Insights, Promises, Doubts, and Questions*, hrsg. v. H. Ulrich, Berlin et al. 1984, S. 105-120.

Mandl, H., H. F. Friedrich und A. Hron [1988]: *Theoretische Ansätze zum Wissenserwerb*, in: *Wissenspsychologie*, hrsg. v. H. Mandl, München et al. 1988, S. 123-160.

Mann, S. V. und N. W. Sicherman [1991]: *The Agency Costs of Free Cash Flow: Acquisition Activity and Equity Issues*, in: JoB, 2 (64) 1991, S. 213-227.

Manne, H. G. [1965]: *Mergers and the Market for Corporate Control*, in: J Pol. E, 2 (73) 1965, S. 110-120.

Männel, W. [1980]: *Organisation der Anlagenwirtschaft*, in: HWO, hrsg. v. E. Grochla, 2. Aufl., Stuttgart 1980, Sp. 65-78.

March, J. G. [1981]: *Footnotes to Organizational Change*, in: ASQ, 4 (26) 1981, S. 563-577.

March, J. G. [1988]: *Introduction: A Chronicle of speculations About Decision-Making in Organizations*, in: *Decisions and Organizations*, hrsg. v. J. G. March, Oxford und Cambridge (Mass.) 1988, S. 1-21.

March, J. G. und J. P. Olsen [1976]: *Ambiguity and Choice in Organizations*, Bergen et al. 1976.

March, J. G. und J. P. Olsen [1988]: *The Uncertainty of the Past: Organizational Learning under Ambiguity*, in: *Decisions and Organizations*, hrsg. v. J. G. March, Oxford und Cambridge (Mass.) 1988, S. 335-358.

Markides, C. C. und P. J. Williamson [1994]: *Related Diversification, Core Competences and Corporate Performance*, in: SMJ, Spec. Iss. (15) 1994, S. 149-165.

Marris, R. [1964]: *The Economic Theory of Managerial Capitalism*, Glencoe (Ill.) 1964.

Maturana, R. H. und F. J. Varela [1987]: *Der Baum der Erkenntnis: Die biologischen Wurzeln des menschlichen Erkennens*, Bern und München 1987.

McCann, J. E. und R. Gilkey [1988]: *Joining Forces - Creating & Managing Successful Mergers & Acquisitions*, Englewood Cliffs (N.J.) 1988.

McGrath, R. G., I. C. MacMillan und S. Venkataraman [1995]: *Defining and Developing Competence: A Strategic Process Paradigm*, in: SMJ, 4 (16) 1995, S. 251-275.

Meffert, H. [1991]: *Marketing: Grundlagen der Absatzpolitik*, 7. Aufl., Wiesbaden 1991.

Mesarovic, M. D., M. Macko und Y. Takahara [1970]: *Theory of Hierarchical, Multilevel Systems*, New York (N.Y.) et al. 1970.

Meyerson, D. und J. Martin [1994]: *Culture Change: An Integration of Three Different Views*, in: *Management of Change and Innovation*, hsrg. v. B.-A. Vedin, Aldershot et al. 1994, S. 167-191.

Miles, R. E. und C. C. Snow [1978]: *Organizational Strategy, Structure, and Processes*, New York (N.Y.) et al. 1978.

Milgrom, P. R. und J. Roberts [1992]: *Economics, Organization, and Management*, Englewood Cliffs (N.J.) 1992.

Mirow, M. [1996]: *Kooperations- und Akquisitionsstrategien in Osteuropa am Beispiel der Elektroindustrie*, in: ZfbF, 10 (48) 1996, S. 934-947.

Möller, W. P. [1983]: *Der Erfolg von Unternehmenszusammenschlüssen - Eine empirische Untersuchung*, Diss., Saarbrücken 1983.

Montgomery, C. A. [1985]: *Product-Market Diversification and Market Power*, in: AMJ, 4 (28) 1985, S. 789-798.

Montgomery, C. A. [1995]: *Of Diamonds and Rust: A New Look at Resources*, in: *Resource-Based and Evolutionary Theories of the Firm: Towards a Synthesis*, hrsg. v. C. A. Montgomery, Boston (Mass.) et al. 1995, S. 251-268.

Montgomery, C. A. und Singh, H. [1984]: *Diversification and Systematic Risk*, in: SMJ, 2 (5) 1984, S. 181-191.

Montgomery, C. A. und A. R. Thomas [1988]: *Research Notes and Communications - Divestment: Motives and Gains*, in: SMJ, 1 (9) 1988, S. 93-97.

Montgomery, C. A. und B. Wernerfelt [1988]: *Diversification, Ricardian Rents, and Tobin´s q*, in: RJE, 4 (19) 1988, S. 623-632.

Montgomery, C. A. und B. Wernerfelt [1992]: *Risk Reduction and Umbrella Branding*, in: JoB, 1 (65) 1992, S. 31-50.

Morabito, J. A. [1989]: *Managing Post-merger Group Moves*, in: PEJ, 5 (68) 1989, S. 76-79.

Morgan, N. A. [1988]: *Successful Growth by Acquisition*, in: JGM, 2 (14) 1988, S. 5-18.

Moxter, A. [1991]: *Grundsätze ordnungsmäßiger Unternehmensbewertung*, 2. Aufl., Wiesbaden 1991.

Mueller, D. C. [1969]: *A Theory of Conglomerate Mergers*, in: QJE, 4 (83) 1969, S. 643-659.

Mujkanovic, R. [1994]: *Vermögenskauf einer Unternehmung in der Steuerbilanz*, Leverkusen 1994.

Müller-Stewens, G. [1991]: *Personalwirtschaftliche und organisationstheoretische Problemfelder bei Mergers & Acquisitions*, in: *Personalmanagement für die 90er Jahre*, hrsg. v. K.-F. Ackermann und H. Scholz, Stuttgart 1991, S. 157-171.

Myers, S. und N. Majluf [1984]: *Corporate Financing and Investment Decisions when Firms have Information that Investors Do Not Have*, in: JFE, 1 (12) 1984, S. 187-221.

Naber, G. [1987]: *Strategische Planung von Unternehmensakquisitionen: Organisatorische Anbindung und Aufgabenverteilung*, in: ZfO, 1 (56) 1987, S. 43-46

Nelson, R. und S. Winter [1982]: *An Evolutionary Theory of Economic Change*, Cambridge (MasS.) 1982.

Nieschlag, R., E. Dichtl und H. Höschgen [1991]: *Marketing,* 16. Aufl., Berlin 1991.

Noble, A. F. de, L. T. Gustafson und M. Hergert [1988]: *Planning for Post-merger Integration: Eight Lessons for Merger Success,* in: LRP, 4 (21) 1988, S. 82-85

Nonaka, I. [1994]: *A Dynamic Theory of Organizational Knowledge Creation,* in: Org. Sc., 1 (5) 1994, S. 14-37.

Nordsieck, F. [1934]: *Grundlagen der Organisationslehre,* Stuttgart 1934.

Nordsieck, F. [1955]: *Rationalisierung der Betriebsorganisation,* 2. Aufl., Stuttgart 1955.

Nystrom, P. C. und W. H. Starbuck [1984]: *To Avoid Organizational Crisis: Unlearn,* in: OD, 1 (13) 1984, S. 53-65.

o.V. [1996a]: *Siemens übernimmt Elektrowatt-Industrie,* in: SZ, 297 (52) 1996, S. 27.

o.V. [1996b]: *Massey Ferguson künftig bei Fendt am Steuer: Kartell-Anfrage wegen 100prozentiger Übernahme - Offizielle Bestätigung steht noch aus,* in: SZ, 275 (52) 1996, S. 33.

o.V. [1996c]: *Kurze Firmenmeldungen: Motorola Inc., Schaumburg,* in: SZ, 238 (52) 1996, S. 27.

o.V. [1996d]: *Weltweite Konzentrationswelle am Versicherungsmarkt: Münchener Rück landet Milliarden-Coup in USA,* in: SZ, 188 (52) 1996, S. 25.

o.V. [1997a]: *Schweizer Pharmakonzern Roche übernimmt Boehringer Mannheim: Weltweit Nummer eins im Markt der Diagnostika - Stellenabbau nicht ausgeschlossen,* in: SZ, 119 (53) 1997, S. 21.

o.V. [1997b]: *Unternehmensverkäufe für DM 66,7 Mrd. in 1996,* Pressemitteilung der M&A International GmbH, 1997.

Olenzak, A. T. und M. I. Ruddock [1987]: *The Internal Acquisition Team,* in: *The Mergers and Acquisitions Handbook,* hrsg. v. M. L. Rock, New York (N.Y.) et al. 1987, S. 107-115.

Ossadnik, W. [1985]: *Zur Angemessenheit des Umtauschverhältnisses bei der Verschmelzung von Aktiengesellschaften,* in: DB, 38 (38) 1985, S. 1953-1957.

Ott, J. [1990]: *Akquisition und Integration mittelständischer Unternehmungen,* Diss., St. Gallen 1990.

Ottaway, R. [1983]: *The Change Agent: A Taxonomy in Relation to the Change Process,* in: HR, 4 (36) 1983, S. 361-392.

Ottersbach, D. und C. Kolbe [1990]: *Integrationsrisiken bei Unternehmensakquisitionen,* in: BFuP, 2 (42) 1990, S. 140-150.

Pack, L. [1966]: *Die Elastizität der Kosten: Grundlagen einer entscheidungsorientierten Kostentheorie,* Wiesbaden 1966.

Panzar, J. C. und R. D. Willig [1981]: *Economies of Scope,* in: AER, 2 (71) 1981, S. 268-272.

Paprottka, S. [1996]: *Unternehmenszusammenschlüsse: Synergiepotentiale und ihre Umsetzungsmöglichkeiten durch Integration*, Wiesbaden 1996.

Parsons, A. J. [1984]: *Hidden Value: Key to Successful Acquisition*, in: The McKinsey Quarterly, 2 (o.Jg.) 1984, S. 21-34.

Pausenberger, E. [1989a]: *Zur Systematisierung von Unternehmenszusammenschlüssen*, in: WISU, 11 (18) 1989, S. 621-626.

Pausenberger, E. [1989b]: *Akquisitionsplanung*, in: HWPlan, hrsg. v. N. Szyperski, Stuttgart 1989, Sp. 18-26.

Pausenberger, E. [1993]: *Unternehmenszusammenschlüsse*, in: HWB, hsrg. v. W. Wittmann et al., Bd. 3, 5. Aufl., Stuttgart 1993, Sp. 4436-4448.

Pautzke, G. [1989]: *Die Evolution der organisatorischen Wissensbasis: Bausteine zu einer Theorie des organisationalen Lernens*, München 1989.

Pavitt, K. L. R. [1980]: *Technical Innovation and British Economic Performance*, London 1980.

Payne, A. F. [1987]: *Approaching Acquisitions Strategically*, in: JGM, 2 (13) 1987, S. 5-27.

Penrose, E. T. [1959]: *The Theory of the Growth of the Firm*, Oxford 1959.

Perridon, L. und M. Steiner [1991]: *Finanzwirtschaft der Unternehmung*, 6. Aufl., München 1991.

Peteraf, M. A. [1993]: *The Cornerstone of Competitive Advantage: A Resource-Based view*, in: SMJ, 3 (14) 1993, S. 179-191.

Pfanzagl, J. [1978]: *Allgemeine Methodenlehre der Statistik: Höhere Methoden unter besonderer Berücksichtigung der Anwendungen in Naturwissenschaften, Medizin und Technik*, Bd. 2., 5. Aufl., Berlin und New York (N.Y.) 1978.

Picot, A. [1993]: *Organisation*, in: *Vahlens Kompendium der Betriebswirtschaftslehre*, hrsg. v. M. Bitz, K. Dellmann, M. Domsch und H. Egner, 3. Aufl., München 1993, S. 101-174.

Picot, A. und R. Reichwald [1991]: *Informationswirtschaft*, in: *Industriebetriebslehre*, hrsg. v. E. Heinen, 9. Aufl., Wiesbaden 1991, S. 241-293.

Picot, A., R. Reichwald und R. T. Wigand [1996]: *Die grenzenlose Unternehmung: Information, Organisation und Management*, 2. Aufl., Wiesbaden 1996.

Polanyi, M. [1985]: *Implizites Wissen*, Frankfurt a. M. 1985.

Popper, K. R. [1971]: *Logik der Forschung*, 4. Auflage, Tübingen 1971.

Porter, M. E. [1984]: *Strategic Interaction: Some Lessons from Industry Histories for Theory and Antitrust Policy*, in: *Competitive Strategic Management*, hrsg. v. R. B. Lamb, Englewood Cliffs (N.J.) 1984, S. 446-467.

Porter, M. E. [1986]: *Competition in Global Industries: A Conceptual Framework*, in: *Competition in Global Industries*, hrsg. v. M. E. Porter, Boston (Mass.) 1986, S. 15-60.

Porter, M. E. [1987]: *From Competitive Advantage to Corporate Strategy*, in: HBR, 4 (65) 1987, S. 43-59.

Porter, M. E. [1988]: *Wettbewerbsstrategie: Methoden zur Analyse von Branchen und Konkurrenten*, Frankfurt a. M. 1988.

Porter, M. E. [1989]: *Wettbewerbsvorteile: Spitzenleistungen erreichen und behaupten*, Frankfurt 1989.

Porter, M. E. [1990a]: *The Competitive Advantage of Nations*, New York (N.Y.) 1990.

Porter, M. E. [1990b]: *The Competitive Advantage of Nations*, in: HBR, 2 (68) 1990, S. 73-93.

Powell, T. [1992]: *Organizational Alignment as Competitive Advantage*, in: SMJ, 2 (13) 1992, S. 119-134.

Prahalad, C. K. und G. Hamel [1990]: *The Core Competence of the Corporation*, in: HBR, 3 (68) 1990, S. 79-91.

Prahalad, C. K. und R. A. Bettis [1986]: *The Dominant Logic: a New Linkage Between Diversity and Performance*, in: SMJ, 6 (7) 1986, S. 485-501.

Probst, G. J. B. [1987]: *Selbstorganisation: Ordnungsprozesse in sozialen Systemen aus ganzheitlicher Sicht*, Berlin und Hamburg 1987.

Probst, G. J. B. [1994]: *Organisationales Lernen und die Bewältigung von Wandel*, in: *Unternehmerischer Wandel: Konzepte zur organisatorischen Erneuerung*, hrsg. v. P. Gomez, D. Hahn, G. Müller-Stewens und R. Wunderer, Wiesbaden 1994, S. 295-320.

Puri, S. [1997]: *Deals of the Year*, in: Fortune, 3 1997, S. 50-51.

Rädler, A. J. [1982]: *Steuerfragen bei Übernahmen*, in: *Handbuch der Unternehmensakquisition*, hrsg. v. A. J. Rädler und R. Pöllath, Frankfurt a. M. 1982, S. 263-330.

Raffée, H. [1989]: *Gegenstand, Methoden und Konzepte der Betriebswirtschaftslehre*, in: *Vahlens Kompendium der Betriebswirtschaftslehre*, hrsg. v. M. Bitz, K. Dellmann, M. Domsch und H. Egner, 2. Aufl., München 1989, S. 1-46.

Ramanujam, V. und P. Varadarajan [1989]: *Research on Corporate Diversification: A Synthesis*, in: SMJ, 1989, 6 (10), S. 523-551.

Rao, V. R., V. Mahajan und N. P. Varaiya [1991]: *A Balance Model for Evaluating Firms for Acquisition*, in: Man. Sc., 3 (37) 1991, S. 331-349.

Rasche, C. [1993]: *Kernkompetenzen*, in: DBW, 3 (53) 1993, S. 425-427.

Ravenscraft, D.J. und F.M. Scherer [1989]: *The Profitability of Mergers*, in: IntJIO, 1 (7) 1989, S. 101-116.

Reed, R. und G. A. Luffman [1986]: *Diversification: the Growing Confusion*, in: SMJ, 1 (7) 1986, S. 29-35.

Reed, R. und R. J. DeFillippi [1990]: *Causal Ambiguity, Barriers to Imitation, and Sustainable Competitive Advantage*, in: AMR, 1 (15) 1990, S. 88-102.

Reineke, R.-D. [1989]: *Die Akkultration von Auslandsakquisitionen*, Wiesbaden 1989.

Reißner, S. [1992]: *Synergiemanagement und Akquisitionserfolg*, Wiesbaden 1992.

Ricardo, D. [1817]: *Principles of Political Economy and Taxation*, London 1817.

Riggs, T. J., Jr. [1969]: *Mergers and People*, in: *Management Guides to Mergers and Acquisitions*, hrsg. v. J. L. Harvey und A. Newgarden, New York (N.Y.) et al. 1969, S. 211-218.

Roll, B. [1986]: *The Hubris Hypothesis of Corporate Takeovers*, in: JoB, 2 (59) 1986, S. 197-216.

Roll, R. [1988]: *Empirical Evidence on Takeover Activity and Shareholder Wealth*, in: *Knights, Raiders, and Targets: The Impact of the Hostile Takeover*, hrsg. v. J. C. Coffee, Jr., L. Lowenstein und S. Rose-Ackermann, New York (N.Y.) und Oxford 1988, S. 241-252.

Rosen, S. [1972]: *Learning by Experience as Joint Production*, in: QJE, 3 (86) 1972, S. 366-382.

Rosenstiel, L. von [1992]: *Grundlagen der Organisationspsychologie: Basiswissen und Anwendungshinweise*, 3. Aufl., Stuttgart 1992.

Rosove, P. E. [1967]: *Developing Computer-Based Information Systems*, New York (N.Y.) et al. 1967.

Rüger, B. [1991]: *Einführung in die Statistik für Wirtschafts- und Sozialwissenschaftler*, 2. Aufl., München und Wien 1991.

Rühli, E. [1994]: *Die Resource-Based View of Strategy: Ein Impuls für einen Wandel im unternehmungspolitischen Denken und Handeln*, in: *Unternehmerischer Wandel: Konzepte zur organisatorischen Erneuerung*, hrsg. v. P. Gomez, D. Hahn, G. Müller-Stewens und R. Wunderer, Wiesbaden 1994, S. 31-57.

Ruhnke, K. [1991]: *Unternehmensbewertung: Ermittlung der Preisobergrenze bei strategisch motivierten Akquisitionen*, in: DB, 1991, 37 (44) S. 1889-1993.

Rumelt, R. P. [1974]: *Strategy, Structure and Economic Performance*, Boston (Mass.) 1974.

Rumelt, R. P. [1984]: *Towards a Strategic Theory of the Firm*, in: *Competitive Strategic Management*, hrsg. v. B. Lamb, Englewood Cliffs (N.J.) 1984, S. 556-570.

Rumelt, R. P. [1987]: *Theory, Strategy, and Entrepreneurship*, in: *The Competitive Challenge: Strategies for Industrial Innovation and Renewal*, hrsg. v. D. J. Teece, New York (N.Y.) 1987, S. 137-158.

Rumelt, R. P. [1995]: *Inertia and Transformation*, in: *Resource-Based and Evolutionary Theories of the Firm: Towards a Synthesis*, hrsg. v. C. A. Montgomery, Boston (Mass.) et al. 1995, S. 101-132.

Rumelt, R. P. , D. Schendel und D. J. Teece [1991]: *Strategic Management and Economics*, in: SMJ, Spec. Iss. (12) 1991, S. 5-29.

Ryle, G. [1969]: *Der Begriff des Geistes*, Stuttgart 1969.

Salter, M. S. und W. A. Weinhold [1979]: *Diversification Through Acquisition: Strategies for Creating Economic Value*, New York (N.Y.) und London 1979.

Salter, M. S. und W. A. Weinhold [1988]: *Corporate Takeovers: Financial Boom or Organizational Bust?*, in: *Knights, Raiders, and Targets: The Impact of the Hostile Takeover*, hrsg. v. J. C. Coffee, Jr., L. Lowenstein und S. Rose-Ackermann, New York (N.Y.) und Oxford 1988, S. 135-149.

Sautter, M. T. [1989]: *Strategische Analyse von Unternehmensakquisitionen: Entwurf und Bewertung von Akquisitionsstrategien*, Frankfurt a. M. et al. 1989.

Schein, E. H. [1985]: *Culture Forms, Develops, and Changes*, in: *Gaining Control of the Corporate Culture*, hrsg. v. R. H. Kilmann, M. J. Saxton und A. Serpa, San Francisco 1985, S. 17-43.

Schein, E. H. [1995]: *Unternehmenskultur: Ein Handbuch für Führungskräfte*, Frankfurt a. M. und New York (N.Y.) 1995.

Scheiter, D. [1989]: *Die Integration akquirierter Unternehmungen*, Diss., St. Gallen 1989.

Schendel, D. und C. W. Hofer [1979]: *Research Needs and Issues in Strategic Management*, in: *Strategic Management: A New View of Business Planning and Policy*, hrsg. v. D. Schendel und C. W. Hofer, Boston (Mass.) 1979, S. 515-530.

Schildbach, T. [1992]: *Der handelsrechtliche Konzernabschluß*, 2. Aufl., München 1992.

Schipper, K. und A. Smith [1983]: *Effects of Recontracting on Shareholder Wealth*, in: JFE, 4 (11) 1983, S. 437-467.

Schleifer, A. und R. W. Vishny [1989]: *Management Entrenchment: The Case of Manager-specific Investments*, in: JFE, 1 (25) 1989, S. 123-129.

Schlote, S. [1996]: *Kater nach dem Kaufrausch*, in: Manager Magazin, 5 (26) 1996, S. 113-120.

Schmalensee, R. [1988]: *Industrial Economics: An Overview*, in: EJ, 5 (98) 1988, S. 643-681.

Schmidt, I. [1981]: *Wettbewerbstheorie und -politik*, Stuttgart 1981.

Scholz, C. [1987]: *Corporate Culture and Strategy: The Problem of Strategic Fit*, in: LRP, 4 (20) 1987, S. 78-87.

Schreyögg, G. [1992]: *Organisationskultur*, in: HWO, hrsg. v. E. Frese, 3. Aufl., Stuttgart 1992, Sp. 1525-1537.

Schüle, F. M. [1992]: *Diversifikation und Unternehmenserfolg: Eine Analyse empirischer Forschungsergebnisse*, Wiesbaden 1992.

Schumpeter, J. [1950]: *Kapitalismus, Sozialismus und Demokratie*, 2. Aufl., Bern 1950.

Schumpeter, J. [1952]: *Theorie der wirtschaftlichen Entwicklung: Eine Untersuchung über Unternehmergewinn, Kapital, Kredit, Zins und Konjunkturzyklus*, 5. Aufl.,

Berlin 1952.

Schüppel, J. [1996]: *Wissensmanagement: Organisatorisches Lernen im Spannungsfeld von Wissens- und Lernbarrieren*, Wiesbaden 1996.

Schütz, A. und T. Luckmann [1979]: *Strukturen der Lebenswelt*, Bd. 1, Frankfurt a. M. 1979.

Schweiger, D. M. und A. S. De Nisi [1991]: *Communication with Employees Following a Merger: A Longitudinal Filed Experiment*, in: AMJ, 1 (34) 1991, S. 110-135.

Schweitzer, M. [1969]: *Arbeitsanalyse*, in: HWO, hrsg. v. E. Grochla, Stuttgart 1969, Sp. 89-97.

Schweitzer, M. und H.-U. Küpper [1995]: *Systeme der Kosten- und Erlösrechnung*, 6. Aufl., München 1995.

Schwenkedel, S. [1991]: *Management Buyout: Ein Geschäftsfeld für Banken*, Wiesbaden 1991.

Senker, J. [1995]: *Tacit Knowledge and Models of Innovation*, in: Ind. Corp. Chge., 2 (4) 1995, S. 425-447.

Seth, A. [1990a]: *Value Creation in Acquisitions: A Re-examination of Performance Issues*, in: SMJ, 2 (11) 1990, S. 99-115.

Seth, A. [1990b]: *Sources of Value Creation in Acquisitions: An Empirical Investigation*, in: SMJ, 6 (11) 1990, S. 431-446.

Jacobs, W. I. und K. P. Shapiro [1987]: *Merging Benefit and Compensation Plans*, in: *The Mergers and Acquisitions Handbook*, hrsg. v. M. L. Rock, New York (N.Y.) et al. 1987, S. 301-310.

Shelton, L. M. [1988]: *Strategic Business Fits and Corporate Acquisition: Empirical Evidence*, in: SMJ, 3 (9) 1988, S. 279-287.

Sheridan, J. W. [1969]: *Integrating New Acquisitions: One Company's Approach*, in: *Management Guides to Mergers and Acquisitions*, hrsg. v. J. L. Harvey und A. Newgarden, New York (N.Y.) et al. 1969, S. 254-263.

Shrivastava, P. [1983]: *A Typology of Organizational Learning Systems*, in: JMS, 1 (20) 1983, S. 7-28.

Shrivastava, P. [1986]: *Postmerger Integration*, in: JBS, 1 (7) 1986, S. 65-76.

Sieben, G. und R. Diedrich [1990]: *Aspekte der Wertfindung bei strategisch motivierten Unternehmensakquisitionen*, in: ZfbF, 9 (42) 1990, S. 794-809.

Simon, H. A. [1991]: *Bounded Rationality and Organizational Learning*, in: Org. Sc., 1 (2) 1991, S. 125-134.

Sinclair, T. [1997]: *Thyssen and Krupp: To the Altar at Last*, in: *Global Equity Research: Steel*, hrsg. v. Salomon Brothers, London, 5. November 1997.

Singh, H. und C. A. Montgomery [1987]: *Corporate Acquisition Strategies and Economic Performance*, in: SMJ, 4 (8) 1987, S. 377-386.

Snow, C. C. und L. G. Hrebiniak [1980]: *Strategy, Distinctive Competence, and Organizational Performance*, in: ASQ, 2 (25) 1980, S. 317-336.

Sommer, S. [1996]: *Integration akquirierter Unternehmen: Instrumente und Methoden zur Realisierung von leistungswirtschaftlichen Potentialen*, Frankfurt a. M. 1996.

Spence, A. M. [1981]: *The Learning Curve and Competition*, in: BJE, 1 (12) 1981, S. 49-70.

Spindler, H. J. [1985]: *Kapitalmarktrisiko und Performance mehrdimensional diversifizierter Unternehmungen*, Frankfurt a. M. 1985.

Squire, L. R. [1987]: *Memory and Brain*, New York (N.Y.) et al. 1987.

Staehle, W. H. [1991]: *Management*, 6. Aufl., München 1991.

Stalk, G., P. Evans und L. Shulman [1992]: *Competing on Capabilities: The New Rules of Corporate Strategy*, in: HBR, 2 (70) 1992, S. 57-69.

Steffen, R. [1993]: *Anlagenwirtschaft*, in: HWB, hsrg. v. W. Wittmann et al., Bd. 1, 5. Aufl., Stuttgart 1993, Sp. 84-96.

Stein, I. [1992]: *Motive für internationale Unternehmensakquisitionen*, Wiesbaden 1992.

Steiner, P. O. [1975]: *Mergers: Motives, Effects, Policies*, Ann Arbor 1975.

Steinmann, H. und G. Schreyögg [1990]: *Management: Grundlagen der Unternehmensführung - Konzepte, Funktionen, Praxisfälle*, Wiesbaden 1990.

Steinöcker, R. [1993]: *Akquisitionscontrolling: Strategische Planung von Firmenübernahmen, Konzeption - Transaktion - Integration*, Berlin et al. 1993.

Stewart, J. F., R. S. Harris und W. T. Carleton [1984]: *The Role of Market Structure in Merger Behavior*, in: JIE, 3 (32) 1984, S. 293-312.

Stigler, G. J. [1968]: *The Organization of Industry*, Homewood (Ill.) 1968.

Sturges, J. S. [1989]: *A Method for Merger Madness*, in: PEJ, 3 (68) 1989, S. 60-69.

Suckut, S. [1992]: *Unternehmensbewertung für internationale Akquisitionen: Verfahren und Einsatz*, Wiesbaden 1992.

Tampoe, M. [1994]: *Exploiting the Core Competences of Your Organization*, in: LRP, 4 (27) 1994, S. 66-77.

Taylor, M. B. [1986]: *Cannibalism in Multibrand Firms*, in: JBS, (7) 1986, S. 69-75.

Teece, D. J. [1977]: *Technology Transfer by Multinational Firms: The Resource Cost of Transferring Technological Know-How*, in: EJ, 2 (87) 1977, S. 242-261.

Teece, D. J. [1980]: *Economies of Scope and the Scope of the Enterprise*, in: JEBO, 3 (1) 1980, S. 223-247.

Teece, D. J. [1982]: *Towards an Economic Theory of the Multiproduct Firm*, in: JEBO, 1 (3) 1982, S. 38-63

Teece, D. J. [1986]: *Profiting from Technological Innovation*, in: Res. Pol., 2 (15), S. 285-305.

Teece, D. J. und G. Pisano [1994]: *The Dynamic Capabilities of Firms: An Introduction*, in: Ind. Corp. Chge., 3 (3) 1994, S. 537-556.

Thorndike, E. L. [1970]: *The Psychology of Learning*, Westport (Conn.) 1970.

Touche Ross & Co. [o.J.]: *The Benefits of Mergers and Acquisitions*, o.O. u. J.

Trautwein, F. [1990]: *Merger Motives and Merger Prescriptions*, in: SMJ, 4 (11) 1990, S. 283-295.

Ulrich, P. [1993]: *Unternehmenskultur*, in: HWB, hsrg. v. W. Wittmann et al., Bd. 3, 5. Aufl., Stuttgart 1993, Sp. 4351-4366.

Van Horne, J. C. [1980]: *Financial Management and Policy*, 5. Aufl., Englewood Cliffs (N.J.) 1980.

Varela, F. J. [1992]: *Whence Perceptual Meaning? A Cartography of Current Ideas*, in: *Understanding Origins: Contemporary Views on the Origin of Life, Mind, and Society*, hrsg. v. F. J. Varela und J.-P. Dupuy, Dordrecht et al. 1992, S. 235-263.

Varela, F. J., E. Thompson und E. Rosch [1995]: *Der mittlere Weg der Erkenntnis: Der Brückenschlag zwischen wissenschaftlicher Theorie und menschlicher Erfahrung*, Bern et al. 1995.

Varian, H. R. [1991]: *Grundzüge der Mikroökonomik*, 2. Aufl., München und Wien 1991.

Vicari, S. [1994]: *Acquisitions as Experimentation*, in: *The Management of Corporate Acquisitions: International Perspectives*, hrsg. v. G. von Krogh, A. Sinatra und H. Singh, Basingstoke et al. 1994, S. 337-358.

Vicari, S., G. von Krogh, J. Roos und V. Mahnke [1996]: *Knowledge Creation through Cooperative Experimentation*, in: *Managing Knowledge: Perspectives on Cooperation and Competition*, hrsg. v. G. von Krogh und J. Roos, London et al. 1996, S. 184-202.

Vormbaum, H. [1990]: *Finanzierung der Betriebe*, 8. Aufl., Wiesbaden 1990.

Vroom, V. H. [1964]: *Work and Motivation*, New York (N.Y.) et al. 1964.

Wächter, H. [1990]: *Personalwirtschaftliche Voraussetzungen und Folgen von Unternehmenszusammenschlüssen*, in: BFuP, 2 (42) 1990, S. 114-128.

Wagenhofer, A. [1993]: *Unternehmenssanierung*, in: HWB, hsrg. v. W. Wittmann et al., Bd. 3, 5. Aufl., Stuttgart 1993, Sp. 4380-4391.

Wagner, D. [1992]: *Personalabbau/-freisetzung*, in: HWP, hrsg. v. E. Gaugler und W. Weber, 2. Aufl., Stuttgart 1992, Sp. 1545-1556.

Walsh, J. P. [1988]: *Top Management Turnover following Mergers and Acquisitions*, in: SMJ, 2 (9) 1988, S. 173-183.

Walsh, J. P. [1989]: *Doing a Deal: Merger and Acquisition Negotiations and Their Impact Upon Target Company Top Management Turnover*, in: SMJ, 4 (10) 1989, S. 307-322.

Walsh, J. P. und J. W. Ellwood [1991]: *Mergers, Acquisitions, and the Pruning of Managerial Deadwood*, in: SMJ, 3 (12) 1991, S. 201-217.

Walter, G. A. und J. B. Barney [1990]: *Research Notes and Communications - Management Objectives in Mergers and Acquisitions*, in: SMJ, 1 (11) 1990, S. 79-86.

Watzlawick, P., J. H. Beavin und D. D. Jackson [1990]: *Menschliche Kommunikation: Formen, Störungen, Paradoxien*, 8. Aufl., Bern et al. 1990.

Weick, K. E. und D. P. Gilfillan [1971]: *Fact of Arbitrary Traditions in a Lab Microculture*, in: JPSP, 1 (17) 1971, S. 179-191.

Wernerfelt, B. [1984]: *A Resource-Based View of the Firm*, in: SMJ, 2 (5) 1984, S. 171-180.

Wernerfelt, B. und C. A. Montgomery [1988]: *Tobin´s q and the Importance of Focus in Firm Performance*, in: AER, 2 (78) 1988, S. 246-250.

Weston, J. F. [1987]: *The Payoff in Mergers and Acquisitions*, in: *The Mergers and Acquisitions Handbook*, hrsg. v. M. L. Rock, New York (N.Y.) et al. 1987, S. 31-47.

Weston, J. F. [1994]: *Divestiture: Mistakes or Learning?*, in: *Readings on Mergers and Acquisitions*, hrsg. v. P. A. Gaughan, Cambridge (Mass.) und Oxford 1994, S. 271-283.

Weston, J. F., K. S. Chung und S. E. Hoag [1990]: *Mergers, Restructuring, and Corporate Control*, Englewood Cliffs (N.J.) 1990.

Wiegand, M. [1996]: *Prozesse Organisationalen Lernens*, Wiesbaden 1996.

Wild, J. [1966]: *Grundlagen und Probleme der betriebswirtschaftlichen Organisationslehre: Entwurf eines Wissenschaftsprogramms*, Berlin 1966.

Wild, J. [1974]: *Grundlagen der Unternehmensplanung*, Reinbek b. Hamburg 1974.

Wild, J. [1975]: *Methodenprobleme in der Betriebswirtschaftslehre*, Bd. 1, 2, 4. Auflage, Stuttgart 1975, Sp. 2654-2677.

Williamson, O. E. [1970]: *Corporate Control and Business Behavior*, Englewood Cliffs (N.J.) 1970.

Williamson, O. E. [1975]: *Markets and Hierarchies: Analysis and Antitrust Implications*, London 1975.

Williamson, O. E. [1979]: *Transaction Cost Economics: The Governance of Contractual Relations*, in: JLE, 2 (22) 1978, S. 233-261.

Winter, S. G. [1988]: *On Coase, Competence and the Corporation*, in: JLEO, 1 (4) 1988, S. 163-180.

Winter, S. G. [1995]: *Four Rs of Profitability: Rents, Resources, Routines and Replication*, in: *Resource-Based and Evolutionary Theories of the Firm: Towards a Synthesis*, hrsg. v. C. A. Montgomery, Boston (Mass.) et al. 1995, S. 147-178.

Winter, S. G. [1987]: *Knowledge and Competence as Strategic Assets*, in: *The Competitive Challenge: Strategies for Industrial Innovation and Renewal*, hrsg. v. D. J. Teece, New York (N.Y.) 1987, S. 159-184.

Witte, E. [1971]: *Organisatorische Barrieren im Entscheidungsprozeß zur Infrastrukturobjekten*, in: *Grundfragen der Infrastrukturplanung für wachsende Wirtschaften*, hrsg. v. H. Arndt, Berlin 1971, S. 381-398.

Witte, E. [1973]: *Organisation für Innovationsentscheidungen: Das Promotoren-Modell*, Göttingen 1973.

Witte, E. [1976]: *Liquiditätspolitik*, in: HWF, hrsg. v. H. E. Büschgen, Stuttgart 1976, Sp. 1322-1337.

Witte, E. [1988]: *Innovationsfähige Organisation*, in: *Innovative Entscheidungsprozesse: Die Ergebnisse des Projektes "Columbus"*, hrsg. v. E. Witte, J. Hauschildt und O. Grün, Tübingen 1988, S. 144-161.

Wittmann, W. [1979]: *Wissen in der Produktion*, in: HWProd, hrsg. v. W. Kern, Stuttgart 1979, Sp. 2261-2272.

Wöhe, G. [1983]: *Ausgewählte Probleme der Besteuerung von Unternehmenszusammenschlüssen*, in: *Unternehmerische Zusammenarbeit: Beiträge zu Grundsatzfragen bei Kooperation und Zusammenschluß*, hrsg. v. K. Küting und K. J. Zink, Berlin 1983, S. 69-110.

Wood, R. und A. Bandura [1989]: *Social Cognitive Theory of Organizational Management*, in: AMR, 1 (14) 1989, S. 361-384.

Wright, M., B. Chiplin und J. Coyne [1989]: *The Market for Corporate Control: The Divestment Option*, in: *Mergers and Merger Policy*, hrsg. v. J. Fairburn und J. Kay, Oxford et al. 1989, S. 116-132.

Wunderer, R. [1994]: *Der Beitrag der Mitarbeiterführung für unternehmerischen Wandel: Ansätze zur unternehmerischen Mitarbeiterführung*, in: *Unternehmerischer Wandel: Konzepte zur organisatorischen Erneuerung*, hrsg. v. P. Gomez, D. Hahn, G. Müller-Stewens und R. Wunderer, Wiesbaden 1994, S. 229-271.

Yao, D. A. [1988]: *Beyond the Reach of the Invisible Hand: Impediments to Economic Activity, Market Failures, and Profitability*, in: SMJ, Spec. Iss. (9) 1988, S. 59-70.

Young, D. und B. Sutcliffe [1990]: *Value Gaps - Who is Right? - The Raiders, the Market or the Managers*, in: LRP, 4 (23) 1990, S. 20-34.

Yunker, J. A. [1983]: *Integrating Acquisitions: Making Corporate Marriages Work*, New York (N.Y.) et al. 1983.

Zander, E. [1987]: *Freisetzung von Führungskräften*, in: HWFü, hrsg. v. A. Kieser, G. Reber und R. Wunderer, Stuttgart 1987, Sp. 348-357.

Zander, U. und B. Kogut [1995]: *Knowledge and the Speed of the Transfer and Imitation of Organizational Capabilities: An Empirical Test*, in: Org. Sc., 1 (6) 1995, S. 76-92.

Zäpfel, G. [1982]: *Produktionswirtschaft: Operatives Produktions-Management*, Berlin und New York (N.Y.) 1982.

Zimmerer, C. [1993]: *Unternehmensakquisition*, in: HWB, hsrg. v. W. Wittmann et al., Bd. 3, 5. Aufl., Stuttgart 1993, Sp. 4294-4306.

2 Σ 507 Quellen
↳ davon 33 Quellen publiziert ab 1996 (einschließlich)
↳ signifikante Literaturlücken!
10 Quellen v. Erst- u. Zweitgutachter

Sachregister fehlt